一个"经济杀手"的自白

（增订典藏版）

[美] 约翰·珀金斯（John Perkins）◎著
施红慧 ◎译

SPM
南方出版传媒
广东人民出版社
·广州·

图书在版编目（CIP）数据

一个"经济杀手"的自白：增订典藏版 /（美）约翰·珀金斯著；施红慧译. — 广州：广东人民出版社，2018.2
ISBN 978-7-218-12393-6

Ⅰ. ①一… Ⅱ. ①约… ②施… Ⅲ. ①纪实文学－美国－现代 Ⅳ. ①I712.55

中国版本图书馆CIP数据核字(2017)第305309号

The New Confessions of An Economic Hit Man by John Perkins
Copyright © 2016 by John Perkins
Copyright licensed by Berrett-Kochler Publishers, arranged with Andrew Nurnberg Associates International Limited.
Simplified Chinese translation copyright © 2018 by Grand China Publishing House
All rights reserved.

No part of this book may be used or reproduced in any form without the written permission of the original copyrights holder.

本书中文简体字版通过Grand China Publishing House（中资出版社）授权广东人民出版社在中国大陆地区出版并独家发行。未经出版者书面许可，本书的任何部分不得以任何方式抄袭、节录或翻印。

Yige "Jingji Shashou" de Zibai (Zengding Diancangban)
一个"经济杀手"的自白（增订典藏版）
[美] 约翰·珀金斯 著　施红慧 译

版权所有　翻印必究

出 版 人：肖凤华

策　　　划：中资海派
执行策划：黄　河　桂　林
责任编辑：罗　丹
特约编辑：闵耀洋　宋金龙
版式设计：刘　榴　吴惠婷
封面设计：WONDERLAND Book design
　　　　　仙遗 QQ:344581934

出版发行：广东人民出版社
地　　址：广州市大沙头四马路10号（邮政编码：510102）
电　　话：(020) 83798714（总编室）
传　　真：(020) 83780199
网　　址：http://www.gdpph.com
印　　刷：深圳市希望印务有限公司
开　　本：787mm×1092mm　1/16
印　　张：22　字　　数：274千
版　　次：2018年2月第1版　2018年2月第1次印刷
定　　价：58.00元

如发现印装质量问题，影响阅读，请与出版社(020-83795749)联系调换。
售书热线：(020) 83795240

新版说明

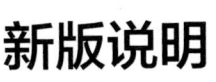

本书初版于2004年上市，首周就登上了亚马逊网站畅销书排行榜No.1，在一年内横扫《纽约时报》《华尔街日报》《华盛顿邮报》等全美20多个畅销书排行榜，其中，在《纽约时报》畅销书排行榜上盘踞73周。

在此次推出的增订典藏版中，作者珀金斯新增14章重磅内容，从更深层次解读为何世界各地危机不断。

珀金斯向读者分享了更多的细节，更为详细地阐述了他和他的同事所做的一切及其产生的后果。他提到，他曾参与其中的经济杀手系统如今已渗入美国和全球各地，进入商业、政府和社会系统，活动范围更广，影响也更深。

最后，他以行内人的身份向我们介绍了实际可行的应对方法，让我们有机会能够改变这一切。

2004 年简体中文版
媒体呈现

The New Confessions of an Economic Hit Man

国际畅销书《一个经济杀手的自白》
（2004 年简体中文版）曾引爆各类媒体

凤凰卫视《开卷八分钟》梁文道倾情解读

复旦大学管理学院推荐书目

《光明日报》《中国青年报》《新京报》《中国图书商报》《商务周报》《第一财经日报》《中国证券报》《青年参考》《人民日报·市场报》《信息时报》《金融时报》《工人日报》《经济参考报》《中国信息报》《中国企业报》《中国民航报》《文汇读书周报》《上海新书报》《东方早报》《广州日报》《羊城晚报》《深圳商报》《南国书业报》《嘉兴日报》《青岛财经日报》等报纸争相报道。

新华网、人民网、新浪网、腾讯网、搜狐、网易、凤凰网、价值中国网、新民网、中证网、中国经济网、国学网、环球视野、星岛环球网、中华小说网、中国大学网、深圳新闻网、中国经济学教育科研网、金融界、中国淮海网、东方网上海频道、黄山新闻网、上海文广新闻传媒集团、新榜网等网站纷纷热议。

《凤凰周刊》《凤凰生活》《新闻周刊》《周末画报》《新世纪》《财经文摘》《瞭望》《新世纪周刊》等杂志强烈推荐。

所获奖项：

2006年度最畅销经管书（著名图书销售网"美好前程"）
2007最值得推荐的文学类好书（人民网读书频道）
2007年最值得期待的十大财经图书（《财经文摘》）

当当网畅销书排名：

2007年度国际经济类畅销书（排名2）
2008年度国际经济类畅销书（排名5）
2010年度国际经济类畅销书（排名12）

全球荣耀榜

The
New Confessions
of an Economic Hit Man

原书至今已售出逾1 250 000册,并被翻译成32种语言。

原书一经上市,在一个星期内就登上亚马逊网站畅销书榜首。

原书跻身20多个的畅销书排行榜,曾在《纽约时报》畅销书排行榜上停留了73周。

在初版发行后的5个星期就重印了5次。

连续73周跻身《纽约时报》畅销书排行榜

- ◆《华盛顿邮报》精装本非虚构类畅销书排行榜第8位
- ◆《洛杉矶时报》精装本非虚构类畅销书排行榜第4位
- ◆《今日美国》商业畅销书排行榜第7位
- ◆《华尔街日报》商业畅销书排行榜第10位
- ◆《旧金山纪事报》精装本非虚构类畅销书排行榜第5位
- ◆《丹佛邮报》精装本非虚构类畅销书排行榜第3位

- *Dragonfly Review of Books* 时事类畅销书排行榜第 4 位
- 《书感》精装本非虚构类畅销书排行榜第 6 位（美国畅销书协会）
- "巴诺网站"非虚构类商业畅销书第 1 位
- "新英国畅销书协会"精装本非虚构类畅销书排行榜第 6 位
- "新亚特兰大独立畅销书协会"精装本非虚构类畅销书排行榜第 5 位
- "北加利福尼亚独立畅销书协会"精装本非虚构类畅销书排行榜第 2 位
- "南加利福尼亚独立畅销书协会"精装本非虚构类畅销书排行榜第 2 位
- "Pacific Northwest 畅销书协会"精装本非虚构类畅书排行榜第 6 位
- "山川平原畅销书协会"非虚构类畅销书排行榜第 4 位
- "东南部畅销书协会"非虚构类畅销书排行榜第 12 位
- "Hudson News Airport Bookstores"畅销书排行榜第 2 位
- "Politic & Prose Bookstore"精装本非虚构类畅销书排行榜第 1 位

权威推荐

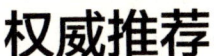

曹景行　资深媒体人

你可以把本书当作一部真实的自传来看，若去掉书中的人物故事，它又变成一本当代国际政治经济的论著；你甚至可以将其当作一部虚构的小说来看，因为书中的许多情节外人很难证实。但这并不重要，重要的是，书中所讲的那些牵动整个世界的事情，都是切切实实发生过的，而且还在继续。

杨　斌　著名经济学家

作者称他的经历不像是一个职业经济学家，而更像《007》电影中的詹姆斯·邦德。的确，这个故事的复杂曲折和引人入胜不亚于好莱坞大片，而在真实和贴近公众方面则更胜一筹。

林行止　香港《信报》创始人、著名经济学家

本书揭露了美国跨国企业、国家安全局与世界银行之间的种种复杂关系，是一本对国际政治和经济发展内幕有兴趣的读者的必读书。

雅尼斯·瓦鲁法克斯（Yanis Varoufakis） 希腊前财政部长

  当我读《一个经济杀手的自白》时，我不曾想到，多年以后，我竟然遭遇了珀金斯在书中所描绘的"经济打击"。《一个"经济杀手"的自白（增订典藏版）》揭露出了经济杀手掌控经济大权，及其为破坏民主控制所采取的残忍手段和非理性宏观经济调控。珀金斯再一次让世人看到真实的政治、经济和社会力量。

小野洋子（Yoko Ono） 先锋艺术家

  我爱死了《一个经济杀手的自白》。10年前，那本书揭露了真实的故事。而现在，《一个"经济杀手"的自白（增订典藏版）》告诉了我们更多，包括那之后发生的一些可怕事件，还有我们该如何做，才能从"死亡经济"转向"生命经济"。

约翰·格雷（John Gray） 心理学博士
《纽约时报》畅销书《男人来自火星，女人来自金星》作者

  《一个"经济杀手"的自白（增订典藏版）》用锐利的语言揭示了经济杀手和"豺狼"怎样用邪恶的方式扩展他们的权力。这本书展示了他们不仅在美国，在全球各地都遭到了报应。这是一本前所未有、大胆敢为的书，指出了我们现在所面临的危机，并为我们提供了一个阻止这些危机蔓延的方法。

玛尔西·许莫芙（Marci Shimoff）
《纽约时报》畅销书《释放更快乐的自己》和《女人的灵魂鸡汤》作者

  约翰·珀金斯揭露了全球政治寡头的黑暗一面，为人们点亮了新希望。这个真实的故事读起来就像让人欲罢不能的小说，让所有人都了解自己该做什么，才能创造一个更美好的世界。

玛尔西·扎洛夫（Marci Zaroff）
Canopy and Metawear 旗下环保时尚品牌的创始人

  珀金斯深刻地分析了抢夺世界未来的两股势力。一股势力意图保留牺牲多数来服务于少数的系统，而另一股势力则提出"对这个美丽而脆弱的星球，人类到底意味着什么"的新理念。这部强大的著作激励并鼓励我们采取行动，唤醒集体生态系统意识，让人类得以重生，创造一种生态文明。

芭芭拉·马克斯·胡巴德（Barbara Marx Hubbard）
意识进化基金会（Foundation for Conscious Evolution）主席

  《一个"经济杀手"的自白（增订典藏版）》是一部令人惊诧的指南书，告诉我们如何在地球上共同创造一个尊重所有生命的环境。这本书揭露了我们过去的错误，提出了一个慈悲和可持续的未来愿景，还告诉了我们如何才能实现这两者之间的过渡。只要你热爱我们美丽的家园——地球，就一定要读一读这本书。

塞奇·拉文（Sage Lavine）
创业型领导力学院创始人

  作为一个帮助数千人创业的人，我亲身体会到了直面旧经济模式所带来的危机和积极推动新经济方案有多重要。珀金斯的经历和他揭露的失败，使他对未来需要做些什么有着清晰的认识，他还号召所有人一起行动，将这场意识革命当成快乐的来源，这些都让人深受鼓舞。

《图书馆杂志》(Library Journal)

  珀金斯生动地描绘了"活在刀口上"的有趣经验，这种引人入胜的阅读体验让人有一种"现实比虚构更离奇"的感觉。

《纽约时报》(The New York Times)

珀金斯想传达的核心信息是：美国企业与政府机构雇佣了两种技工来为美帝国的更大事业服务，即收买新兴经济的"经济杀手"、可能用来推翻或谋杀拉美国家及中东地区领袖的"豺狼"……这本书抓住了美国民众对企业、大型贷款机构和政府关系的不信任和不满，讽刺了这三者联合所组成的公司王国。

《波士顿先驱报》(The Boston Herald)

想象一下詹姆斯·邦德（特工）和米尔顿·弗里德曼（经济学家）的概念爱情结晶。

《出版商周刊》(Publisher's Weekly)

此书初版在2004年一举成为黑马畅销书，现在的增订典藏版回忆录似乎以阴谋论作为主旋律……珀金斯说，这次的版本是他对邮箱里成千上万封邮件的答复，那些对"该做些什么来改变世界"感兴趣的人可以在这本书里找到答案。

《夏洛特观察报》(The Charlotte Observer)

珀金斯的说法在大多数美国人眼里也许非常不可思议。但是书中呈现出来的证据，说明世界经济正在沦陷……这个国家的公民需要自主自愿地去审查政治和企业领导者的行动，阻止他们破坏地球，将地球变成一个日渐危险的居住地。

推荐序 1

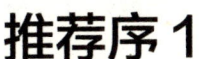

当心杀手!

曹景行
资深媒体人

你可以把这本书当作一部真实的自传来看；若去掉书中人物故事，它又变成一本对当代国际政治经济的论著；你甚至可以将其当作一部虚构的小说来看，因为书中的许多情节外人很难证实。但这并不重要，重要的是，书中所讲的那些牵动整个世界的事情，都是切切实实发生过的，而且还在继续。

同样，世界上是否真的存在书中那种有血有肉的经济杀手，是否真有那种有形的"公司王国"和意图控制世界的阴谋，也都不重要。重要的是，所有这一切只不过是美国核心利益的体现，那是切切实实存在的，而且主要由其庞大的政府机构、巨型跨国公司以及受他们操控的各式各样的国际组织来实现。即使没有作者这样的经济杀手，也一定会通过其他许多差不多的人物来做差不多的事情。

实际上，就连世界银行也只是美国利益的附属品，因为从一开始美国就是这一组织最大的股东，美国也绝不会把行长的职务让给别国。现任世界银行行长沃尔福威茨，上任前当过美国的国防部副部长，典型的"新保守主义"鹰派人物，伊拉克战争的主要发动者之一，一转身就进了世界银行，你能相信他"立地成佛"？看了本书，应该会有答案。有趣的是，20世纪60年代越战时期担任美国国防部长的麦克纳马拉，卸任后也成了世界银行行长。或许，他们这类好战之徒（尽管麦克纳马拉后来有所悔过），正是书中经济杀手背后的指挥者。20世纪80年代中期有好几年，我们很是关注拉丁美洲和其他第三世界国家债务危机，记得有一次到北京开研讨会，我向场内的专家与权威问道："我们一直指责发达国家造成穷国的债务危机，但那些拉美国家为什么要借那么多的外债？"当时无人能够给我明确的回答。现在，本书的作者用他这类人物的所作所为，给出了有说服力的解释。尤其是书中关于巴拿马的那几章，同我十年前去那个国家采访时的所见所闻，印合到了一起。当西装革履的经济杀手无法达成目标时，美国就派出了穿军服的杀手。

冷战结束后的这十几年，经济全球化已成潮流，美国的"经济杀手"是否还在寻找新的猎物？也许他们的形象有所改变，工具和手法更加精致隐蔽，但在1997年的亚洲金融风暴和2001年阿根廷金融危机中，在对冲基金的狂飙中，总还能看到他们躲躲闪闪的身影。说到底，有没有这样的人不重要，美国的利益却是实实在在的。

那么，今天的中国呢？中国太大，太复杂，光靠本书作者这样的几个"杀手"，恐怕不会有多大效果。但看了这本书后应该清楚，美国人的全部作为都是为了美国的利益，不管是不是派出经济杀手。叫人哭笑不得的是，最近中国刚刚有人对美国资金的长驱直入有所非议，美国媒体就发明了"中国经济民族主义抬头"的说法。这反倒让我更加相信本书作者的警告了：当心杀手！

推荐序 2

为全世界人民敲响的警钟

杨 斌

著名经济学家

早就听说《一个经济杀手的自白》是美国的一本畅销书,该书出版的第一个星期,就荣登美国亚马逊网站的畅销书排行榜首位,出版的头 5 个星期就重印了 5 次,这种广受读者欢迎的程度在美国出版史上是前所未有的。令人感到奇怪的是,美国受到大财团控制的主流媒体,一反喜欢跟踪炒作热门话题以扩大公众影响的常规,对这样一本受到空前欢迎的畅销书保持了耐人寻味的沉默。当然,作者约翰·珀金斯在该书中通过叙述自己的亲身经历,揭露了美国政界、情报机构和大财团鲜为人知的不光彩一面,倘若美国主流媒体感到该书中有不实之词或夸大捏造，完全可以尽情抨击、挞伐，以消除在公众中造成的不利影响，但是美国主流媒体这一次却选择了刻意回避和保持沉默。这种情形更加激起了我对《一个经济杀手的自白》的浓厚兴趣。

约翰·珀金斯在书中揭露，经济杀手披着经济学家、银行家、国际金融顾问之类的合法外衣，其实肩负着建立美国全球霸权的战略任务，现在的"美帝国"不同于历史上的强大帝国，主要是以经济而非武力操纵别国。经济杀手无所不做，如通过贿赂、色情、威胁敲诈，甚至暗杀等手段，拉拢、控制别国的政治经济精英；蓄意作出错误的宏观经济分析和产业投资建议，诱骗发展中国家落入预设的经济陷阱。控制这些国家的经济命脉和自然资源，通过欺骗手段让成万亿资金源源不断地流入美国，巩固、扩大美国在全球的经济、政治和军事霸权。约翰·珀金斯揭露，在经济全球化的时代，美国为谋求建立全球霸权，派遣经济杀手到世界各地发动的隐蔽经济战争，其规模空前巨大，令人恐惧。

约翰·珀金斯写道，这是一个属于你和我的共同世界的故事，一个真正意义上的全球帝国的故事，全世界每一个人的切身利益都受到影响，需要我们每一个人关心并努力改变它的进程，才能避免它以危害全人类的悲剧告终。正因如此，每当这本书被翻译成不同语言并且在不同国家出版时，都受到世界各国公众的普遍欢迎。这本书之所以受到世界各国的不同读者群体的广泛欢迎，是因为它兼具很高的历史价值、学术价值和娱乐价值，揭开了塑造世界历史的重大事件背后深藏的内幕，揭示了全球化经济运作的潜规则和阴暗面。作者称他的经历不像职业经济学家，而更像《007》电影中的詹姆斯·邦德。的确，这个故事的复杂曲折和引人入胜，不亚于好莱坞的大片《007》，而在真实性和贴近普通公众生活方面则更胜一筹。

对于我来说，约翰·珀金斯描述的经济杀手概念并不陌生。20世纪80年代，我曾留学日本研修国际关系学，就知道越战后期美国流行的国际"缓和"理论，明确提出"冷战"遏制政策效果不好，越南战争的军事冒险付出的代价更大，主张利用经济杠杆培育战略依赖性，通过贸易、金融、贷款、能源、粮食等筹码，形成支配世界格局的新政策武器网络。1999年，我通过长期潜心研究，撰写了《威胁中国的隐蔽战争》一书，论述了美国为何从"冷战"转向"缓和"战略，运用政治、外交、经济等手段，暗中策划全球隐蔽经济战的攻势，打击国际对手，谋求建立世界霸权。我认为隐蔽经济战争比军事攻击，对中国来说构成了更现实的威胁，不仅威胁到国家安全和经济命脉，还直接威胁到普通人的切身利益。

令我倍感欣慰的是，约翰·珀金斯书中揭露的大量经济杀手内幕，以丰富翔实而又无可辩驳的历史事实，证明了我在《威胁中国的隐蔽战争》中所作的分析判断，美国国际战略专家提出的隐蔽经济战争设想，确实并非只是文人墨客的夸夸其谈，也没有停留在学术研究和理论探讨的阶段，后来果然化成了经济杀手手中的厉害暗器，变成了他们发动隐蔽经济战的致命"撒手锏"。约翰·珀金斯正是在美国深陷越南困境的1971年，开始被美国国家安全局——比中央情报局规模更大、更秘密的情报机构，培养成一名不同于披坚执锐、身穿盔甲的帝国武士的经济杀手，在经济战线上继续美国在战场上输掉的战争，为谋求建立美国全球帝国的霸权目标而效力。约翰·珀金斯在书中写道，那时美国已经清楚地意识到，如果想要实现全球帝国的梦想，就必须将20世纪50年代美国策划伊朗政变的成功策略，发展为一种通过经济杀手发动的隐蔽战争,"这是唯一能躲过核灾难,不留一滴血就战胜苏联的方式。"

值得指出的是,约翰·珀金斯揭露的经济杀手内幕,并非孤立的、缺少旁证的陈述,已经有大量西方披露的史料从不同的侧面证实了美国经济杀手和隐蔽经济战争的真实性。1996年,美国中央情报局前雇员彼得·施瓦茨撰写出版了一本著作,题为《胜利——里根政府对前苏联的秘密战略》,透露了20世纪80年代美国中央情报局雇佣一大批专家,包括国际政治、经济学、心理学等方面的专家,策划瓦解前苏联的秘密战略的幕后活动。施瓦茨在该书中写道,中央情报局局长凯西为了实施秘密战略,被里根总统赋予极大的权力,其权限超过历届政府的中央情报局局长,可以直接进入总统的椭圆办公室,要求外交、经济、军事部门予以合作,国际事务权限甚至与国务卿相同。2004年3月,美国出版了《万丈深渊:一名知情者记忆中的冷战史》一书,作者托马斯·里德曾担任空军部长兼国家安全委员会成员。他在书中透露,在冷战后期,威廉·凯西领导的中情局对苏联展开了"冷酷无情的经济战",包括以假技术情报造成西伯利亚一条天然气管道发生了大爆炸,破坏对苏联赚取外汇硬通货具有关键性的能源产业。苏联解体导致世界格局发生失衡的今天,美国早已不屑于继续隐瞒谋求全球霸权的野心。近年来,美英政府高官毫不隐讳地频频鼓噪新帝国主义理论,公开提出了建立新罗马帝国的宏伟蓝图,还声称将国际货币基金组织等国际经济组织当作新帝国主义工具,可运用包括欺骗在内的"丛林规则"对付中国和其他第三世界国家。美国获诺贝尔奖的著名经济学家斯蒂格利茨,也通过担任世界银行副行长的亲身经历,揭露了美国操纵国际金融机构强迫推行新自由主义的"华盛顿共识",

蓄意误导苏联及东欧转轨国家和发展中国家的经济改革，致使其爆发经济金融危机并陷入社会灾难的内幕。倘若将这些从不同侧面暴露的证据联系起来，我们就能清楚地看到美国全球隐蔽经济战争的巨大规模，经济杀手的可怕阴影几乎无处不在，对中国经济金融安全和广大民众的利益也构成了严重威胁。

在这种严峻的国际形势下，《一个经济杀手的自白》中文译本的出版，对于我们重新认识全球化时代的世界经济，维护中国的经济金融安全和百姓利益，具有极为重要的现实意义。对于中国的不同读者群体来说，包括政府官员、企业家、经济工作者、知识分子和广大民众，《一个经济杀手的自白》都颇为值得一读。正如约翰·珀金斯在该书中所描述的，经济杀手的穿着打扮与学者、教师及一般生意人无异，在世界各地，他们看起来就像普通的企业家、银行家和政府官员，他们的外表普通而谦恭，总是宣称要为其他国家人民带来种种好处，冠冕堂皇地谈论着经济增长的奇迹，但是，倘若我们不能识别经济杀手，就随时可能落入陷阱。

政府官员、企业家、经济学家尤其应谨记约翰·珀金斯的警示，美国经济杀手肩负的一项重要战略任务，就是不择手段拉拢腐蚀世界各国的政治经济精英，通过行贿、色情利诱，并且利用腐败证据威胁敲诈，向他们提出错误的宏观经济分析和经济发展建议，诱迫他们落入经济陷阱并产生依赖性，进而廉价收购、控制其母国的经济命脉、战略产业和自然资源，诱发经济危机、社会动荡，甚至制造颜色革命，最终导致其母国沦为类似拉美的"香蕉共和国"，深陷贫困的泥潭却无法摆脱对美国的依附。

这方面，俄罗斯、阿根廷等国的精英就是很好的前车之鉴，曾被称为"市场之父""私有化之父"的盖达尔、丘拜斯、卡瓦略，他们积极推动新自由主义改革服务于美国的全球利益，却给本国经济和广大民众利益造成了巨大损害。盖达尔、丘拜斯在俄罗斯几乎成为人人喊打的"过街老鼠"，在西方经济学界也成为遭到批评、耻笑的对象，他们在美国占领伊拉克后受雇设计私有化改革，充当甚至连西方经济学家都耻于扮演的角色，充分暴露了其受到美国经济杀手控制的买办身份。阿根廷前经济部长卡瓦略推动私有化颇受美国赞扬，他在爆发金融危机后因涉嫌违反经济安全法遭到逮捕，罪名是向美国跨国银行泄密协助资本外逃并逃避管制。俄罗斯、阿根廷的政治家如俄罗斯前总统叶利钦、阿根廷前总统梅内姆，也因重用新自由主义经济学家带来社会灾难变得声誉扫地。委任卡瓦略担任阿根廷经济部长的梅内姆，因涉嫌私有化腐败遭到阿根廷的引渡通缉。

阿根廷被经济杀手收买的腐败政府官员，通过廉价出售国有企业虽然捞了不少好处，但在银行危机和股市崩盘中损失惨重，遭到更加贪婪的美国金融大鳄的洗劫。叶利钦也后悔地说，都是主管私有化的"丘拜斯惹的祸"，他终于领悟到经济学家缺乏国家安全意识的危害，最后任命的三任总理都来自国家安全部门。普京执政后为了抵御美国经济杀手渗透的威胁，向政府各部门、地方和大企业大量委派安全部门的官员，美国对普京维护民族利益的举措极为恼怒，称俄罗斯走向了专制主义的错误道路，俄罗斯民众却极为拥护普京打击寡头和实行能源产业重新国有化的措施。

《一个经济杀手的自白》对于广大民众来说也颇值得一读，不仅因为它是比侦探小说更为精彩的真实故事，还因为它讲述的故事同广大民众的利益息息相关。正如约翰·珀金斯在该书中所叙述的，美国为了谋求全球经济、政治和军事霸权，不仅将像中国这样有影响的大国视为眼中钉，而且也不放过拉美的资本主义小国如厄瓜多尔、巴拿马。约翰·珀金斯本人曾以跨国公司首席经济学家的公开身份，到厄瓜多尔、巴拿马参与发电厂建设项目的经济咨询，其实是执行美国政府委派给经济杀手的战略使命。

令约翰·珀金斯后来深深感到良心不安的是，拥有丰富石油资源的厄瓜多尔落入经济杀手设置的陷阱后，经济增长并未给广大民众带来任何好处，挣扎在贫困线上的人口从50%上升到70%，失业率从15%飙升到70%，国债从2.4亿美元猛涨到160亿美元。约翰·珀金斯这样写道，"世界上并非仅厄瓜多尔一个国家如此。几乎每个被经济杀手网罗到美国'保护伞'下的国家，都遭受着同样的厄运……在许多国家，经济增长的受益者仅仅是一小撮人，而大多数人却越来越穷。"更令人感到气愤的是，拉美国家那些关心普通民众的正直政治家，尽管他们对美国友好并且相信资本主义民主，但动辄被贴上拥护共产主义的激进左派标签，遭到经济杀手不择手段的迫害、排挤，甚至暗杀，然后被愿意接受经济杀手贿赂的腐败官员取而代之。

庆幸的是，约翰·珀金斯在经历了很多年痛苦的思想斗争之后，终于鼓起勇气将经济杀手的真相告诉全世界，他对自己作为经济杀手所犯下的罪行进行了深深的忏悔。他认为美国正在背叛其开国宪章所确立的共和国精神，转而效仿其开国先贤所反抗的大英帝国殖民主义。他决心效仿那个冒着生命危险疾驰穿过新英格兰乡村，大声发出"英国人来了"警报的勇敢孤独骑士，呼唤全世界人民像当年美国人民一样起来响应，阻挡美国效仿当年英国那样谋求建立全球帝国霸权。我对约翰·珀金斯的精神深感敬佩，衷心希望他能够如愿以偿。

自 序

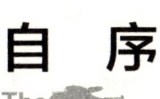

"老把戏"肆意玩弄新世界

经济杀手（Economic Hit Men, EHMs）是指那些拿着高薪的、顶尖的专业人士，他们从世界各国攫取了不计其数的金钱。这些钱，通过世界银行、美国国际开发署（USAID）和其他"援助"机构，被装入美国各大集团公司的金库和控制全球自然资源的少数显赫家族的口袋。

经济杀手为达目的，不惜使用任何手段：伪造财务报告、操纵选举、贿赂、敲诈、色诱，乃至谋杀。他们玩的是自古以来的帝国都在玩的"老把戏"，只是在经济全球化时代，其规模空前庞大，使用的手段也令人心惊。

我清楚这一切！因为我曾经就是一名经济杀手！

1982年，我着手写《一个经济杀手的良知》（*Conscience of an Economic Hit Man*），准备献给我从前的客户——厄瓜多尔总统海梅·罗尔多斯(Jaime Roldos)和巴拿马总统奥马尔·托里霍斯(Omar Torrijos)。我尊敬他们，就像尊敬亲人一样。他们都因飞机失事而离开人世，这绝非偶然——他们不愿与觊觎全球帝国统治权的美国企业、政府、大银行家"称兄道弟"，而遭到暗杀。

当我们这些经济杀手黔驴技穷，对罗尔多斯和托里霍斯总统无计可施之时，一直站在我们背后的"真正的杀手"——中情局的"豺狼"就会出手。

很多人曾经劝过我，不要再写那本书了。在之后20年里，我断断续续地四次提笔：1989年美国入侵巴拿马，第一次海湾战争，索马里事件和奥萨马·本·拉登（Osama bin Laden）的登场——这些国际事件不断激起我提笔的冲动，但每次我都因遭到恐吓或被人行贿，而不得不搁下笔来。

2003年，一家知名跨国企业旗下的大型出版公司总裁看到了我写的名为《一个经济杀手的自白》（*Confessions of an Economic Hit Man*）的草稿后，将之形容为"扣人心弦、不得不说的故事"。可他同时又惋惜地摇摇头，笑着对我说，他不会冒险出版这本有争议的书，因为企业的高层极有可能会反对。随后，他建议我把它改写成小说。"也许我们可以把你包装成像约翰·勒卡雷（John le Carré）或格雷厄姆·格林（Graham Greene）那样的间谍小说家。"

可这本书不是小说，书中所描述的都是我的亲身经历和真实感受，是关于一个让我们无比失望的系统是如何诞生的故事。后来，另外一家不属于任何跨国企业的独立出版社答应帮我出版。

究竟是什么力量让我最终战胜了恐吓和贿赂？

简单来说，是我的独生女儿杰西卡（Jessica）。她大学毕业后，独自在社会上闯荡。当我和她谈起出版这本书的想法还有顾虑时，她非常支持我，并对我说：

> 别担心，如果他们阻止了你，我会为你继续做下去。为了下一代人的幸福，我们必须让世人知道真相。

这就是她的回答。

更深层次的理由是出于我对生我养我的这个国家的热爱；是出于我对美国国父在创立美利坚合众国时所抱持的理想的热爱；是出于我对美国向全球所有人承诺的"自由、平等和追求幸福的权利"的期望；特别是"9·11"事件之后，我无法忍受自己眼睁睁看着经济杀手将美国转变为全球帝国。这些因素构成了《一个经济杀手的自白》整本书的骨架，而接下来的每一个字，就是在这个骨架上一点一点加上去的血和肉。

为什么我写下了这一切，却没有被谋杀？在这本《一个"经济杀手"的自白》（增订典藏版）（*The New Confession of an Economic Hit Man*）中，我将会一一道来，而且这本书本身也成了我的护身符。

这是个真实的故事，故事中的一切，都是我生命中真实的一部分。我每分每秒都真真切切地活在其中。

这是我私人的故事，同时也是那些改变并塑造了历史的重大事件的一部分。这些事件不仅改变了我们所处的这个世界，也改写了我们孩子的未来。

在本书中，我尽可能真实、准确地再现与我有关的每一件事、每一个人和每一次对话。我从各种渠道搜集了很多资料：公开档案、私人记录、笔记；我前几次的手稿；我自己和亲身经历过这些事件的人们的回忆；其他作品记录的历史事件，尤其是以前被定级但最近已经曝光的机密档案。有时，为了保持叙述的流畅性，我会将和同一个人的几次对话整理成一次对话。

有出版界的人士曾经问我，我们是否称自己为"经济杀手"？答案是肯定的，不过通常都简称为"EHM"。1971年，我与克罗汀（Claudine）共事的第一天，她就对我说：

> 我的任务就是，把你铸造成一个经济杀手。任何人都不得知道你的身份，包括你妻子在内。

她的表情很严肃，"一旦你进来，一辈子你就别想再出去了。"

对于将会派我去做什么，克罗汀从不掩饰。据她说，我的工作就是游说各国领导人，让他们成为美国商业利益扩张网络中的一部分，通过将这些领导人骗入无尽的债务中，使他们不得不"效忠"美国。我们可以随时利诱他们，满足美国的政治、经济和军事需要。他们也因为能给其国家的人民带来工业园、发电站和机场，而得以巩固其政治地位。同时，美国的工程建筑公司的所有者也因为承接了这些工程项目赚得盆满钵满。如果我们失败了，更为凶狠的"豺狼"就会出动。如果"豺狼"也失败了，军队就会登场。

现在，距离《一个经济杀手的自白》出版已近13年了，原出版社和我本人都认为，是时候出一个新版本了。自这本书的首版问世后，我收到成千上万封电子邮件，询问这本书有没有影响我的生活，我做了什么事情自我救赎，有没有试着改变经济杀手系统，以及他们又采取了什么新的行动等。这本新书就是我对以上问题的回应。

除了上述原因，我出版新书也是因为世界已经彻底改变了。以债务和恐惧为基础的经济杀手系统变得比 2004 年时更加危险了。

经济杀手的队伍日益扩大，还采用了新伪装和新工具，美国也被经济杀手盯上。整个世界都遭到了经济杀手的侵袭。我们必须清醒地认识到，灾难即将来临，经济、政治、社会和环境都濒临崩溃。我们必须作出改变。

所以这个故事不得不说：我们生活在一个危险与机遇并存的时代。经济杀手的故事提示：为什么我们会处于这种境地？为什么我们会面临难以逾越的危机？

这本书是我的自白书，是一个曾经属于那个小群体一员的忏悔。现在这个群体的人员日益增多。他们有了许多掩饰身份的称号，他们行走在埃克森、沃尔玛、孟山都等《财富》世界 500 强企业的走廊里。他们都用经济杀手系统填满自己的私人钱包。

换句话说，《一个"经济杀手"的自白》（增订典藏版）其实就是新时代的经济杀手的故事。

这也是与你息息相关的故事，是我们共同所处的这个世界的故事。我们必须共同承担起对这个世界的责任。**经济杀手系统如此成功，是因为我们顺从了该系统。**

他们引诱我们，哄骗我们，威胁我们，但是只有在我们对其视而不见或轻易地屈服于他们时，他们才能赢。

当你读到这些文字时，也许事情的发展早已超出了我的预想。但是请你一定正确看待这本书，它会为你理解正在发生和即将发生的事情提供崭新视角。

承认问题是解决问题的第一步，认罪则是赎罪的开始。那么，就让这本书成为我们救赎的开始，让我们去找寻救赎的方法，实现社会安定、和平的梦想。

约翰·珀金斯

2015年10月

目 录

The New Confessions of an Economic Hit Man

前　言　"经济杀手"的再自白　1

第一部分　大幕拉开（1963—1971年）

我只是个出生在新罕布什尔乡下的孩子，并未想过人生将经历怎样的狂风骤雨。1968年，一次意外的征召让我开始了常人无法想象的冒险之旅。层层黑幕，被掀开了一角……

第 1 章　丛林之下，即是美元　2
第 2 章　一个"经济杀手"的诞生　11
第 3 章　美人与泥潭　21
第 4 章　杀手处女作——印度尼西亚　30
第 5 章　和魔鬼做交易　38

第二部分 黑色风暴（1971—1975年）

"经济杀手"肩负着公司王国的秘密使命。从拉美到中东，我们耍着伪造、操纵、贿赂、敲诈、色诱乃至谋杀的伎俩，亲手制造了一场场黑色风暴，卷走财富，留下废墟……

第 6 章　经济审判官 or 魔鬼代言人　46
第 7 章　"因为那是美国的计划"　51
第 8 章　一生难求的机遇　57
第 9 章　巴拿马的现代英雄　64
第 10 章　运河区的海盗　70
第 11 章　士兵与妓女　74
第 12 章　与将军对话　79
第 13 章　内忧外患催生新霸权主义　85
第 14 章　沙特阿拉伯洗钱风波　90
第 15 章　"拉皮条"及资助奥萨马·本·拉登　103

第三部分 风暴渐息（1975—1981年）

美利坚帝国的巨网在全球悄然铺开，频繁的黑色洗礼让我开始厌倦这种生活，我第一次感到了无比的失落和沮丧。我想到了结束……

第 16 章　巴拿马运河谈判与格雷厄姆·格林　110

第17章　伊朗"万王之王"　118

第18章　受刑者的自白　123

第19章　伊朗国王的垮台　128

第20章　哥伦比亚：拉丁美洲的楔石　132

第21章　美利坚合众国与全球帝国　137

第22章　我的金色面具　144

第23章　总统与石油巨头之争　155

第24章　辞职　160

第四部分　风暴过后（1981—2004年）

公司王国却仍在高速运转，杀戮和阴谋仍在上演，我开始为自己曾经扮演过的角色而痛苦不已，我想到了记录那些黑色的时光，尽管困难重重，最终，我还是写出了这个仍未完结的故事……

第25章　厄瓜多尔总统之死　166

第26章　巧合？又一名领袖"英年早逝"　171

第27章　乔治·W. 布什、安然和我的能源公司　175

第28章　再一次出卖灵魂　181

第29章　强占运河：美国入侵巴拿马　188

第30章　萨达姆不吃软的，那就来硬的　198

第31章　"9·11"以及我知道的一切　205

第32章　委内瑞拉，被萨达姆救了一命　213

第五部分 新一轮"死亡经济"风暴（2004年至今）

如今，"经济杀手"已不再满足于为发展中国家设下巨额债务圈套，他们进入了国会、华尔街、跨国企业的办公室，将"死亡经济"的触角延伸到世界各个角落，即便超级大国也难以幸免……

第33章　有人想让我消失　222

第34章　"豺狼"与塞舌尔阴谋　229

第35章　丛林中的萨满与反叛者　235

第36章　民主国家后院里的专制傀儡　242

第37章　经济杀手反噬美利坚　247

第38章　见证罪恶发生之地　252

第39章　贸易与债务：比军队更强大的征服者　259

第40章　从十年八任总统到八年一任总统　265

第41章　由银行家组成的"强盗俱乐部"　269

第42章　"经济杀手"的新变体　274

第43章　"豺狼"正在头顶看着你　285

第44章　埋葬"死亡经济"　292

第45章　如何创造"生命经济"　301

约翰·珀金斯年鉴　311

前 言

"经济杀手"的再自白

日复一日,我被自己做经济杀手时的所作所为困扰着。我后悔当初所说的关于世界银行的谎言,担心银行及其同盟组织的扩张;我推动了美国企业扩张到世界的各个角落。我害怕,如果贫困国家的领导人拒绝了会让其国家陷入债务陷阱的贷款,挫败了敲诈、威胁等行为之后,中央情报局的"豺狼"就会推翻他们,甚至暗杀他们。

有时候,我会从可怕的梦魇中惊醒。在梦里,曾是我朋友的国家元首因为拒绝背叛自己的国民而死于暴力。像莎士比亚笔下的麦克白夫人一样,我努力地想擦洗掉手上的鲜血。

但是鲜血只不过是表面征兆。

《一个经济杀手的自白》一书揭露的藏在表面下的可怕癌症,现在已经转移了。它从发展中国家扩散到了美国和其他地区,破坏了民主的基础,损害了这个星球的生命维持系统。

如今，经济杀手和"豺狼"使用的虚假经济、承诺、威胁、贿赂、敲诈、债务、欺骗、政变、暗杀和肆无忌惮的军事活动等工具，已经在全球被广泛使用了，其范围和规模都远超10年前我所揭露的程度。

虽然癌症传播得更广、更深了，但大多数人依然没有察觉到它的存在。与此同时，所有人都被癌症带来的崩塌影响着。它现在已经成为经济、政府和社会的主导系统。

恐惧和债务驱动着这个系统。我们受到很多信息的蛊惑，让我们以为，为了阻止那些潜伏在门口的敌人——不知从何而来的叛乱分子、恐怖分子，可以不惜一切代价。这个系统提供的解决方案就是，承担大量债务，购买"公司王国"[①]的产品和服务。

债务奴役了我们，也奴役了很多其他国家。

这些策略创造出了一种"死亡经济"（Death Economy），即以战争或战争威胁、债务、掠夺资源等手段为基础的经济。这无疑是一种不可持续的经济，它以越来越快的速度消耗着我们赖以生存的资源，污染我们的空气、饮用水和食物。死亡经济建立在资本主义基础上，我们需要注意，资本主义是一种由私人所有者掌控贸易和工业的经济和政治系统，而不受国家控制。它既包含了地方的农贸市场，也包含了由公司王国控制的、极其危险的全球性企业资本主义，其本性是掠夺，最终走向自我灭亡。

我决定写这本《一个"经济杀手"的自白》（增订典藏版），是因为在过去10多年里，世界发生了巨大改变。癌症已经扩散到美国及全球各地，富人更加富裕，而其他人则越来越贫穷。

---

① 公司王国（Corporatocracy）：多个经济和政治体系被大型企业联合体及其利益关系整合并控制，从而形成的巨大实体。——译者注

公司王国控制的强大的宣传机器将故事颠倒，给我们灌输了种种教条，以便我们为他们的利益，而不是我们自己的利益服务。这些故事就是要说服我们，接受这个以恐惧和债务、积累资源为基础的系统，让我们去分化和征服不属于"我们"的人。这些故事是彻头彻尾的谎言，让我们相信经济杀手系统会为我们创造一个安全的世界，让我们过得幸福美满。

有些人可能会把我们当前的问题归结为有组织的全球性阴谋。我倒希望事情能这么简单。事实上，这个经济杀手系统是由数以百计的阴谋组成，而不是单个的大阴谋。这个系统影响着我们所有人，是比全球性阴谋更危险的东西。该系统的驱动理念却让世人相信，它为世界带来了福音。

我们一直认为，所有经济增长都能够为人类带来好处，而且增长越快，受益人越多。我们还相信，那些善于促进经济增长的人应当受到褒奖和赏识，而那些生于边缘地区的人理当被剥削。我们甚至还认为，包括现代的经济杀手和"豺狼"所使用的手段在内，所有能够促进经济增长，保障我们舒适的西方生活方式，消除可能威胁我们安全的潜在因素（恐怖分子）的手段都是正当的。

为了响应读者的要求，我增加了许多我当经济杀手时的工作细节和说明。此外，我还澄清了一些前作里的观点。更重要的是，我在第五部分增加了全新内容，介绍如今的经济杀手系统是如何运转的，当代的经济杀手、"豺狼"都是什么人，以及他们的骗术和工具为何会影响如此深远。

此外，新增的第五部分还介绍了我们该如何推翻经济杀手系统，以及具体的策略，这也是为了响应读者的要求。

这本书的末尾是"经济杀手活动档案",是对我个人故事的补充,为想要深入了解本书内容及主题的读者提供了更翔实的细节。

尽管坏消息不绝于耳,现代强盗式的资本家正试图窃取我们的民主和我们的地球,但我依然满怀希望。我知道,只要有足够多的人察觉到经济杀手系统的真相,我们就能共同采取行动来遏制癌症,恢复健康。《一个"经济杀手"的自白》(增订典藏版)将会讲述如今的经济杀手系统如何运作,以及你、我和所有人该怎样改变这个系统。

汤姆·潘恩(Tom Paine)用他的笔启发了美国的革命家,他曾这样写道:

> 如果非要有动乱出现,就让它出现在我的时代,那样我的孩子就能得到和平。

在今天,这番话就像它在1776年那样,依旧振奋人心。我写这本新书的目的也和潘恩一样:激励和鼓舞人们去做所有可能的事,为我们的孩子创造一个和平世界。

第一部分

大幕拉开
（1963—1971年）

我只是个出生在新罕布什尔乡下的孩子，并未想过人生将经历怎样的狂风骤雨。1968年，一次意外的征召让我开始了常人无法想象的冒险之旅。层层黑幕，被掀开了一角……

第1章 丛林之下，即是美元

1968年，我刚从商学院毕业，就下定决心不参加越南战争。在那之前，我刚和安（Ann）成婚。她也反对战争，而且愿意冒险跟着我一起参加和平队（Peace Corps）。

当年，我们抵达了厄瓜多尔的基多。那时我23岁，是被派遣到亚马孙雨林深处的聚居区开发信贷和储蓄业务的志愿者，安则负责给土著妇女传授卫生常识和育儿知识。

之前，安去过欧洲，但我是第一次远离美国。我们将飞往一个世界上海拔最高、最贫穷的国家首都。我希望这次旅行能够见识到一些不一样的事情，但说实话，我还没有完全准备好。

我们从迈阿密搭乘飞机前往基多。当飞机抵达基多时，简陋的跑道让我感到震惊。我倾身靠近坐在中间的安，指着窗外，向坐在靠近过道的厄瓜多尔商人提出疑问："真的有人住在那里吗？"

"我们的国家非常穷。"他表情严肃地点头答道。

我们乘坐公共汽车进城，看到的沿途景象更加糟糕：衣衫褴褛的乞丐挂着自制拐杖，蹒跚地沿街翻动着垃圾；儿童腆着严重肿胀的肚子；骨瘦如柴的狗四处乱窜；人们居住在硬纸板搭成的棚户区里。

第一部分
大幕拉开（1963—1971年）

公交车将我们带到了基多的五星级酒店——洲际酒店。在这个贫穷的国度，洲际酒店就是奢华的代表，我和和平队的其他30名志愿者将在这里参加为期数日的本地情况介绍会。

听完第一次讲座，我们才知道厄瓜多尔可以说是封建制欧洲和荒凉的美国西部的结合体。老师提醒我们要为所有潜在危险做好准备：毒蛇、疟疾、水蟒、寄生虫和带着敌意的部落勇士。不过，好消息是，德士古（Texaco）公司在我们驻扎的雨林不远处发现了丰富的石油矿藏。我们深信，那些石油将会让厄瓜多尔从贫穷的深渊中跃出，变成最富有的国家之一。

某天下午，我在酒店大堂等电梯时，和一名有着得克萨斯口音的金发男子聊了起来。他是一名地震学家，在德士古公司担任顾问。当他得知我和安是将在雨林里工作的和平队志愿者时，就执意邀请我们到酒店顶楼的豪华餐厅共进晚餐。我不敢相信自己的运气竟然这么好。我曾看过那家餐厅的菜单，那里一餐饭的费用抵得上我们一个月的生活补助。

那天晚上，我喝着玛格丽特鸡尾酒，望着窗外的皮钦查（Pichincha）——位于厄瓜多尔首都上游的巨大火山。我开始羡慕这个男人，向往他的生活。

他说自己有时会乘坐公务机直接从休斯敦飞到丛林中的简易机场。"我们不需要忍受任何入境和海关的麻烦，"他说道，"厄瓜多尔政府赋予了我们许多特权。"此外，他还曾在雨林中驾驶带空调的房车，就着香槟享用装在精美瓷盘里的菲力牛排。他笑了笑说："不过，我猜你应该体会不到这些。"

接着，他提到他正在写的《丛林下的石油之海》。他说，这份报告将向世界银行证明，为这个国家提供巨额贷款的理由很充足，并用来说服华尔街投资德士古等将在此次石油带来的繁荣中受益的企业。

听罢，我非常惊讶，事情的进展怎么可能会如此迅速。他奇怪地看了我一眼，问道："商学院都教了你什么？"

一时间，我不知如何回答他。

"听着，"他说道，"这是一个古老的游戏。我在亚洲、中东和非洲都目睹过这样的事情。现在，轮到这个国家了。地震学报告，加上一个刚刚被发现的巨大油田……"他停顿了一下，接着笑了笑，"一个新兴城市就要诞生了！"

安开始幻想石油将给厄瓜多尔人带来的繁荣景象。

"只有足够聪明的人才能玩这个游戏。"他说。

我在新罕布什尔州的一个小镇长大，这个小镇是以一个人的名字命名的。1849年，大批人前往加利福尼亚淘金，这个人靠着向这些淘金者出售铁锹和毯子发家了。随后，他就在俯瞰整个小镇的山顶建造了一栋房子。"商人，"我说，"企业家和银行家。"

"说的没错。如今就是大公司，"他往后斜靠着椅子，"我们掌控了这个国家。不经过海关批准直接入境，只不过是我们享有的诸多特权中微不足道的一项。"

"比如说？"

"那你要了解的可就多了，"他举起手中的马天尼，对着这个城市说道，"首先，我们控制了军队，给他们支付薪水，为他们购买装备。那些印第安人不愿意有人在自己土地上建设钻井平台。当他们攻击我们时，军队就会出面保护我们。在拉丁美洲，控制了军队就意味着控制了总统和法院。我们可以改写法律，制定石油泄漏的惩罚方法、劳务工资，以及所有其他跟我们相关的法律。"

"所有费用都由德士古公司埋单？"安问道。

"也不全是……"他把手伸到桌子对面，轻轻拍了拍安的胳膊。

"你也会支付一部分，令尊也一样，美国所有纳税人都在为它埋单。

钱通过美国国际开发署、世界银行、中情局和五角大楼源源不断地被送到这里，但是这里的每一个人……"他朝着窗外的城市挥了挥手，"都以为是德士古公司承担了所有费用。别忘了，这个国家在历史上发生过多少次政变。如果你仔细观察一下，就会发现，当领导人不按我们的规则玩游戏时，这个国家会有事发生。"

"你是说德士古公司会推翻政府吗？"我问道。

他大笑着回答："我们只会说，如果政府不合作的话，将会被视为苏联的傀儡。他们会威胁到美国的利益和民主。中情局可不喜欢这样的政府。"

那个晚上，这名地震学家开启了我对经济杀手系统的认知大门。

接下来几个月，我和安都待在亚马孙雨林里。然后，我们被转移到安第斯山脉。我被分配到砖厂，帮助制砖工人；安则负责培训残障人士，让他们能够胜任当地其他工作。

有人告诉我，砖厂需要提高陈旧烤箱烧烤砖块的效率。可是，这些工人一个接着一个来跟我埋怨那些开卡车、在城里拥有房产的人。

厄瓜多尔是个社会流动性很低的国家。瑞卡斯家族（The Ricos）等一小部分富裕家庭掌控了这里的一切，包括商业和政治。他们的代理人以极低价格从砖厂买下砖块，然后以10倍的价格卖出去。一个制砖工人曾去找市长抱怨。几天之后，这个制砖工人就被卡车撞死了。

恐惧笼罩了整个社区。人们都跟我打包票说，那个人一定是被谋杀的。我一直都在怀疑其真实性。可是后来，警察局局长宣布这个死者参与了古巴企图将厄瓜多尔变成共产主义国家的阴谋。他还暗示，所有造成麻烦的制砖工人都会被当成叛乱分子逮捕。

制砖工人恳请我去找瑞卡斯家族。为了平息自己的恐惧，他们愿意做任何事情。他们说服自己相信，如果他们让步，瑞卡斯家族就一定会保护他们。

我不知道该怎么办。我没有与市长谈判的筹码,而且一个年仅25岁的外国人试图干预的话,只可能让事态变得更糟糕。除了倾听和同情,我别无他法。

后来我意识到,自西班牙征服此地以来,历任统治者都试图用恐惧统治安第斯人民。瑞卡斯家族只是整个战略的一部分。我很遗憾看到这一切,但我无法为这个社区做任何事情。他们需要学习直面恐惧;他们需要承认自己压抑的愤怒;他们需要对自己遭受的不公正待遇采取行动。他们不应该来找我,让我解决问题。他们需要站起来反抗瑞卡斯家族。

一天傍晚,我和制砖工人谈话时告诉他们必须采取行动,哪怕冒着被杀害的危险,也要让自己的孩子过上繁荣、安宁的生活。

意识到如何鼓舞这个社群的过程对我来说意义重大。我开始明白,人们本身就是这个阴谋的合谋者,说服他们采取反抗行动是唯一的解决方法。这个方法的确起作用了。

砖厂组建了一个合作社。每个家庭都捐赠了砖块,然后合作社用这些砖块的收入到市里租了一辆卡车和一间仓库。瑞卡斯家族一直抵制合作社,直到来自挪威的路德会与合作社合作,向其订购了一批砖块用于建造学校。路德会给合作社的价格是瑞卡斯家族的5倍,但是只有瑞卡斯家族给路德会报价的50%。绕过瑞卡斯家族,路德会和合作社都获益了。从那之后,合作社逐渐发展起来。

不到一年时间,安和我完成了和平队的任务。那年,我26岁,已经不符合征兵要求。后来,我成了一名经济杀手。

在入行时我告诉自己:你在做正确的事情。当时南越败给北越,我接收到的信息是:整个世界面临着苏联的威胁。商学院教授曾教导我,世界银行贷款资助的基础设施项目是为了将发展中国家从贫困中解救出来,世界银行和美国国际开发署的专家也特别强调这一点。

第一部分
大幕拉开（1963—1971年）

当我发现这些都是谎言时，我已经深深地陷入这个系统里。我小时候读的是新罕布什尔寄宿学校。在成长过程中，一直感觉自己很贫穷。但一夜之间，我赚了很多钱，坐头等舱飞往任何我想去的国家，住最豪华的酒店，在最奢侈的餐馆吃饭，与各国元首会晤。我好不容易做到这些，怎么会想要走出来呢？

然后，梦魇开始了。

我在黑漆漆的酒店房间里醒来，浑身冒着冷汗。我总是会想起自己曾看到过的景象：失去双腿的麻风病人趴在带有轮子的木箱子上，在雅加达的街道上滑过；男男女女在黏稠的绿色运河里洗澡，旁边的人在河里排便；一具尸体被丢在垃圾堆上，上面爬满了蛆虫和苍蝇；孩子们睡在纸板盒里，与流浪狗争夺残羹冷炙。我意识到，自己在感情上有意识地和这些事情划上了界限。就像其他美国人一样，我没有把这些人当成人类，而是把他们当成"乞丐""怪人""他们"。

有一天，我乘坐印度尼西亚政府提供的豪华轿车，在一处红绿灯前停了下来，一个麻风病人突然把一只血淋淋的手臂残肢伸到车窗前。我的司机大声训斥了他。麻风病人咧嘴笑了笑，没有牙齿的嘴让这个笑容显得很诡异。然后，他便走开了。

这个麻风病人的形象一直在我脑海里挥之不去，仿佛他是特地来找我的。他那只血淋淋的手臂像是一种警告，而他的微笑就是信号，仿佛在说："改革！忏悔！"

由此开始，我更加关注身边的世界和我自己。我渐渐地认识到，尽管取得了那么多成就，我还是十分痛苦。每天晚上，我都会吃安定，摄入大量酒精。早上起床后，我又会强迫自己喝咖啡、吃药丸，摇摇晃晃地去谈价值数亿美元的合同。

这就是我日常的生活。我相信了那些故事，靠债务支撑我的生活方式。我被恐惧支配了，害怕失败、害怕失去工作。我担心当别人跟我说我需要拥有哪些东西的时候,我却没有。

一天晚上,我惊醒过来,清楚地记得自己做了一个不同寻常的梦。

我走进一个领导人的办公室,他的国家刚刚发现了大量石油。我告诉他:"我们的建筑公司打算从你的兄弟约翰·迪尔(John Deere)那里租借设备。我们支付两倍于市场的价格,然后你就可以和你的兄弟共享这笔收益了。"我还向他解释,我们与他那些拥有可口可乐瓶装工厂、经营食品和饮料行业、做劳务承包的朋友做过类似交易。他只需要签署世界银行的贷款协议,雇用美国企业来他所在的国家参与基础设施建设。

接着,我看似不经意地提到,如果他拒绝的话,恐怕就要面对"豺狼"了。我用略带嘲讽的口气说了一串名字,如伊朗的摩萨台(穆罕默德·摩萨台,Mohammad Mossedegh,伊朗民选首相)、危地马拉的阿本斯(哈科沃·阿本斯,Jacobo Arbenz,危地马拉的民选总统)、智利的阿连德(萨尔瓦多·阿连德·戈森斯,Salvador Allende Gossens)、刚果的卢蒙巴(帕特里斯·卢蒙巴,Patrice Lumumba),以及越南的吴延琰(Ngô Dình Diem)等。"所有这些人都被推翻了,或者被……"我用一根手指划过脖子,继续说道,"都是因为他们不遵守我们定下的游戏规则。"

我躺在床上,再次冒出一身冷汗。这个梦就是现实的折射,梦里的一切我都做过。

对我来说,向政府官员开出种种诱人的条件,让他们能向民众证明这些贷款的正当性,是一件轻而易举的事。我手下的经济学家、金融专家、统计学家和数学家十分擅长建立复杂的计量经济模型,来证明用于建设电力系统、公路、港口、机场和工业园区的投资能够刺激经济增长。

多年来，我也用这些计量经济模型说服自己相信自己的所作所为是有益的，因为国内生产总值在那些基础设施建成后确实增加了。现在，我不得不面对这些数字背后的真相。这些数据是有偏向的，那些掌握了工业、银行、超市、商场、酒店的家庭获得了大量财富，那些受益于基础设施的企业也蓬勃发展。可是，他们繁荣了，其他所有人却饱尝辛酸。

原本用于卫生保健、教育和其他社会服务的资金被用来支付贷款利息。最后，本金从未被偿还，该国就此被债务绑架。然后，国际货币基金组织的"杀手"就会出面，要求该国政府低价出售油田或其他资源，再将电力、供水和其他公用事业私有化，卖给公司王国。如此一来，大公司便成了最大赢家。

每次提供此类贷款时，我们提的核心要求就是要这些国家将基础设施建设交给我们的工程企业和建筑公司。最后，大部分钱其实都没有离开过美国，它们只是从华盛顿的银行办事处转到了纽约、休斯敦或旧金山的工程办公室而已。我们这些经济杀手也会确保这些国家向我们的公司购买飞机、药品、拖拉机、计算机技术，以及其他商品和服务。

这笔钱几乎是立即回到了公司王国的成员手中，但借款国必须全额偿还贷款的本金和利息。如果经济杀手足够成功，他就能让贷款额变得巨大无比，使借款国在几年后无力偿还贷款。借款国一旦违约，我们的经济杀手就会像黑手党一样，提出苛刻的要求，通常包括以下一条或多条要求：交出联合国投票的控制权、允许美国在该国建立军事基地、提供包括石油在内的珍稀资源等。当然，借款国依然需要偿还这笔钱。就这样，又一个国家被纳入全球帝国的体系之中。

这些噩梦让我明白，那种生活不是我想要的生活。我开始意识到，就像安第斯砖厂的制砖工人不得不为自己的生活负责一样，我也必须为自己负责，为曾经对那些国家的人所做过的事情负责。但在我理解这些内心的涌动有何深意之前，我必须先回答一个关键问题：一个来自新罕布什尔州乡下、曾经乖巧善良的孩子，究竟是如何卷入如此勾当之中的？

第2章 一个"经济杀手"的诞生

1945年,我出生在一个普通的中产阶级家庭,是家中的独生子。我的父母都有新英格兰北方人的血统,他们严厉、守旧、坚定,秉承着从几代祖先那里继承下来的清教徒式的道德观。我的母亲是一位中学拉丁语教师,而我的父亲是一位海军军官。第二次世界大战期间,我的父亲在大西洋上的一艘油轮上司职海军上尉,负责带领武装炮手班。我在新罕布什尔州的汉诺威市出生时,父亲还在得克萨斯州的一所医院疗养髋骨伤。我在1岁之前,从未与他见过面。

后来,父亲在提尔顿中学(Tilton School)教语言。提尔顿中学是新罕布什尔州郊区一所私立的男生寄宿学校。学校坐落在高高的山上,自豪地——有人说是傲慢地——矗立着,俯视着那个与之同名的小镇。这所在外人看来有点唯我独尊的学校,招收9~12年级学生,每个年级最多招收50人。这里的学生一般都来自布宜诺斯艾利斯、加拉加斯、波士顿和纽约的有钱人家。

我家很贫穷,可我们从来不觉得自己是穷人。尽管父亲在学校当老师仅能得到一份微薄的薪水,然而我们生活的必需品:食物、住房、暖气、供水,甚至替我们剪草、铲雪的工人都是学校免费提供的。从4

岁那年开始，我就在预备学校的食堂吃饭，在父亲担任教练的足球队里追着足球恣意奔跑，或是在衣帽间给球员分发毛巾。

这里的老师及其家属在当地人面前拥有强烈的优越感。我曾经听到我的父母戏称我们是"庄园主"，管理着那些下贱的镇民。我知道，那不仅仅是一个笑话。

我的小学同学和中学同学大都属于农民阶层。他们的父母都是面朝黄土背朝天的农民、伐木工人和磨坊工人。他们都痛恨"山上的预科生"。我的父母也不让我接近那些他们称之为"婊子""荡妇"的镇民家的女孩子。然而，从一年级开始，我就与她们厮混一起，我把我的蜡笔、笔记本等文具与她们分享。后来，我还陆续爱上了其中3个女孩子：安、普里西拉（Prescilla）和朱蒂（Judy）。我难以理解也不能接受我父母的观点，可不管怎样我还是听他们的。

我的父亲每年拥有3个月的长假。这段时间我们会到爷爷在1921年修建的一座湖边小木屋度假。森林环绕着这座小木屋。晚上，我们能听到猫头鹰和美洲狮的叫声。在那里，我们没有邻居，我是那个地方唯一的孩子。最初几年，我把树木当作《圆桌武士》（*Round Table*）小说中的傲勇骑士，或把它们想象成安、普里西拉或者朱蒂这些红颜知己（在不同年份，把它们想象成不同人）。我的热情就像兰斯洛特（Lancelot）① 对格温娜维尔（Guinevere）那样浓烈且深藏不露。

14岁时，我可以免学费到提尔顿中学上学。由于父母干涉，我不得不与小镇完全脱离关系，也不能再和那些老朋友见面。当新同学放假回到别墅和豪宅的时候，我就自个儿在山丘上游荡。我看到他们都有女朋友，而我没有。我以前认识的女孩子都是"荡妇"。我早把她们抛诸脑后，她们应该也忘掉了我。我倍感孤独，而且极度沮丧。

---

① 兰斯洛特（Lancelot）：亚瑟王传说中的一名圆桌骑士，他与王后格温娜维尔的恋情导致了他与亚瑟王之间的战争。——译者注

第一部分
大幕拉开（1963—1971年）

我的双亲深谙"控制"之道，他们说，能有这样的机会是我的幸运，总有一天我会为此而感谢他们。我会遇到一个完美妻子，一个能够完全符合家族高尚道德标准的伴侣。对此，我内心一阵激动。我非常希望有一个女性伴侣。更确切地说，我希望有性经验的女伴，而"荡妇"这个词听起来，如此诱人。

尽管我内心反叛，然而我能克制住自己激动的情绪。我力争出类拔萃，这可以让我从中获得快感。我是一名优等生，还是学校两支运动代表队的队长，同时兼任校报编辑。我要让那些有钱的同学羡慕我，让提尔顿中学永远为拥有我这样的学生而感到荣耀。读高年级的时候，我获得了布朗大学（Brown University）的全能运动员奖学金和米德尔布里（Middlebury）学院的学业奖学金。我的母亲毕业于米德尔布里学院，父亲也正在攻读该校的硕士学位。尽管我的父母知道布朗大学是常春藤名牌大学联合会（Ivy League）的成员，但他们还是希望我选择米德尔布里学院。然而，我却希望去布朗大学，因为我愿意当运动员，也因为这所大学在城里。

"当运动员？要是你摔断腿了怎么办？"父亲问我，"我觉得你应该选择学业奖学金。"

尽管心有不甘，但最后我还是选择了米德尔布里学院的学业奖学金。在我看来，米德尔布里只不过是放大版的提尔顿。尽管米德尔布里学院位于佛蒙特州的郊区，而不在新罕布什尔州的乡下。这所学院同时招收男女学生，绝大多数学生都非常有钱，可我是一个穷孩子，并且曾经在一个没有女生的学校生活了4年。我缺乏自信，缺乏跟女孩子交往的经验，自觉低人一等。我恳求父亲准许我离开这里，或让我休学一年。我想搬到波士顿去体验人生（当然还有女人）。可他充耳不闻，还反问我："要是我自己的孩子都不愿待在学校里，我还怎么教别人家的孩子？"

于是，我开始觉得人生只不过是一系列偶然事件的组合。我们应对这些偶然事件的方式将决定我们的未来。而我生命中两个最重要的偶然事件都发生在米德尔布里学院。一个是遇到了伊朗国王的顾问兼将军的儿子；另一个就是邂逅了我后来的妻子，她也叫做安，与我童年的女朋友的名字一样。

将军的儿子叫法哈德（Farhad），他以前是罗马的职业足球运动员。他拥有很高的体育天赋，一头乌黑的卷发，一双温和的胡桃色眼睛，还拥有傲人的背景，以及女孩子无法抗拒的魅力。他在许多方面都与我截然相反。我努力和他套近乎，并且赢得了他的友谊。从他身上学到的很多东西让我在往后的日子里受益匪浅。我遇见了安，尽管当时她正与外校的一个男生打得火热，但她没有拒绝和我交往。我们之间维持着一种柏拉图式的关系，这是我第一次体验到什么是真挚的爱。

法哈德怂恿我喝酒、参加派对，无视父母对我的教诲和严格要求。于是，我故意疏于学业。我要打断"学业"的腿，报复我的父亲。我的成绩一落千丈，进而丢掉了奖学金。学校为我提供了一笔贷款，这是我第一次背负债务。毕业之后我才明白，被债务束缚，不得不偿还本金和利息有多么糟糕。

大学二年级的一天，当课上到一半的时候，我决定退学。父亲扬言要与我断绝父子关系。法哈德却继续火上浇油。头脑发热的我一头闯进了校长办公室，就此离开了这所学校。这是我生命中的一个关键时刻。

离开学校的前夜，法哈德和我去当地一个酒吧痛饮庆祝。旁边一个身材魁梧的醉汉说我勾引他老婆。他倒提起我，扔向墙壁。法哈德走过来，将我们分开，掏出一把刀子在那家伙脸上划开一道口子，随即拽着我离开。他将我从窗口推到酒吧外，水獭河（Otter Creek）边一个突出的窗台上，然后我们跳下去，沿着小河一路跑回宿舍。

第一部分
大幕拉开（1963—1971年）

第二天早上，校警盘问我。我矢口否认法哈德干过那件事，不过法哈德还是被赶出了校门。后来，我们俩都搬到了波士顿，一起租了间房子。我在赫斯特的《纪录美国人/星期天广告人报》（*Record American/Sunday Advertiser*）找到一份工作，给该报的总编当助手。

那一年下半年，我的几个同事被征召入伍。为了逃避同样的命运，我到波士顿大学商业管理学院进修。那时候，安已经和前男友分手了，她经常从米德尔布里过来看我。她对我的关心，让我很感动。1967年，安从米德尔布里学院毕业，当时离我从波士顿大学毕业还有一年。安坚持婚前不和我住到一起。我和她在一起很开心，可我想要更多，于是我们结婚了。

安的父亲智慧超群，是导弹导航系统的主要策划人。他在海军中的地位非同一般。他的一位好友，安称之为"弗兰克叔叔"（非其真名）的人，是国家安全局（NSA）最高级别部门的官员。国家安全局是美国最不为人知，同时也是最大的间谍组织。

结婚后不久，军队征召我体检。不幸的是，我通过了体检，这也就意味着毕业后有可能被派遣到越南。尽管我对战争很感兴趣，可我非常不愿意前往远在东南亚国家的战场。我是听着那些殖民开拓者祖先们的故事长大的，像托马斯·潘恩（Thomas Paigne）和伊桑·艾伦（Ethan Allen）。我参观过新英格兰和纽约北部的很多战场，包括法国和印第安人作战的战场，以及独立战争时期的所有作战场地。我读了所有我可以找到的历史小说。事实上，当读到陆军特种部队首次进入东南亚的情形时，我倒是很想参军。可是当媒体曝光了美国政策的残暴和自相矛盾，我就改变了想法。我不知道潘恩会站在哪一边，可当时我想他肯定会站在越共那边。

弗兰克叔叔救了我，并且告诉我，到国家安全局工作可将我的征召延期。他安排我和局里的人进行了一系列面谈，其中有一天我感到筋疲力尽。那一整天，我在测谎仪监控下回答各类问题。他们告诉我，这些问题能判断出我是否具备在国家安全局工作的潜质。如果我有这方面的潜质，他们将对我的优点和缺点进行测评。这些测评将是日后给我安排具体工作的依据。当时我就认为，鉴于我对越战的反对态度，我肯定通不过测试。

在测试中，我说我是一个忠诚的美国公民，但我反对战争。我很惊讶他们并没有在这个问题上穷追不舍。相反，他们更加关注我的成长经历，我对父母亲的看法和态度，还有我作为一个穷学生在那些有钱的预科生、富人堆里长大的内心感受。他们也仔细探讨了我对缺乏女人、性和金钱的挫折感，以及由此带来的幻想症等。他们对我和法哈德之间的友谊很感兴趣，尤其是我为了维护法哈德向校警撒谎那件事，这让我觉得很纳闷。

一开始，我以为这一切都对我有害无益，我注定要被国家安全局拒之门外，但结局出乎我的意料。多年之后我才明白，从国家安全局的角度来看，我的负面性格特征正是他们所需要的。他们看重的不是我对国家有多忠诚，而是我在生活中所遭受的挫折的程度。对父母的怨恨、对女人的性幻想、对丰裕生活的渴求，以及易被诱惑的"特质"，凡此种种让他们觉得我是一个可造之才。我在学校和体育上力求出众的决心、我对父亲的反叛、我与陌生人交往的能力、我对警察的谎言，都是他们看中的品质。后来我发现，法哈德的父亲也在伊朗本土为美国情报机关服务，而我和他儿子的友情无疑成了我进入国家安全局的一个重要筹码。

测试后几个星期，我被安排了一份工作，并且开始接受间谍技巧的培训。当然，这是在我从波士顿大学毕业几个月后才开始的。在正式接受工作之前，我冲动地参加了和平队招募者在波士顿大学的讲座。他们的主要"卖点"和国家安全局一样，去那里工作的人也可延迟参军。

第一部分
大幕拉开（1963—1971年）

决定去听那个讲座也是我生命中的几个重要"偶然"之一。当时，这看起来微不足道的一件小事却决定了我以后的命运。招聘人员介绍了全球几个最需要志愿者的地方，其中之一就是亚马孙热带雨林。在欧洲人踏足这片土地之前，当地人过着原始的土著生活。

从我的先人们在新罕布什尔安家时起，我就一直梦想可以过像当地印第安阿布纳基土著人（Abnakis）那样的生活。我清楚我的血液里带有阿布纳基人的特质，我希望像他们那样对森林知识了如指掌。在讲座结束后，我走到招聘人员面前，问他我被选中派遣到亚马孙雨林的机会有多大。他说，他们需要大量志愿者，我应该有机会。于是我立刻给弗兰克叔叔打电话。

让我意外的是，弗兰克叔叔鼓励我加入美国和平队。他坦白地说，在攻克河内之后，亚马孙河流域将是下一个目标。

"那里石油资源非常丰富。"他说，"我们要派一些能理解当地人的人去那里。"他说和平队是一个很好的"训练营"，他还要我练好西班牙语和当地土著部落的方言。他笑着说，"你最后可能是给私人企业而不是给政府工作。"

那时候我还不理解他这句话的意思。不过现在看来，当时的我已经从一个间谍升级到经济杀手。尽管我之前从来就没有听过这个词，那之后的几年里我也没有听到这个词。

那时候我压根儿就不知道，在全球各地分布着几百人，为咨询公司和其他私人企业工作，他们从未从政府那里得到一分钱，却在为建立全球帝国服务。我没有想到，这一群人会在20世纪末发展到如此大的规模。我更没有想到，自己在这一支不断壮大的队伍中，扮演着举足轻重的角色。

安和我都向美国和平队提交了申请，要求被派遣到亚马孙地区。接到通知书的那一刻，我感到极端失望，因为通知书上说，我们可能被派到厄瓜多尔。天哪！我想去亚马孙地区，却让我去非洲！

我连忙去翻阅地图册，查找厄瓜多尔这个地方，可是我在非洲大陆上找不到它。我翻查目录，才发现厄瓜多尔原来在拉丁美洲。在其中一幅地图上，我看到从安第斯冰川流出的冰雪融水，汇成了气势磅礴的亚马孙河源头。接着读下去，我才知道厄瓜多尔的热带雨林是全球物种最丰富的森林之一，几千年来，那里的土著人周而复始地过着朴实的原始生活。于是，我们欣然接受了。

安和我在加州南部接受了和平队的训练，1968年，我们一同前往厄瓜多尔。在亚马孙地区，我们与殊瓦原住民居住在一起，他们的生活方式确实与殖民者到达之前的北美土著部落无异。在安第斯山脉附近，我们和印加人的后代一起劳动。我做梦也不会想到地球上还有这样的地方存在。在那之前，我遇到过的唯一一个拉丁美洲人就是我父亲任教学校里那个富有的"预科生"。我发现自己渐渐与当地以狩猎和种地为生的土著人产生了共鸣。奇怪的是，我还觉得自己与他们有某种难以言喻的关系。不知怎的，他们让我想起了那些生活在提尔顿的镇民。

有一天，艾纳·格列夫（Enar Greve）西装革履地乘坐飞机来了，他是查斯·T. 美因顾问公司(Chas. T. Main, Inc. MAIN)的副总裁。这个国际咨询公司当时正为世界银行调研一个项目——向厄瓜多尔和其周边国家贷款数十亿美元的可行性研究。该笔贷款用于修建水力发电站和其他基础设施。艾纳以前是美国预备军（U.S. Army Reserve）的上校，我告诉了他自己在加入美国和平队之前曾经被国家安全局相中，并正在考虑重新加入国家安全局。他告诉我，他有时会担任国家安全局的联络员。他看我的眼神让我觉得他肩负另一个使命：评估我的能力。我后来才知道，他的确是在不断跟进我的情况。他要评估在这种北美人认为是极端恶劣的环境下，我的生存能力究竟如何。

第一部分
大幕拉开（1963—1971年）

我们一起在厄瓜多尔待了几天，后来就以书信来往。他要求我向他提供厄瓜多尔的经济评估报告。我有一部小巧的打字机，正好喜欢写写东西，于是我欣然答应了他。在那之后大约一年里，我给艾纳写了至少15封长信。在信中，我预测了厄瓜多尔未来的经济和政治的发展方向，评估了这里原住部族人日益高涨的反抗情绪——他们奋力抵抗国际石油巨头、国际发展机构和其他任何想将他们带进现代社会的力量。

在我结束美国和平队的厄瓜多尔之行回到美国后，艾纳邀请我到美因公司位于波士顿的总部进行面谈。他告诉我美因公司的主要业务是工程建筑，但他们最大的客户世界银行最近要求他们招募经济师，对某些相关的领域进行经济预测，并且就工程项目的可行性和重要性进行评估。他说，他之前聘任过3名高资历的经济师，他们都有无可挑剔的学历和资格背景，其中2名拥有硕士学位，另外1名拥有博士学位。可他们都惨败而归。

他说："在这些国家，并不存在着可靠的经济统计数据，他们三人中没有一个人能够掌握在这些国家进行经济预测的方法。"接着，他又对我说，此外，他们都觉得不可能按合同规定完成他们的使命。合同要求他们到遥远的国度，像厄瓜多尔、印度尼西亚、伊朗和埃及等，并亲自与当地领导人会面，向他们提供针对该区域经济发展的特征所作的评估报告。他们中有一个人被派到巴拿马荒芜的村庄，结果弄得精神失常，不得不由巴拿马警察护送到机场，坐上返回美国的飞机。

"尽管在厄瓜多尔你没有取得具体的经济数据，但从你的来信中，我觉得你是非常努力的。你在厄瓜多尔那样的环境里都能待下去，想必你在其他的环境里也不会有问题。"他还告诉我说，他已经辞退了一名经济师，如果我愿意到美因工作，他会解雇另外两个人。

就这样，1971年1月，我在美因公司得了经济师的职务。那年我已经26岁，征兵这种事情再也轮不到我的头上。我向安的家人们征求意见，他们都鼓励我接受这份工作，我想这也是弗兰克叔叔的态度吧。我回想起他曾提及我可能最后要到私人企业工作。尽管没有任何事实可以证明，但毫无疑问的是，我能在美因咨询公司得到这份工作，肯定是3年前弗兰克叔叔安排的结果。当然还有其他原因，如我有在厄瓜多尔生活的经历，以及我愿意动笔撰写评估那个国家的经济和政治的报告。

接下来的几个星期，我一直头脑发热，自负得几近膨胀。我只不过是在波士顿大学读了学士学位，本来根本就不可能在美因这样的高级咨询公司获得经济师的头衔，但是我得到了。我知道许多大学同学在被拒绝后，选择继续攻读工商管理硕士（MBA）或者其他硕士学位。如果他们知道我现在的头衔，也许会嫉妒我吧。我想象自己是一个闯劲十足的秘密间谍，只身前往异国他乡，躺在豪华酒店的游泳池边晒太阳，身边围绕身穿比基尼、举着马天尼的美女。

当时的确只是幻想而已，但在之后这种幻想在我身上应验了。虽然我的职务是经济师，但是我发现我的工作远远不只是作评估和预测那么简单，事实上，我的工作与詹姆斯·邦德①差不多。

---

① 詹姆斯·邦德（James Bond）：电影《007》的男主角。——译者注

第3章 美人与泥潭

从法律上讲，美因公司的股东人数非常少。在这家2 000多人的公司里，只有5%的人拥有公司股权，他们被称为合伙人。他们的地位让人垂涎，因为合伙人不但有权支配所有人，而且他们赚的钱也最多。"谨慎"是他们最大的特点。他们与国家元首，以及其他公司的首席执行官打交道；他们希望请来的顾问能像律师和心理治疗师一样，遵守严格的保密原则。公司的人都被禁止与媒体打交道。因此，美因公司以外的人几乎都没有听说过我们，但他们可能对我们的竞争对手非常熟悉，如亚瑟·D.利特尔（Arthur D. Little）、斯通-韦伯斯特（Stone & Webster）、布朗-路特（Brown & Root）、哈里伯顿公司和贝泰公司。

"竞争对手"这个词我用得很广泛，因为美因公司实际上是一个自成一派的团队。公司的专业人士绝大多数都是工程师，但我们公司从来就没有任何一套设备，也没有承建过任何工程项目。虽然许多美因人都是退役军人，但我们和国防部或军队没有任何合作项目。我们用来经营公司的设备与其他的公司完全不同，以至于头几个月，我完全弄不清楚我们究竟是做什么的。我只知道我的第一项任务是随一个11人小组到印度尼西亚，为爪哇岛开发电力系统做总体规划。

我知道，艾纳和所有与我讨论过这个项目的人都试图说服我：爪哇经济会突飞猛进。我还知道，如果我想脱颖而出成为一名优秀的预测师，并得到晋升的机会，我得做出他们希望看到的数据分析。

"真是好极了！"艾纳喜欢这样说。他会将自己的手指举起来，再划过头顶，"印度尼西亚的经济将会像鸟儿一样展翅高飞！"

艾纳经常出差，每次都是两三天。他去哪里、干什么，从来没有人过问。他在办公室的时候，就经常让我去他那里喝咖啡、闲聊。他问起了安、我们的新居，还有从厄瓜多尔带回来的那只猫。和他接触越多，我的胆子越大。我想更多地了解他，还有这份工作究竟需要我做些什么。可我从来没有从他那里得到令我满意的答案，他每次都会转移话题，然后用一种奇怪的眼神看着我。

"别担心，"他说，"我们对你有很高的期望。最近我到华盛顿去了……"伴着高深莫测的笑容，他压低嗓门说："我们在科威特将有个大项目，到时候你会被派过去。现在离你前往印度尼西亚还有一段时间，我希望你利用这段时间好好看看科威特的有关资料。波士顿公共图书馆有很多相关的资料，你也可以到麻省理工学院和哈佛大学的图书馆去查阅资料，我们会给你弄一个借阅证。"

在那之后，我每天都要在那几个图书馆里泡上几个小时，尤其是办公室附近的波士顿公共图书馆，那里离我在后湾的公寓也不远。我熟悉了科威特的情况，还阅读了联合国、国际货币基金组织（IMF）和世界银行出版的有关经济统计的书籍。我知道自己将被安排去为印度尼西亚和爪哇建造计量经济学模型，我想，最好也为科威特准备一个。

要成为一名计量经济师，凭借我在波士顿大学所学的商业管理课程是远远不够的。我花了很多时间研究计量经济学，甚至参加了一些相关课程培训班。在这个过程中我发现，经过处理的经济数据可以产生不同的结果，甚至可以完全偏向经济分析师所希望的结果。

美因是一个"男人至上"的公司。1971 年，那里只有 4 名女性专业员工。如今则有 200 多名女秘书和速记员，每位副总裁和部门经理都配有一名秘书，而速记员是为其他员工服务的。我习惯了这里的性别歧视。正因为如此，后来在波士顿公共图书馆阅览室发生的一幕才会让我大吃一惊。

那天，一位美丽的黑发女子走上前来，坐在我对面。她穿着深绿色套装，显得很老练，看起来比我大几岁。我故作冷漠，克制自己不要去看她。过了几分钟，她把一本打开的书向我这边滑过来。上面有一个表格，正是我要查找的有关科威特的内容，还有一张印有她名字的卡片，克罗汀·马丁（Claudine Martin），她的头衔：查斯·T. 美因有限公司专业顾问。当我抬头看向她那双柔和的绿色眼睛时，她向我伸出了手。

"我是来培训你的。"她说。我真不敢相信这种事情竟然发生在我身上。

从第二天开始，我就在克罗汀位于培根街上的公寓里与她会面，那儿离美因公司在保诚大厦的总部不远。在我们共处的第一个小时里，她告诉我，我的职位非比寻常，必须高度保密。然后她又说，她的任务是要将我训练成为一个经济杀手。

这个称呼唤醒了我心中那些有关间谍的遥远梦想。我忍不住笑了出来，那种紧张的笑声让我自己觉得不好意思。她微笑着告诉我说，用这个词的原意之一就是它的幽默性。"谁会真把它当一回事呢？"她说。

我承认，我对"经济杀手"这个角色一无所知。

"这种角色并不仅仅就你一个人扮演，"她笑着说，"我们都属于这个'珍稀种类'的一分子，我们参与各种肮脏的交易。你不能让其他任何人知道你的身份、你所做的事情，包括你的妻子在内。"她突然板起脸来:"我坦白告诉你,接下来的几周,我会将我所知道的毫无保留地教给你。现在你还可以选择是否加入,但你一旦参与进来了,就一辈子也别想离开。"

直到现在,我才知道(那时候我还蒙在鼓里)克罗汀从国家安全局档案中看过有关我的性格特征的资料。换句话说,她事先对我的性格弱点早已了然于心。我并不知道那些资料是谁提供给她的,艾纳、国家安全局、美因公司人力资源部,还是另有其人?我只知道她把那些资料利用得淋漓尽致。她把肉体诱惑和语言控制这两种手段完美结合起来,这简直就是专门为我量身定做的。同时,这些手段并没有超出操作程序的标准范畴。

从那时开始我就发现,在说服经济杀手执行各种高风险、高压力任务的时候,美因都会采用这种手段。她从一开始就知道,我不愿牺牲自己的婚姻和家庭,所以我不可能暴露我们的计划。此外,对于我执行的任务将给其他人或其他国家带来的负面影响,她也直言不讳。

我不知道她的雇主是谁,虽然她的名片上印着美因公司,但我对此保持怀疑。我那时太天真、太胆怯,所以没有开口问这个问题。现在这个问题的答案已经是不言自明了。克罗汀告诉我,我的工作有两个主要目标:

第一,我要确保巨额的国际贷款最终能回笼到美因公司和其他美国企业(像贝泰公司、哈里伯顿公司、斯通-韦伯斯特和布朗-路特公司等),其途径就是确保这些公司得到贷款国大型工程建筑项目的合同。

第二,我要努力让那些接受了巨额贷款的国家都陷入破产的境地(如果他们将合同交给美因和其他美国承包商,就必须支付巨额的工程款项,而这会让他们倾家荡产),这样他们将不得不听从我们的吩咐。当我们有所需要的时候就可以向他们提出要求，包括建立军事基地、联合国投票，以及在他们的国土上开采石油等自然资源。

而我的工作内容是预测在一个国家投资数十亿美元将产生怎样的效应。其中最重要的是，我要炮制出能反映该国在未来20～25年的经济增长率的研究报告。并在报告中指出，达到这个增长率的唯一方法就是兴建大型工程。举个例子，如果美国打算用10亿美元贷款"引诱"一个发展中国家，让该国领导人拒绝与苏联结盟，那么在研究报告中，我就会把投资建造一座发电站、铺设一条新的铁路线路，以及构建一个通信系统的可能收益做一个比较。或者有人告诉我，这个国家具备发展现代化电力系统的潜力，那么，我的职责就是告诉这个国家的领导人，现代化电力系统将促进其国家的经济发展。这样一来，我就能说服他们向我们贷款，使贷款理由变得堂而皇之。不管在哪个国家，国民生产总值都是衡量经济发展程度最重要的指标，如果某项工程能使该国的国民生产总值每年都得到最大增长，那么很自然，该项目就会被纳入他们的考虑范围。当然，我还必须提供各种数据证明：如果该国建设这个项目，它的国民生产总值能提高几个百分点，而这正是他们想要的。

然而，所有这些工程项目的背后都有一个共同的不可告人的秘密：它们都能为大承包商牟取暴利，同时让债务国一小撮有权有势的富裕家族满心欢喜，这就保证了这些国家在经济上长期依赖美国，在政治上效忠美国。贷款的数额越大越好。不过，债务国里那些数十年来被剥夺了医疗、教育和其他社会保障服务的国民，本已不堪重负的肩上又背上了累累债务，而经济发展预测并没有将这些因素考虑进去。

克罗汀和我公开讨论国民生产总值的骗人本质。实际上，国民生产总值的增长最终只是让少部分人受益，比如拥有一家公用设施公司的人，而其他民众则会背上沉重债务。的确，这个国家的国民生产总值提高了，财富也确实增长了，但财富只会聚集到少数人手里。富人愈富，穷人愈穷。然而，从统计学角度来看，这就是所谓的经济增长。

和普通美国公民一样，大多数美因员工深信，我们建造发电站、高速公路和港口，是为了帮助发展中国家。我们的学校教育和媒体不断宣扬美国这种所谓的"利他主义"。最近几年，我常常听到这样的话，"既然他们到美国领事馆门前游行示威，还焚烧美国国旗，我们为什么还要帮助他们发展经济？为什么不从他们的国家撤走，让他们永远待在贫穷的地狱中呢？"

说出这种话的人，通常都是受过良好教育，怀里揣着高学历证明的人。可这些人并不知道，我们在世界各国设立领事馆是为了给自己谋福利。在20世纪下半叶，将美利坚合众国变成全球帝国。无论他们拥有怎样的学历资格，实际上都与18世纪的殖民者一样粗野无知——将为保卫自己土地而奋战的印第安人看做是"魔鬼的仆人"。

几个月内，我就要被派遣到印度尼西亚的爪哇岛，也是当时全球人口最密集的地方。印度尼西亚是一个蕴藏丰富石油资源的国家，共产主义运动在这里也非常活跃。

"这是紧跟越南之后的下一块多米诺骨牌，"克罗汀是这样形容爪哇的，"我们必须把印度尼西亚争取过来。如果他们站在了共产主义那边，好……"她把一根手指在喉咙上一横，甜甜地笑了一下："这样说吧，你必须为爪哇经济发展作出乐观预测，阐明在新发电站和输电网络完工之后，这里的经济将是何等繁荣。那样，美国国际开发署和世界银行就会认可他们的贷款。当然，你也将得到不菲的报酬，你还可以继续到边远地区跟进其他项目，整个地球都是你的购物车，"接着，她告诫我，"这个活儿也不是那么简单。银行专家都会盯着你，

第一部分
大幕拉开（1963—1971年）

他们的职责就是寻找你预测中的漏洞。"

有一天，我提醒克罗汀，美因公司派往爪哇的团队除了我还有其他10个人。我问她，这些人是不是也接受过和我一样的培训，她断然否定。

"他们是工程师，"她说，"他们设计发电站、输电线路和配电站，建设便于输送燃料的海港和公路，而你才是预测爪哇未来的人。你的预测决定了他们建造的这一切是否重要，当然也决定了贷款的数目。你明白了吗？你才是关键。"

每次当我离开克罗汀的住所时，都会想我所做的事究竟对不对。在内心深处，我想我是错的。每当想到这些，从前所遭受的挫折感就萦绕心头。而美因公司似乎给了我从前不可企及的一切，可我不断问自己，汤姆·潘恩会不会赞成我的做法。最后，我说服了自己，只有我亲身经历了这一切，才能清楚地揭露真相。

我和克罗汀讨论这个想法，她意味深长地看了我一眼，"别傻了，你以为你踏进这道门槛后，还能跨出去吗？"我明白她的意思后，确实吓了一跳。我离开她的寓所，从联邦大道晃荡着走到达特茅斯街。我不断对自己说："我是一个例外。"

几个月后的一天下午，克罗汀和我坐在她家窗边的长椅上，看着大雪飘落在培根街上。"做我们这一行的人少而精，"她说，"我们得到了钱，很多钱，因为我们从那些国家骗取了不计其数的钱。大致上你的工作就是说服发展中国家的领导人，将他们国家纳入美国的产业利益发展网络中，为美国的利益服务。将这些领导人骗入无尽的债务中，使他们不得不'效忠'美国，满足我们的政治、经济或军事需要。他们也因为能给其国家人民带来工业园、发电站和机场而得以巩固其政治地位。同时，美国的工程和建筑公司的所有者也因为承接了这些工程项目而赚得盆满钵满。"

窗外大雪纷飞，在克罗汀布置得简约而舒适的家中，我们从容地倚在窗边，也就是在那天下午，我知道了"经济杀手"这个称谓的由来。克罗汀告诉我，自人类社会有历史记载以来，绝大多数帝国都建筑在强大的军事实力及其威慑力上。然而，二战结束后，由于苏联的核武器对美国造成的威胁，使得诉诸于军事对抗的方法太过冒险。

1951年，关键时刻来临，伊朗挺身反抗掠夺其自然资源，剥削其国民的英国石油公司，即现在的英国石油（British Petroleum，BP）的前身。由民主选举产生且深得民心的伊朗总理穆罕默德·摩萨台，将伊朗所有的石油资产国有化。英国对此恼羞成怒，立刻向二战盟友美国求救。然而，两国都担心军事报复可能会导致苏联站在伊朗一边，并且采取行动干涉。

美国决定不派遣海军出战，而是派出了中央情报局间谍克米特·罗斯福（Kermit Roosevelt，美国第26任总统西奥多·罗斯福的孙子）。他表现得很出色，成功地利用贿赂和恐吓拉拢了一帮人，接着唆使这些人组织了一系列的街头暴乱和暴力游行，制造出摩萨台不受爱戴、治国无方的假象。最后，摩萨台下台，并被终身软禁。亲美的伊朗国王穆罕默德·雷扎·巴拉维（Mohammad Reza Pahlavi）则成了无可匹敌的独裁者。罗斯福开创了一种新兴职业，而我现在也加入其中了。

罗斯福旗开得胜，改写了中东历史，这说明采取军事行动建立帝国的策略已经跟不上形势。那时候也恰好遇上了很多国家倡议的"限制核武器军事行动"运动，该运动最后导致美国在朝鲜和越南蒙羞。到1968年，也就是我参加国家安全局面试的那一年，美国清楚地知道，如果想要实现全球帝国的梦想（正如总统约翰逊和尼克松等人预想的那样），美国就必须采用克米特·罗斯福在伊朗使用的那种策略。这是唯一能躲过核灾难，不流一滴血就战胜苏联的方式。

可是克米特·罗斯福是中央情报局的成员，一旦他被逮住，后果将不堪设想。而美国将会执行更多类似任务，于是，寻找一个避免让中央情报局直接介入的方法就显得非常重要。

那些战略策划者很幸运，因为国际形势的巨变让他们找到了灵感。20 世纪 60 年代，世界形势发生了巨大改变，世界银行和国际货币基金组织（由美国和其在欧洲的同伙共同出资建立）在国际上的地位已经凸显出来，政府、企业和国际组织之间的相互依存关系就此确立。

大约是我进入波士顿大学商学院的那一年，避免中央情报局直接介入的方法已经出台，并开始试行。美国情报机关（包括国家安全局）开始物色具备潜力的经济杀手，由国际企业聘用他们。政府是永远不会给经济杀手发工资的。他们得到的所有报酬都来自于私人企业。这样一来，就算他们的肮脏行为被揭穿，也只会归咎于私人企业，而与政府扯不上任何关系。另外，雇用经济杀手的企业，尽管也是由政府部门和他们的跨国银行伙伴出钱兴办的（用纳税人的钱），却能成功逃过国会监督和公众审查，被一系列不断增长的合法提案，包括商标、国际贸易和《信息自由法》（*Freedom of Information*）掩盖起来。

"这样你明白了吧，"克罗汀说，"我们不过是接班人而已。"

The new confessions of an Economic Hit Man

第4章 杀手处女作——印度尼西亚

除了熟悉新职业外，我花了大量时间阅读有关印度尼西亚的书籍。"在你去一个国家之前，你对那里了解越多，你的工作就会越轻松。"克罗汀告诉我，我把她的告诫铭记于心。

1492年，哥伦布环球旅行起航时，他的目的地是当时被称为"香料岛"的印度尼西亚。整个殖民时代，这里被视为一块比美洲更为珍贵的瑰宝。爪哇岛，因其丰富的物种、丰饶的国土和世界闻名的香料，在几个世纪内它一直是西班牙、荷兰、葡萄牙和英国冒险者之间暴力冲突的竞技场。1750年，荷兰人获胜。不过，尽管他们控制了爪哇，可他们又花了150年才陆续将爪哇外围的多个岛屿据为己有。

二战期间，日本入侵印度尼西亚，荷兰人并没有抵抗。就这样，印度尼西亚人，尤其是爪哇岛居民，又经历了一次苦难。在日本投降后，一位极具领袖魅力的领导人苏加诺上台，宣布印度尼西亚独立。经过4年浴血奋战，终于在1949年12月27日从荷兰人手中夺回主权，苏加诺成为新成立的印度尼西亚联邦共和国第一任总统。

治理印度尼西亚比打败荷兰人更具挑战性。这个由17 500个小岛组成的群岛，不但未能紧密团结、和睦相处，反而成了宗族主义滋生、冲突不断的热锅。在这些群岛上，文化差异巨大，方言土话多达数十种，宗教组织之间几个世纪以来孕育的仇恨导致血腥暴力冲突频繁发生。苏加诺很快取缔了这些宗教组织。1963年，他解散议会并自任终身总统。他与全球各地的共产主义政府结成紧密联盟，换来了军事装备和军队培训；他向邻国派遣以苏联武器装备起来的军队，试图让共产主义在东南亚地区传播开来，从而得到全世界社会主义领导人的认同。

苏加诺的反对者对他的所作所为非常恼火，终于在1965年策动了军事政变[①]。幸亏苏加诺的妻子急中生智，苏加诺才逃过了暗杀，可是他的军队高官和最亲密的部属都未能逃脱厄运。这一幕与1953年发生在伊朗的那一幕非常相像。印度尼西亚的共产党员，被指控为政变策划者，由军队发起的屠杀不断继续，其间估计有3万~5万人被杀。陆军将领苏哈托1968年任印度尼西亚总统。

1969年夏天，尼克松总统开始陆续命令军队从越南撤军，美国的战略开始转向全球化。美国当时的首要任务是防止东南亚地区的国家一个接一个投入共产主义的怀抱。而在东南亚的几个国家中，印度尼西亚的地理位置和其丰富的资源对美国具有十分重要的战略意义，而美因公司的电力工程项目则是美国全面控制印度尼西亚进而控制整个东南亚战略的一部分。

1971年，由于华盛顿政府对越战前景的怀疑，他们决定引诱并唆使印度尼西亚从共产主义联盟中分离出来。美国外交政策的前提是：苏哈托能够像伊朗国王那样为美国服务。美国也希望能将印度尼西亚作为其在东南亚地区实施全球新战略的试点。为此，华盛顿有着完美的设想：他们在印度尼西亚的成功将产生巨大反响，尤其是闹哄哄的

[①] 1965年9月30日至10月1日，印度尼西亚发生了举世震惊的"9·30事件"，这一事件引发了印度尼西亚历史上最残酷的血腥大屠杀，并导致苏加诺下台和苏哈托长达32年的独裁统治。长期以来，虽然疑点重重，但事件的真相一直被掩盖。由于涉案人员大都逝去，揭开"9·30事件"的真相已经越来越困难。——译者注

中东，因为印度尼西亚同样蕴藏着大量石油。虽然没人能够确定具体储量，但石油公司都对此充满期待。

在波士顿大学公共图书馆，我一边盯着书本，一边想象着将要踏上的旅程，内心异常兴奋。

在美因工作，使我的生活从和平队时的艰难困苦变成现在的富足，甚至奢侈。与克罗汀在一起，已让我的某些梦想得以实现，尽管我得到的这一切近乎虚幻。我甚至感到以前在预备学校里遭受的冤屈，现在终于有了辩白机会。

但这时，我的生活出现了危机，妻子安和我越来越难以融洽相处。我们争吵了很多次。她抱怨说，我变了，已经不是结婚时或在和平队时的那个人了。我想她那时可能已经察觉出来，我正在过着一种双重生活。

但在当时，我却认为那是因为最初她逼着我结婚以致我心有不忿，所以才会出现这种结果。尽管在和平队的厄瓜多尔之行中，她对我悉心照顾并且鼎力支持我的工作。现在回想起来，安肯定是察觉到了我与克罗汀之间的关系。无论怎样，最终我们还是决定分居，搬到了各自公寓里。

1971年的一天，大约是在我前往印度尼西亚执行任务的一周前，我又去了克罗汀家里。我发现在餐厅小桌上摆着什锦奶酪和面包，另外还有一瓶博若莱葡萄酒。她向我举起了酒杯。

"你成功了，"她微笑着说（在我看来，这种祝贺毫无诚意），"现在你是我们中的一员了。"

我们天南地北地聊了半个小时左右，后来，她用一种我从未见过的眼神看着我。"绝不能告诉任何人我们有过接触，"她说，"要不然我饶不了你，我也绝不会承认我曾经见过你。"她紧紧盯着我，这是我第一次感觉到来自她的威胁。然后她冷笑了一下："要是你提起

第一部分
大幕拉开（1963—1971年）

我们之间的事，你会很危险的。"

我愣住了，心中充满了恐惧。过了一会儿，我独自一人回到保诚大厦，我不得不承认，所有这一切安排得非常谨慎和精明。事实上，我们共同度过的时光大部分是在她家里。我们之间的关系根本没有留下任何蛛丝马迹，美因公司也没有任何人牵涉其中。另外，我不得不承认我十分欣赏她的坦率。为了让我去提尔顿中学和米德尔布里学院念书，我的父母欺骗了我，而克罗汀却没有。

我开始了全新的生活。

我将要在印度尼西亚待上3个月的时间。对于这个国家，我总有一种浪漫憧憬。在我读过的那些有关印度尼西亚的书中，有不少身着色彩鲜艳布裙的美女、颇具异国情调的巴厘岛舞者、身怀喷火绝技的萨满教巫师的图片，还有那些在冒着烟的火山、碧蓝的水面上划着独木舟的武士。其中最吸引人的是有关印度尼西亚海盗（Bugis[①] Pirates）的一系列丛书，那些驾驶大型黑色帆船的海盗至今还在这些群岛所处的海域上出现。这些声名狼藉的海盗让欧洲水手闻风丧胆，以至于他们回到家中还会这样吓唬他们的小孩："你要是不乖，印度尼西亚的海盗就会来捉你。"噢，这些画面都让我心驰神往。

这个国家的历史给她注入了更多传奇色彩：愤怒的神灵、科莫多巨蜥、部族的苏丹，以及在基督出生之前就飞跃亚洲群山、穿过波斯沙漠、跨过地中海、安身于我们灵魂最深处的古老神话。这些传说中岛屿的名称，如爪哇、苏门答腊、婆罗洲、苏拉威西岛都震荡着我们的心灵。这是一片充满神秘色彩的美丽土地，一片哥伦布苦寻不遇、无可比拟的瑰宝，一位西班牙人、荷兰人、葡萄牙人和日本人苦苦追求而无法得到的高傲公主。她是一种幻想，一种梦境。

[①] Bugis：布吉人，印度尼西亚的一个少数民族，主要居住在印度尼西亚中部的苏拉威西岛（Sulawesi）。"Bugis"在当地语言中的意思是"人"。——译者注

我对印度尼西亚充满了期待，我想这也许和那些伟大的探险家的心理相同。当然，我也知道我不能总是沉迷于幻想中，因为事情最后的结局往往不是我们所想象的那样。没错，印度尼西亚是一块瑰宝，可她并非天堂。1971年夏天，我到达了热气腾腾的印度尼西亚首都雅加达，那里的景象让我的幻想彻底破灭。

这里的景色确实美不胜收：美丽的女子穿着五彩斑斓的布裙，繁茂的花园中长满了热带地区才有的花朵，还有那充满异国情调的巴厘岛舞者。出租车都是人力自行车，乘客坐在前边，司机在后边踩车蹬，车身外边漆着五颜六色的奇特图画。四处遍布荷兰殖民时期建起的大楼和顶着尖塔的清真寺。可是这个城市也有丑陋、悲惨的一面：麻风病人伸出残肢而不是双手向路过的行人乞讨；仅仅为了几个钱，年轻女孩子就甘于出卖肉体；曾经象征繁荣的荷兰运河现在变成了一条臭水沟；在黑漆漆的运河岸边，垃圾随处可见，所有人都挤在破烂的纸皮房里；街道上充斥着刺耳的喇叭声和令人窒息的浓烟。这是一个美丑并存、雅俗共处、尚庸同在之地。这就是雅加达，空气中弥漫着丁香花与兰花的迷人香气，敞开的下水道四处飘散着恶臭，仿佛在争相较量着它们的气味孰浓孰淡。

我也曾亲眼目睹过贫穷。我在新罕布什尔州的同学中，有不少人住在没有水暖系统、用防水油布搭成的破房子里；在严寒的冬天，他们穿着单薄的衣衫和破旧的网球鞋上课；因为没有热水洗澡，他们身上常常散发出一股很浓的汗臭味。我也曾经和安第斯山脉的农民一起挤在小泥屋里。他们的一日三餐除了干玉米就是马铃薯。一些小孩子刚刚出生就夭折，似乎就是为了看上这个世界一眼。我见过贫穷，可还是对雅加达的这种贫穷唏嘘不已。

当然，我们一行人住的是印度尼西亚最豪华的酒店——印度尼西亚洲际酒店。这家酒店为泛美航空公司（Pan American World

第一部分
大幕拉开（1963—1971年）

Airways）所有，和该公司在全球各地的连锁酒店一样，都是专为那些心血来潮的富有的外国人而设，尤其是石油企业高管和他们的家人。

到雅加达的第一个下午，我们的项目经理查理·伊林沃斯（Charlie Illingworth）为迎接我们，在酒店顶层一个别致的餐厅举办欢迎晚宴。查理是个喜欢研究战争的家伙，他的业余时间多数用来阅读军事名人的传记和有关战争的历史小说。如往常一般，他身穿卡其色的宽松裤子和卡其色短袖衬衣，上面别着军人肩章似的装饰物。

一阵寒暄之后，他点燃一支雪茄，吐了一口烟，举起香槟说："为更好的生活干杯！"

我们都举起酒杯，"为更好的生活干杯"，酒杯相碰，声音清脆。

烟圈在查理四周飘转，他扫视了一圈。"在这里我们会过得很满足的，"他笑着说，"印度尼西亚当地人会把我们照顾得很好，美国领事馆的同胞也一样。但别忘了，我们需要完成一个重要任务。"他的眼睛向下瞄了一下笔记，"对，我们是来为爪哇这个全球人口最密集的地方做一个电力系统的总体规划。当然，这只是冰山之一角。"

他的表情变得严肃起来，这让我想起了乔治·C. 斯科特（George C. Scott）[①]——查理心目中的英雄巴顿将军的饰演者。"我们到这里来的任务，就是要把印度尼西亚从共产主义手中'拯救'出来。你们也知道，印度尼西亚经历过很长一段时间的苦难。现在，这个国家真正迈进20世纪的时刻来临了。我们的任务，就是保证印度尼西亚不会跟随越南、柬埔寨和老挝的足迹，而是跟随我们的脚步。其关键所在就是建立一个综合电力系统，那比任何其他东西（当然可能石油除外）更有用。"

"提起石油，"他又抽出一根雪茄点燃，然后翻了翻讲稿说，"我们都清楚，美国对石油的依赖性有多大。这方面，印度尼西亚应该是一个很好的盟友。所以呢，你们在制定总体规划的同时，要确保石油

[①] 著名演员，曾主演《巴顿将军》（Patton）和《简·爱》（Jane Eyre）等电影。——译者注

工业和其他一切为之服务的行业——港口、输油管道、建筑公司等都能在未来25年内得到充足的电力。"

他抬起头，目光离开讲稿，把视线对准了我。"你们一定要小心、谨慎，你们也不希望自己手上染上印度尼西亚的孩子们，还有我们自己的孩子们的鲜血吧。"

那天晚上，我躺在酒店豪华的床上，想起了克罗汀。她此前有关外债的一番话仍然萦绕在我心头。我努力回忆在商学院所学的宏观经济课程，希望可以从那些理论中找到让我心安的借口。我告诉自己，无论怎么都好，我之所以到这里来，是为了帮助印度尼西亚发展经济，继而在现代工业世界中占据一席之地。可我知道，明天早上当我向窗外望出去的时候，穿过酒店美丽的花园和游泳池，看到的还是那一大片破旧不堪、沿着污秽的运河绵延数千米的小屋。我还会看到，那些由于缺少食物和干净饮用水而奄奄一息的小孩，包括大人都生活在恶劣的环境里，饱受疾病的折磨。

我在床上辗转反侧，发现有一点是无法否认的：查理和所有来到这里的公司职员，无一例外都是为了自己的私欲。

我们在这里是为了推进美国的外交政策，保护企业利益，也是为了满足我们自己的私欲，而不是为印度尼西亚的普通大众谋求幸福。我的脑海中浮现出一个词语——公司王国。我不肯定我以前是否在哪里听说过这个词，或者这不过是我自己胡编乱造的一个，可这确实完美地刻画了决心要统治全球的新一代精英集团的形象。

公司王国是一个拥有共同目标、组织严密的团体，这个团体的成员在大型企业的董事会和政府部门之间穿梭自如。我想到了当时的世界银行行长——罗伯特·麦克纳马拉，他就是最好的例子。他曾是福特汽车公司总裁，之后出任肯尼迪和约翰逊两届政府的国防部长，现在则占据着全球实力最强的金融机构的最高职位。

第一部分
大幕拉开（1963—1971年）

我还意识到，我的大学教授其实完全明白宏观经济学的本质：多数情况下，帮助一个国家发展经济，只会让处于该国社会经济结构"金字塔"上层的少数人变得更加富裕，对处于社会底层的人却毫无帮助，甚至会让他们陷入更加深重的贫困之中。实际上，在那些国家实行资本主义只会让其变得像封建社会一样落后。就算我的大学教授很清楚这一点，他们也不会承认，其中最直接的原因是，大企业和幕后操纵这些企业的人不断地给学校提供赞助。揭露真相只会让那些教授们的饭碗不保。对我来说，也是一样，甚至是更为沉重的代价。

在印度尼西亚洲际酒店度过的每个晚上，我都被这些想法困扰着，难以入睡。最后，我好不容易给自己找到了个借口：我并没有错，从我出生以来，从新罕布什尔州小镇到预备学校，我一直在挣扎，也一直在努力。由于偶然的机会和自己的努力，我才过上今天这样的生活，如果以美国文化的观念作为评判标准，我并没有做错。我正在一条洒满阳光的大道上阔步向前：我将成为一名受人尊敬的经济预测师；我所做的正是将我在商学院所学的理论知识付诸实践；我帮助推广的是一个全球顶尖的智囊团认可的发展模式。

每当夜深人静的时候，我常常安慰自己，终有一天我会说出事情的真相。然后，我就看着路易斯·拉摩（Louis L'Amour）①的枪战小说入睡。

---

①路易斯·拉摩（Louis L'Amour）：著名的美国西部小说家，他一生写了超过100部小说，销量超过2.25亿册。——译者注

第5章 和魔鬼做交易

在雅加达美国领事馆的前6天里,我们这个11人团队除登记资料、与当地官员会面、协调团队内部人员的任务外,剩下的时间便是在游泳池里放松。印度尼西亚洲际酒店里美国人之多着实吓了我一跳。那些漂亮女人——美国石油和建筑公司执行人员的妻子们,白天在游泳池里打发时间,晚上则穿梭于附近的豪华餐厅,确实是一道赏心悦目的风景。

后来查理将我们这个团队转移到了山城万隆(Bandung)。这里的气候较为温和,贫穷的景象也没有那么刺眼,让我们分心的事情也更少了。我们被安排住在印度尼西亚政府的国家大厦——专门用来接待国宾的宾馆,同时还拥有一名管理人员、一名厨师和一个佣人。国家大厦建于荷兰殖民时期,这里确实是个避风港。在房间宽敞的阳台上,可以看到对面连绵起伏的山峦上的大片茶园,一直延伸到爪哇的火山的斜坡上。

另外,查理还给我们配备了11辆丰田越野车,每辆车都配有司机和翻译。后来,我们获得了万隆高尔夫球会和网球俱乐部的会员身份,查理甚至给我们在印度尼西亚的国营电力公司(Perusahaan Umum

Listrik Negara，PLN）的总部大楼上安排了办公室。

在万隆最初的几天，我大多数的时间都花在与查理、霍华德·帕克（Howard Parker）会面上。霍华德已经 70 多岁，是从新英格兰电力系统公司（New England Electric System）退休的电力负荷预测师。

现在他负责预测爪哇岛在未来 25 年内需要的能源和发电能力（电力负荷）。除了总体预测外，他还要预测每个细分城市、每个区域的电力负荷。由于电力供应与经济发展速度密切相关，他所作出的预测在很大程度上是基于我对爪哇经济发展的预测。团队的其他人则根据我们俩的预测结果，设计出新的发电站、输电线和配电站，完成选址及设计燃料运输系统。

每次在查理的办公室里会谈时，他都会不断强调我这份工作的重要性。他一而再、再而三地告诉我，在预测中必须乐观再乐观。克罗汀是对的，我的预测是整个规划的关键所在。

"我们到这儿的头几周时间，"查理解释说，"都要用来搜集数据。"

查理、霍华德和我都坐在舒适的大藤椅上。办公室墙上挂着蜡染的织锦画，画中是古印度梵语史诗《罗摩衍那》（*Ramayana*）英雄传说的场面。查理点燃了一支大雪茄。

"首先，工程师将描绘出一幅当前印度尼西亚电力系统、港口吞吐量、公路和其他所有基础设施的详图。"他拿着雪茄的手指向我，"你要赶紧行动起来了。第一个月结束之前，你要让霍华德对建立新供电系统后，这里会出现的经济奇迹有个全面的了解；第二个月结束之前，他需要更详细的、细分到各个区域的资料；最后一个月，我们聚在一起来商量和策划，并对我们的数据查漏补缺。在我们离开印度尼西亚之前，我们必须掌握我们需要的充足信息。然后，我们就可以回家去过感恩节了。记住，我们没有回头路可走。"

表面上看，霍华德如祖父般和蔼慈祥，实际上他是个充满怨气、感觉被生活欺骗了的老人。他在新英格兰电力系统公司干了大半辈子，却一直未能担任要职，对此他心怀怨恨。他絮絮叨叨地对我说："他们无视我的存在，就因为我不买公司政策的账。"他被迫退休，可是忍受不了天天和老伴待在家里的那种无聊，便接受了美因公司的这份咨询工作。这是他第二次被选派外出。艾纳和查理都提醒我对霍华德要提防着点，他们说那是个顽固并且睚眦必报的家伙。

果不其然，霍华德是我遇到的最聪明的一个老师，尽管当时我尚未准备好去接受这个事实。他从来就没有接受过类似克罗汀给我上的那种培训课程。我想他们可能认为霍华德太老、太顽固不化了，又或是他们聘请霍华德只是个权宜之计，因为他们没有找到像我这样愿意听命于他们、又愿意长期合作的人。无论如何，从美因公司的角度来看，霍华德现在反倒成了一个麻烦。

霍华德很清楚他所处的位置和美因希望他扮演的角色，可他坚决不做别人手中的棋子。艾纳和查理用来形容他的那些词语真是再贴切不过了，从某种程度上说，他的倔强来自于他不甘心做人奴仆的决心。我怀疑他曾经听说过经济杀手这个称谓，因为他似乎清楚，美因公司就是要利用他去推动一种他不愿意接受的帝国主义。

有一次，我与查理见面后，霍华德将我拉到一边。他戴着一个助听器，用手摆弄了一下衬衣下面用来调节音量的小盒子。

"你可别告诉别人啊。"霍华德轻声说。我们站在办公室的窗户旁边，从窗户向外望去，可以见到那条污浊的运河，蜿蜒曲折地从印度尼西亚国家电力公司大楼旁边穿过。一个年轻女子在污秽不堪的河里洗澡，她身上松垮垮地披着一条布裙，这让她看起来不至于一丝不挂。"他们要说服你相信这个国家的经济会突飞猛进，"霍华德说，"查理这人很无情。别让他影响了你。"

他的话让我情绪低落，可同时也让我产生一种想说服他的冲动，想让他相信查理其实是对的。毕竟，我的事业建立在讨好美因上司的基础之上。

"以后这里的经济当然会很繁荣。"我说，我的目光转而投向河里的那个女子，"让我们拭目以待吧。"

"原来你已经到那个地步了。"他嘟哝了一句，根本就没有注意到发生在我们眼前的这一幕，"你已经在执行公司的路线了，对不对？"

忽然，运河里发生的一幕吸引了我的注意力。一个年长的男人突然走到河岸边，他脱下裤子，蹲在岸边方便起来，他的排泄物都落到了水里。刚才那个女子虽然看到了，可是她似乎没觉得有什么不对，仍然洗她的澡。我转过头看着霍华德。

"我也算是经验丰富的，"我说，"尽管我很年轻，可我在南美洲待了3年。南美洲的石油资源被发现以后，我亲眼目睹了那里惊人的变化。"

"哦？我也是见过世面的。"他用嘲讽的语气说，"我可不关心你的那些发现和变化。我这一辈子都在作电力负荷预测——经济大衰退时期、二战时期、经济繁荣时期、萧条时期。我敢肯定地说，在任何一个时期内，没有哪个地区的电力负荷能以每年7%～9%的速度增长，形势最好的时期也是如此。6个百分点还是比较合理的。"

我盯着他，对他的话半信半疑，也许他是对的，可是我得为自己辩护。我知道我必须说服他，因为我迫切需要证明自己的判断是对的。

"霍华德，这里可不是美国。在这个国家，现在并不是人人都用得上电，但今后一切都不同了。"

他转过身去，摆摆手，好像要把我挥出去一样。

"那你就按你的想法去做吧！"他大声吼着，"我不在乎你拿出的数据是什么。"他一把拉出桌子后边的椅子，坐了下去，"我会根据自己的想法来作电力预测，而不是根据某些人提供的那些冠冕堂皇的数据。"他拿起铅笔,在一叠纸上画了起来。

我知道这是我必须面对的挑战。我走到桌子跟前。

"如果我做出众望所归的预测结果,比如像加州淘金热那样的繁荣景象,而你却把你的预测做得像20世纪60年代的波士顿那样的发展速度,那不是很矛盾么?"

他把铅笔往桌上一扔,瞪着我。"没良心!事实就是这样。你,还有你们所有人……"他在办公室里挥舞着手臂,"已经把灵魂出卖给魔鬼了!你们只是为了钱而工作。现在,"他勉强挤出一丝笑容,把手伸到衬衫底下的助听器上,"我要把助听器关掉,继续按自己的想法作电力预测。"

我彻底被他镇住了。我只好大步走出他的办公室,朝着查理的办公室走去。走到一半的时候,我停下了脚步,我不知道自己去那里是想得到什么结果。于是,我转身走下楼梯,走到门外,沐浴在夏日午后的阳光里。运河里的那个女子爬上了岸,布裙已经紧紧围在她身上。那个在河边方便的人也消失了。几个小男孩在运河边上大喊大叫着,互相泼水嬉戏。一个年纪稍大的女人站在没过膝盖的水中刷牙,还有一个女人在河里搓洗衣服。

我一阵哽咽,喉咙像被什么堵住了。我在一块断裂的混凝土石板上坐下,强忍着泪水,不知道自己为什么会如此痛苦。

"你们只是为了钱而工作。"我的耳边一遍又一遍地响起霍华德的话。他这句话一针见血,直刺我的要害。

那几个小孩子继续泼水嬉戏,他们欢快的声音弥漫在空气之中。我不知道究竟该怎么做才可以像他们那样无忧无虑。我坐在那里,看着他们在上天恩赐的纯真中欢声雀跃,他们根本不知道在这潭污水中玩耍的危险,而此时霍华德的那句话不停地折磨着我。一个驼背老人,挂着一根粗糙的拐杖,沿着岸边蹒跚走过。走着走着,他停下来,看着河里那几个小男孩，咧开牙齿掉光了的嘴巴，笑了起来。

也许我应该相信霍华德，也许我们可以一起找到解决问题的方法。想到这一点，我感到些许的轻松。我捡起一块小石头，用力朝远处的水面扔出去。当水面重归平静的时候，我的心情又沉重起来。我知道自己不能那样做，我不能让自己以后的生活像霍华德那样。年纪一大把了，却落得如此境地。我还年轻，刚刚迈出职业生涯的第一步，面临很多的选择。

凝望着那一潭死水，我眼前再次浮现出新罕布什尔州半山腰上预备学校里的景象，当同学们都去参加社交舞会的时候，我一个人孤零零地留在学校度过漫长假期。慢慢地，那种孤独感再次向我袭来，可我却找不到可以倾诉的对象。

那天晚上，我躺在床上，脑子里不断重现我生命中出现过的人，霍华德、查理、克罗汀、安、艾纳、弗兰克叔叔……如果我的生命中没有这些人出现，我现在的生活会是怎样的呢？我会住在哪里？可以肯定的是，不会在印度尼西亚。那么我的未来会是什么样子，我将会到哪里去？我苦苦思索着我现在所面临的问题。查理说得很明白，他希望霍华德和我共同做出每年的经济增长率约为17%的报告。我究竟会作出怎样的预测呢？

突然，我脑子里冒出了一个想法，这让我的灵魂得到一丝安抚。为什么刚才我没有想到这个呢？其实根本不需要我做决定。我可以为了讨好上司作出乐观的经济预测，而霍华德也可以按照自己的看法作出预测。我们的工作可以说对整个综合规划毫无影响，因为计划早就已经定下来了，我们要做的只是按既定的步骤走走过场而已。包袱终于卸掉了，那一晚，我睡得很安稳。

几天之后，霍华德突然因为感染阿米巴[①]而患病了。我们把他送到

[①] 阿米巴（Amoebae Attack）：通常指痢疾阿米巴，肠阿米巴病。阿米巴原虫寄生于肠道，大部分感染者症状不明显，但痢疾阿米巴可以引发肠道症状，轻微者腹部不适，重者伴随发烧、打寒战，也可能发生次性肠外感染。——译者注

天主教教会医院。医生给他开了药，建议立刻把他送回美国治疗。霍华德安慰我们说，他已经掌握了作预测所需要的所有数据，他能在波士顿轻而易举地完成电力负荷的预测工作。他告别时对我说的话，只不过是重复了他之前对我的警告。

"没有必要伪造数据，"他说，"不管你把经济增长描述得如何天花乱坠，我也不会卷入这个阴谋！"

第二部分
黑色风暴
（1971—1975 年）

"经济杀手"肩负着公司王国的秘密使命。从拉美到中东，我们耍着伪造、操纵、贿赂、敲诈、色诱乃至谋杀的伎俩，亲手制造了一场场黑色风暴，卷走财富，留下废墟……

第6章 经济审判官 or 魔鬼代言人

美因与印度尼西亚政府、亚洲发展银行和美国国际开发署签订了合同。合同要求我们团队必须派人到综合规划涉及的风景秀丽的地方，以及一些有阴暗破旧房子的居民点走一趟，这个任务被指派给了我。查理是这么说的："你在亚马孙丛林都能活下来，应该最清楚怎样对付蛇虫鼠蚁和劣质水。"

我和司机、翻译一起去了许多风景秀丽的地方，也去了一些很阴暗的住所。我与当地商业和政治领域的精英人物见面，听取他们对印度尼西亚经济发展前景的看法。但是我发现他们大多数人都不愿意跟我讨论，而且他们似乎并不欢迎我的到来。通常，他们都建议我去找他们的上级，找政府官员，或者找这些企业在雅加达的总部。所以，有时候我甚至怀疑自己是不是卷入了某种阴谋之中。

每次外出的持续时间都很短，一般不会超过两三天。其间我会回到万隆的国家大厦。管理大厦的女人有个儿子，比我小好几岁，他的名字叫拉斯曼（Rasman）。不过，除了他的母亲之外，别人都叫他雷西（Rasy）。他在当地一所大学读经济学，很快，他就对我的工作表现出极大的兴趣。事实上我怀疑，在某种程度上，他是希望通过接近我找份工作。他还教我说印度尼西亚语（Bahasa① Indonesia）。

从荷兰手中夺回主权之后，苏加诺总统希望印度尼西亚有自己的官方语言。印度尼西亚群岛有超过350种方言，苏加诺总统意识到，为了将这些居住在不同岛屿上、有着不同文化背景的人团结起来，印度尼西亚必须有通用词汇和语言。他聘请了一个国际语言专家组进行研究，现在的印度尼西亚语就是最大的成果。在马来语的基础上创造的印度尼西亚语，去除了许多时态变化、不规则动词和其他许多语言共有的复杂元素。相对于殊瓦语、甚至西班牙语来说，印度尼西亚语简单得多。到20世纪70年代，绝大多数印度尼西亚人都会讲这门语言，尽管他们在自己的社区里仍继续讲爪哇语和其他本地方言。

雷西是一名极具幽默感的老师。他有一辆小型摩托车，曾说要带我好好看看这个城市和这里的居民。一天晚上，他对我说："现在我带你见识见识印度尼西亚的另一面。"然后催促我坐上他的摩托车。

一路上，我们看到了演影子戏的人、演奏传统乐器的音乐家、耍吞火把戏的表演者、魔术师，还有一些摆摊的街边小贩，他们卖各种各样的东西，从走私的美国卡带到一些稀罕的本土手工艺品。最后，我们来到了一个挤满了年轻人的小咖啡店，他们的穿着打扮和发型都紧随20世纪60年代末的潮流，让你感觉身处甲壳虫乐队（The Beatles）的演唱会，只不过现场都是印度尼西亚人。雷西和我在一张桌子旁边坐了下来。

这里的人都会说英语，有人说得很流利，有人说得比较生硬，可他们都对我学习印度尼西亚语的行为表示赞赏和鼓励。他们互相之间讨论这个问题，还问我为什么别的美国人从来不学印度尼西亚语言。我答不上来，我也解释不了为什么除了我之外，在这一带没有任何其他来自欧美国家的人。然而，在高尔夫俱乐部、网球俱乐部、豪华饭店、

---

① Bahasa 在印度尼西亚语中是"语言"之义，比如 Bahasa Malay 就是马来语。——译者注

电影院和高消费超级市场里，可以看到许多欧美人的身影。

我永远也忘不了那个晚上。雷西和他的朋友完全将我当做他们的挚友。与他们一起，我享受着一种难以言喻的快乐，分享着他们的城市、食物、音乐，呼吸着丁香烟和其他一切属于这个城市年轻人的气息，与他们一起喧哗，一起欢笑。我仿佛再次回到了美国和平队。与此同时，我也在问自己，为什么我一定要坐头等舱？为什么我一定要将自己与这些人区别开来？当我与这些印度尼西亚人聊天的时候，他们都不断追问我对他们的国家的感觉，对美国打越战的看法。他们每个人都对越战感到厌恶和恐惧，他们称美国进攻越南是"非法侵略"。我告诉他们我也有同感，这让他们十分欣慰。

雷西和我回到宾馆时已经很晚了，四周漆黑一片。我很感谢他的邀请，让我能亲身感受属于他的世界；他也感激我对他朋友的坦诚。我们互相约定以后还要去那里，去参加那些印度尼西亚朋友的聚会。互相拥抱之后，我们回到各自的房间。

和雷西一起，正好对了我的胃口，因为这个时候我希望自己能远离美因的工作。第二天一早，我与查理会面，告诉他，对于从当地人那里搜集信息，我是越来越没有信心。另外，只有雅加达政府办公室里有我用来开展经济预测的数据。查理同意了我的观点，他也认为我应该在雅加达多待上一两个星期。

查理对我深表同情，因为我不得不离开舒服的万隆，再次回到热气腾腾的雅加达市区。我假装说我也讨厌这样，可是私底下，我却兴奋不已，因为终于有了属于自己的时间。我可以继续研究雅加达这个城市，继续住在格调高雅的印度尼西亚洲际酒店。我发现，只要身处雅加达，我就能从不同角度理解人生。与雷西和他的朋友共度的那个晚上，还有我在印度尼西亚其他地方的旅行，使我改变了不少。我对自己的美国同胞有了不同的看法。公司管理人员那些年轻美貌的妻子，

第二部分
黑色风暴（1971—1975年）

看起来似乎已经失去了昔日的风采，游泳池和酒店旁边的铁栅栏此时也显得很碍眼，酒店附近那些豪华餐馆的精美食物也变得索然无味。

我还发现了一些其他情况。与当地政治和商业精英人物见面的时候，我感觉到他们对待我的方式十分微妙。我之前从未觉察到这一点，可现在我发现他们多数人对我的存在表示怨恨。比如说，在向其他人介绍我的时候，他们通常会用一个与"审判官"和"调查员"意思相近的词——我从词典中得知该词。我刻意隐瞒我懂一点印度尼西亚语的事实，连我的翻译也以为我只不过懂得一些日常用语——我还买了一本很好的印度尼西亚语—英语词典，通常我一转身，就背着他们翻词典。

这些用来称呼我的词，是读音上的巧合还是我手上词典的误译？我企图说服自己确实是那样。可是，和他们接触得越多，我就越加肯定，他们把我看做是一个入侵者。此外，可能有某些人已经下达命令要求他们与我合作，而他们除了服从之外别无选择。这些人可能是某位政府官员、银行家、将军，或者美国领事馆。我只知道，尽管我被盛情相邀到他们的办公室，还有人给我斟茶倒水，客气地回答我的提问，但是所有这些表象背后却充满了怨恨。

对于我提出的问题，他们的回答及所提供数据的真实性，都让人生疑。例如，当我要见当地某个官员时，不仅要提前预约，而且还不能和翻译一同进入他的办公室。这本身就很奇怪。除此之外，预约造成的时间浪费也让人无法容忍。由于电话通常都接不通，我们只好开车穿过那拥挤无比、杂乱不堪、纵横交错的街道，至少要折腾1个小时，才能到达近在咫尺的另外一幢大楼。到了那里，我们还要先填写几张表格。最后，一个男秘书会出现在我们面前，很客气地（一直那么客气）对我露出爪哇人招牌式谦恭的笑容。他首先问我需要哪一类的信息，接下来就给我约定一个具体会面的时间。

几乎毫无例外，每一次他安排的会面时间总要在预约的几天之后，而每当预约时间到了，就会有人递给我一个预先准备好的文件夹。工厂主给我的是五年和十年计划书，银行家给的是图表和曲线图，政府官员给的则是那些跃然纸上，即将成为经济发展引擎的工程项目清单。

所有这些商业领袖和政府官员提供的资料及他们在会上的发言，都是要证明爪哇的经济会出现大幅度的增长。没有任何一个人对此提出质疑，或是给出负面的信息。

回到万隆的时候，我对这一切还是疑惑不解。这些事情实在是烦扰人心，我突然觉得我在印度尼西亚所有的经历更像是一场扑克牌游戏而不是现实。每个人都藏起了自己手中的牌，互不信任，更不要说共享的信息有多高的可靠性。可这场游戏必须继续玩下去，而且游戏的结果将会影响印度尼西亚人民未来几十年的生活。

第 7 章 "因为那是美国的计划"

"我带你去找达朗（Dalang）。"雷西面带微笑地说，"你知道吗，达朗是印度尼西亚著名的木偶大师。"很明显，他对我重回万隆感到十分高兴："今天晚上有一个重要人物出场。"

他骑着摩托车，载着我穿过这个城市里一些我从未听说过的地方，穿过传统爪哇部落居民区的茅屋。那些房子看起来就像一些破旧的、房顶铺着瓦片的小寺庙，而那些荷兰殖民时期盖起来的庄严大楼在这里无迹可寻。这里的人都很穷，可是他们都非常自豪。他们穿着破旧却洗得很干净的蜡染布裙、颜色鲜艳的罩衣，戴着宽沿草帽。每到一处，迎接我们的都是欢快的笑声。我们停下来的时候，小孩子们都冲上来，争相触摸我的牛仔裤。一个小女孩将一朵气味芬芳的鸡蛋花别在我的头发上。

我们把摩托车停在一个路边戏院旁。几百人聚集在这里，一些人站着，一些人坐在折叠板凳上。那天晚上，天气清朗，夜空也很美丽。尽管我们身处万隆最古老城区的中央，却看不到一盏街灯，在我们上空闪耀着的只有星星。空气中弥漫着柴火、花生和丁香花的气味。

雷西消失在人群之中，很快，他带着上次我在咖啡馆遇到的那些年轻人回来了。他们还给我带来热茶、小蛋糕和沙嗲——用花生油烹制的一种烤肉块。一开始看到沙嗲的时候，我还犹豫了一下，因为其中一名女孩指着一个火堆笑着对我说："这是非常新鲜的肉，刚刚烤好的。"

音乐响起了，那是令人难以忘怀的奇幻"加麦兰"（Gamalang）奏出的绝妙声响。加麦兰是一种乐器，外形让人一看就会想起寺庙里的钟。"所有的音乐都由达朗演奏。"雷西轻声说，"他还操纵着所有的木偶，使用几种不同的语言为它们配音呢。我们来帮你翻译吧。"

这是一场让人难以忘怀的演出，融合了印度尼西亚经典传说和当今的时事。后来我听人说，达朗其实是个萨满教巫师，他所做的一切都是在催眠状态下完成的。他总共有差不多100个木偶，还能为每一个木偶模拟出不同的声音。这是我永远无法忘记的一夜，也是影响我以后人生的一夜。

演完了古老的《罗摩衍那》中经典的一段传说之后，达朗拿出一个"理查德·尼克松"的木偶，这个木偶长着夸张的长鼻子和松弛下垂的脸颊。这位"美国总统"一副典型的山姆大叔装扮——戴着一顶星条图案的大礼帽，穿着燕尾服。和他一起的还有另外一个木偶，身穿三件套的细条纹西装，一只手拿着镶着美元符号的木桶，另外一只手在"尼克松"头顶上挥舞着一面美国国旗，就像一个卑躬屈膝的奴隶在为主子扇凉。

两人中间，出现了一幅中东和远东地区的地图，各个不同的国家用钩子吊在相应的位置。"尼克松"立刻靠近地图，一把将"越南"从钩子上取下来，丢进自己的嘴巴里。他还一边大声喊叫，大致的内容可以翻译为：顽固！垃圾！我们再也不需要它了！然后他把"越南"扔到桶里，准备继续对其他国家重复刚才的举动。

可是，让我感到很惊讶的是，他接下来选择的国家并非是东南亚国家，而全部是巴勒斯坦、科威特、沙特阿拉伯、伊拉克、叙利亚和伊朗等中东国家。把这些一一拿下之后，他又对巴基斯坦和阿富汗如法炮制。每次把一个国家放到桶里之前，"尼克松"都会大声嚷嚷，嘴巴里冒出来的都是些咒骂这些伊斯兰国家的词儿。

观众异常激动，桶里每装进一个国家，空气中就多了一份紧张。有时候，我觉得他们被操纵木偶的人的话语激怒了。我也感觉到威胁。我站在人群中，感到孤立无援。我害怕成为众矢之的。接着，"尼克松"说了几句话，雷西翻译给我听后，我感到头皮一阵发麻。

"把这个扔给世界银行，看看他们有没有什么办法能从印度尼西亚弄点钱出来。"他将"印度尼西亚"从地图中取下来，准备将它投进桶里，就在那当儿，又一个木偶从黑暗中跳出来。这个木偶是个"印度尼西亚人"，穿着蜡染的布衫和卡其色的宽松长裤，还戴着一个写着名字的标志。

"这是万隆一位有名的政治家。"雷西解释说。

这个木偶飞也似地走到"尼克松"和拿着桶的人中间，一把抓住"尼克松"的手。

"且慢！"他大声说，"印度尼西亚是独立的主权国家。"

人群中传出一阵热烈的掌声。那个拿着桶的人举起手中的旗帜，向刚才扑过来的那个"印度尼西亚人"用力刺去，那个"印度尼西亚人"很戏剧性地中招死去。围观的群众挥舞着紧握的拳头，发出一片嘘声、怒骂声和尖叫声。"尼克松"和拿桶的木偶站在台上，面朝着观众。他们鞠躬后离开了舞台。

"我想我该走了。"我对雷西说。

他把手搭在我的肩膀上。"没事的，"他说，"他们不会对你有恶意。"可我还是不放心。

后来我们去了咖啡馆。雷西和其他人都说，他们预先不知道演出的是"尼克松—世界银行"这一幕。"你根本就没法预先知道木偶戏要演的是什么。"其中一个年轻人说。

我自言自语地说，这一幕是不是特意演给我看的呢？他们中一人笑了笑，说我真是够自大的。"典型的美国人"，他轻拍了一下我的背，加了一句。

"印度尼西亚人很懂政治，"坐在我旁边椅子上的人说，"难道美国人不是这样做的吗？"

我对面坐着一个在大学主修英文的漂亮女孩子，她问我："可是你现在确实是为世界银行工作吧？难道不是？"

我告诉她我目前是为亚洲开发银行和美国国际开发署工作。

"难道它们不是一回事吗？"她根本没有给我回答的机会。"难道那不是像今晚的木偶戏演的那样？难道你们的政府不是把印度尼西亚和其他国家仅仅看做是一串儿……"她搜肠刮肚找着适当的词。

"葡萄。"她的一个朋友教她说。

"对了，就是一串葡萄。你们可以摘下来慢慢挑选。留出英国，吃掉中国，扔掉印度尼西亚。"

"当然是在你们开采完我们所有的石油之后。"另一个女孩子说。

我想为自己辩解，可我找不到充足的理由。我想，我能来到万隆的这个角落看那一场反美的演出，至少也能为自己赚回一点优势——那场演出对一个美国人来说可算是人身攻击。我想让他们知道我勇气可嘉，才做出以上的一切；我也想让他们知道，我是那个团队里唯一愿意花工夫学印度尼西亚语、愿意了解他们文化的人；我还可以告诉他们，我是唯一愿意观看这种演出的外国人。可我想想还是谨慎为妙，不要轻易表达这样的意思。于是，我将注意力转移到他们的交谈中，我问他们，为什么美国要针对伊斯兰国家以及越南。

那个漂亮的英语系女孩笑了,"因为那是美国的计划。"

"越南不过是个挡箭牌,"一个男子插话了,"就像荷兰对于纳粹一样,是块垫脚石。"

"真正的目标是整个伊斯兰世界。"那个女孩子接着说。

我想我再也不能对此无动于衷了。"可以肯定的是,"我抗议说,"美国不是反伊斯兰的。"

"噢,难道不是吗?"她说,"什么时候开始的?你得读读你们一个叫汤因比的英国历史学家的著作。20世纪50年代的时候,他就预言,21世纪最主要的冲突,将是基督教徒与穆斯林之间的战争。"

"阿诺德·汤因比这样说过?"我愣住了。

"是。看看汤因比的《文明经受考验》(Civilization on Trial)和《世界与西方》(The World and the West)吧。"

我问他们:"为什么穆斯林和基督教徒之间的仇恨会那么深呢?"

围着桌子坐成一圈的人互相望着,看起来他们都觉得不可思议,我居然问了一个如此愚蠢的问题。

"因为,"她一字一顿地说,好像面前的我是一个弱智,又或者是耳背,"西方国家尤其是其领导者美国决心要控制整个世界,成为历史上最伟大的帝国。美国离成功已经不远了,虽然现在苏联还挡着美国的路,可是它坚持不了多久。汤因比看出了这一点,因为苏联人没有宗教,没有信仰,他们的背后没有坚强的精神支柱。历史证明了信仰——更高层次的力量,是很重要的。我们穆斯林有信仰,我们的信仰比世界上任何人包括基督徒都要更坚定。我们在等待时机。我们会变得更强大。"

"我们不着急,"其中一个男人插话,"我们会像蛇那样反攻。"

"这种想法真恐怖!"我实在是忍不住叫了起来,"我们要怎样做才能改变这个局面呢?"

这个英语系女学生看着我的眼睛,"收起你们贪婪的心,"她说,"还有你们的自私。清醒一下,除了你们的摩天大楼和超级市场外,这个世界还有更多的事情值得关注。在你们担心自己的汽车是不是还有汽油的时候,有些人却几乎要饿死;在你们翻阅时尚杂志的时候,多少婴孩因为没有水喝而大声啼哭;在我们国家的人民因为贫困快要死去的时候,你们却对我们的求救充耳不闻。你们的出路是去帮助那些穷苦和被压迫的人,而不是继续将他们赶到更加水深火热的贫困中去,让他们继续受你们的奴役。时间已经不多了。如果再不改变,你们就注定要完蛋了。"

　　几天后,那位深得民心的万隆政治家——就是木偶戏中勇敢站出来抵抗"尼克松",被拿木桶的人刺死的"印度尼西亚人",不幸被车撞倒身亡,而肇事司机事后逃之夭夭。

　　在那之后不久,我就回家了。

　　安和我在巴黎见了面,尝试和解,但是我们依然争吵不停。最后一天,她问我是不是有了外遇。在我承认之后,她说她一直都在怀疑。我们坐在一条长椅上,看着塞纳河,聊了很久。最后我们得出了一个结论,那就是我们之间的怨恨和怒火已经积累太久,变成了无法逾越的阻碍,还是分开的好。

第8章 一生难求的机遇

在印度尼西亚所经历的一切，在很多方面来说，对我都是巨大的考验，而在波士顿还有更多考验等着我。

回到波士顿的第二天一大早，我就到保诚大厦公司总部报到。在拥挤的电梯中，我听说我们那个年届80的首席执行官麦克·霍尔（Mac Hall）把艾纳提拔为公司在俄勒冈波特兰办事处的总裁。这样一来，我就要直接向布鲁诺·扎姆波蒂汇报我的工作情况了。

布鲁诺满头银发，看起来和艾纳一样的聪明睿智。他能轻而易举地战胜所有敢于向他发起挑战的人，因此他有着"银狐"的绰号，同时他还有着像加里·格兰特（Cary Grant）①那样潇洒的外表。

他精通计量经济学，是美因公司负责电力分部和大多数国际项目的副总裁。在他的导师——年迈的杰克·都伯（Jake Dauber）退休之后，他自然是最好的继位人选。美因公司的许多员工对布鲁诺·扎姆波蒂既敬又怕，我也不例外。可偏偏在午餐之前，我被传召至布鲁诺的办公室。我们兴致勃勃地讨论了有关印度尼西亚的计划。突然，他说了一句让我大感意外的话，我震惊得差点儿从椅子上掉下来。

---

①加里·格兰特（Cary Grant）：好莱坞著名影星，以绅士风度著称。——译者注。

"我要解雇霍华德·帕克，他完全与现实脱节了。"布鲁诺的手在桌上的一沓纸上轻轻敲着，脸上露出高深莫测的微笑，"一年才增长8个百分点，那是他的电力负荷预测。你会相信在印度尼西亚那样一个有潜力的国家，仅仅增长8个百分点？"

布鲁诺脸上的笑容慢慢消失了。他盯着我的眼睛，"查理·伊林沃斯告诉我，你的经济预测能证明电力负荷增长将达到17%～20%，对不对？"

我说确实如此。

他站起来，向我伸出手，"恭喜你，你升职了。"

也许那时候我应该走出办公室，跑到一家高级餐馆与美因公司的同事好好庆祝一下，或者我一个人去庆祝也可以。可是，那时我只想到了克罗汀。我迫不及待想告诉她这个喜讯，以及我在印度尼西亚的经历。但是我很失望地发现她的电话打不通。于是，我决定去找她。

一对年轻夫妇住进了她原来的公寓。当时是午饭时间，但看样子我把他们从梦中吵醒了。他们显然很恼火，说不认识克罗汀这个人。我找到地产中介公司，对他们说我是克罗汀的堂兄。可是中介公司的租赁记录上却没有任何曾经租过房子给克罗汀的信息。他们告诉我，这所公寓的上一个租客是一个不愿透露姓名的男人。我回到保诚大厦的美因人事办公室，人事部门也说没有任何有关克罗汀的记录。但是他们承认，那里有一份我无权查看的"特别顾问"档案。

那天下午，我感到心力交瘁。回到空荡荡的家里，我感到莫名的寂寞，好像被人抛弃了一般。我的升职似乎也变得毫无意义，从另外一个角度来说，升职不过是我甘心与他们为伍的标志。

我倒在床上，几乎要被绝望所吞噬。克罗汀利用了我，又抛弃了我。我躺在床上，连续几个小时漠然地望着四周空荡荡的墙壁。我决心不向痛苦低头，我要放下我所有的情感。

最后，我终于让自己振作起来。我爬起床，灌下一瓶啤酒，然后狠狠地把酒瓶子砸到墙上。我向窗外望去，看着下面的街道，我似乎看到克罗汀正朝着我走过来。我立刻朝大门跑过去，然后又跑回窗子旁边，朝外边看了一下。那个女人走得更近了。我看清了她的脸，她长得与克罗汀有几分相像，但不是克罗汀。我感到非常失望，刚才的那种愤怒也变成了沮丧。我的头也昏昏沉沉的，眼前出现了克罗汀戴着枷锁、倒在枪林弹雨中的景象。我用力甩了甩脑袋，想要甩掉这可怕的景象。后来，我吃了两片安定，继续喝酒，直到醉倒在床上。

第二天早上，美因公司人事部的电话把我从梦中叫醒。人事部长保罗·莫米诺（Paul Mormino）对我说，他知道我需要好好休息一下，可还是催我下午到办公室去一趟。

"恭喜你，"他说，"这是一个自我超越的绝好机会。"

我发现布鲁诺说得一点都不假，我不但晋升到霍华德从前的职位，还获得了"首席经济师"的头衔，另外还有加薪——这多少让我情绪高涨一点。

下午我请了假，一个人提着一瓶啤酒徘徊在查尔斯河畔。我坐在河边看着帆船漂过，调整着时差和昨夜宿醉的煎熬。我说服自己，克罗汀不过是完成了培训我的任务，去继续执行下一个任务而已。过去她总是不断地强调保密的必要，而且承诺会来找我的。莫米诺是对的，想到这，我的时差反应、我的焦虑顿时都烟消云散。

接下来的几周里，我努力让自己不去想克罗汀，不去想我和她之间的一切。我专注于印度尼西亚经济的报告，修改霍华德的电力负荷预测。我相信，我提交的报告上司们绝对爱看：关于新的电力系统建立后，印度尼西亚在25年里的电力需求量将大幅增长。在前12年，电力需求量每年增长19%；随后8年里，需求量降低到17%左右；在最后的5年间，需求量将保持15%左右的增长率。

在正式会议上，我向几家国际权威机构展示了预测结果。这些机构的专家组仔细而且毫不留情地向我提了许多问题。那时候，我的感情创伤已经转变为一种可怕的决心。这与我在预备学校时候所作的决定有几分相似，不是反叛，而是寻求受人瞩目的机会。话虽如此，克罗汀的形象仍时时萦绕心头，挥之不去。整个下午，我都在应对亚洲开发银行一位年轻的经济师没完没了的盘问，这让我想起几个月之前克罗汀给我的忠告，当时我们一起坐在她培根街的公寓中。

"有谁能真正预见25年之后的未来？"她曾问我，"你的预测和那些专家们的一样出色。信心就是一切。"

于是，我告诉自己要自信，相信自己是一个专家，不要忘记自己曾在发展中国家生活过，我的经验可比这些坐在评判席评估我的预测结果的专家要多，虽然他们有些人的岁数可能是我的两倍。我曾在亚马孙河流域的森林里待过，也探访过爪哇岛上其他人想都不愿去想的地方。我学过专门针对经理和主管人员设计的精深计量经济学课程。我告诉自己，我是新时代的青年才俊，就连曾任前福特汽车公司总裁、约翰·肯尼迪政府国防部长的世界银行行长罗伯特·麦克纳马拉都非常欣赏我。因此，尽管面前专家如云，我仍在数字统计、概率论、精确建模的基础上一步步稳住了自己的阵脚。当然，这其中有不少虚张声势的成分。

在演说的时候，我刻意模仿麦克纳马拉和我的顶头上司布鲁诺。我结合了前者的演讲技巧与后者的夸张神态。现在回想起来，我不得不惊叹那时的胆量。实际上，我的专业知识十分有限，可是我的胆量弥补了我专业知识的不足。

这一招确实管用。最后，在场的所有专家都在我的报告上签名表示认可。接下来几个月，我在德黑兰、加拉加斯、危地马拉城、伦敦、维也纳和华盛顿特区参加各种会议，与许多名人会面，包括伊朗国王，几个国家的前总统,以及罗伯特·麦克纳马拉。首席经济师的头衔和最近在国际借贷机构面前出色的表现,使我获得了所有人的尊敬,这让我感到有点受宠若惊。

刚开始,我被这种感觉冲昏了头脑,我觉得自己是一个像梅林①一样的魔术师,只要手中的魔杖一挥,就可以让地球上每个角落灯火通明,百业兴旺。可我的幻觉很快就破灭了,我开始质疑自己和所有同事的真正动机。一个被美化了的经济师头衔或博士学位,对理解生活在雅加达臭水潭附近的麻风病人的内心痛楚毫无帮助。我不知道,是否掌握了驾驭数据的诀窍就可以控制他人的未来。我对那些运筹帷幄、改变世界的决策者越了解,就越是怀疑他们真正的能力和目的。在会议室里,我看着周围的面孔,一股无名的怒火油然而生。

但是,这些愤怒最终还是消失了。心情平静下来后,我意识到,绝大多数人觉得自己所做的一切都是理所当然的。他们甚至觉得,为了自己的国家和儿女,他们必须将世界上所有国家都转化为资本主义国家,而且有责任把这种观念传递给他们的后代。

同时,我也知道我的立场不够坚定。一方面,我把这些人看做真正的阴谋家;另一方面,我将他们视为关系密切、共同致力于控制全世界的弟兄。随着时间流逝,我开始把他们看做美国内战前的南部种植园主。他们从小与仆人、奴隶一起长大,在那种环境中耳濡目染,相信自己有权利甚至有义务驯服"野蛮人",并且改变其信仰和生活方式。也许农场主本身并不都喜欢奴隶制度,但他们和托马斯·杰斐逊总统一样,把奴隶制看做是一种必要,认为如果没有这种制度,社会将陷入混乱。当代政治寡头,也就是我所说的公司王国的领导者,看来也是这么想的。

---

① 梅林(Merlin):在亚瑟王(King Arthur)传说中,他是亚瑟王的顾问,是一个魔术师和预言家。——译者注

我想知道，战争、大规模生产武器、截流建造大坝，以及破坏原始环境与文明，这种种行为究竟可以让谁得到恩惠。我也想知道，在一些人因为饥饿、缺水和疾病失去生命的时候，究竟是谁得到了好处？我渐渐明白了，最终没有任何一个人会得到丝毫好处。可就目前来看，那些站在财富金字塔顶端的人，比如我的上司和我，至少是获得了物质上的好处。

这又引出了更多的问题：为什么会存在这种状况，而且还持续了这么久？难道强权真的就是真理？

单单说是强权让这种状况出现并持续存在的理由是不充分的。尽管目前的许多现象都可以用"强权就是真理"这句话来描述，可我总觉得还有一种看不见的、更强大的力量在起作用。我想起商学院的一位教授，他来自印度北部地区，他的课程内容包括对地球有限资源的利用、人类持续发展的必要性，以及"苦役法则"。依照他的说法，所有资本主义体制都有着等级森严的制度：处于最顶端的一部分人，控制着下面的人，而数量庞大的工人队伍处于最底层。从相对经济学的角度来说，这些人都是奴隶。最后，我终于明白了，我们提倡和推广这一套体系，是因为坚信是上帝让我们中的一小部分人站在资本主义金字塔上最顶端的位置，并向全世界推广公司王国的体制。

当然，我们并非始作俑者。从古代北非、中东和亚洲古老帝国的君主，到波斯、希腊、罗马的国王，再到基督教的十字军，以及哥伦布发现新大陆后欧洲所有帝国的缔造者，这股强大的帝国主义的力量已经而且将继续成为多数战争、污染、饥荒、种族灭绝的源头，同时也导致了他们自己国家人民的道德沦丧，社会动荡——历史上最富有的几个国家都有着高自杀率，泛滥的毒品以及经常发生的暴力冲突。

我一遍又一遍地思考这些问题，不愿意想起自己在其中所扮演的角色。我努力尝试忘掉自己是一个经济杀手的事实，希望自己只是一名首席经济师。这听起来合情合理,如果有人想要查实我的身份,可以瞧瞧我的工资单:全部是美因公司这个私营企业开出来的。我从来没有从国家安全局,或者其他任何政府机构得到一分钱的报酬。我几乎要被自己说服了。

一天下午,布鲁诺把我叫到他的办公室。他向我走过来,站在我的椅子背后,拍了拍我的肩膀。"你做得非常好,"他说,"为了表示我们对你的赏识,你将得到一个一生难求的机会。没有几个人得到过这样的机会,即使是比你年长一倍的人也一样。"

第9章 巴拿马的现代英雄

1972年4月的一个晚上,我来到了巴拿马的托库门(Tocumen)国际机场,那时候正值热带洪水期。就像以前那样,我与其他几名管理人员同坐一辆出租车,前往目的地。我懂西班牙语,被安排在司机旁边的座位上。当时正下着大雨,透过车窗的挡风玻璃,我看到前方有一个布告板,上面是一个英武的男人,他有着浓密的眉毛和炯炯有神的眼睛,戴着宽檐帽,帽的一边灵巧地向上翻起来。我认出了他就是当代巴拿马的英雄——奥马尔·托里霍斯。

到巴拿马之前,我像往常一样做足了准备。我到波士顿公共图书馆阅览室翻阅了托里霍斯和巴拿马的相关资料。从资料中得知,托里霍斯很受巴拿马人民爱戴。他始终认为巴拿马运河是属于巴拿马人民的。他坚信,在他的领导下,巴拿马可以避免重蹈当年的覆辙,不再让那段使巴拿马人民感到耻辱的历史重演。

当曾经指挥修筑苏伊士运河(Suez Canal)的法国工程师费迪南·德·雷赛(Ferdinand de Lesseps)决定修建一条贯通中美洲地峡、连接大西洋和太平洋的运河之时,巴拿马还是南美洲国家哥伦比亚的一部分。从1881年开始,法国开始筹建运河工程,投入了大量物力和

第二部分
黑色风暴（1971—1975年）

财力。但在1889年，这项工程因为遭遇了严重的财政危机而中止了。不过这引起了西奥多·罗斯福对运河工程的关注。20世纪最初几年，美国要求哥伦比亚签订条约将地峡部分划归北美联盟，但哥伦比亚拒绝了这个要求。

1903年，罗斯福总统派出了美国战舰"纳什维尔号"（Nashville）。美国士兵登陆后，逮捕并杀害了当地深受欢迎的军事领袖，宣布巴拿马成为一个独立国家，建立了一个傀儡政府，并与巴拿马傀儡政府第一次签订了《巴拿马运河条约》（The Panama Canal Treaty）。该条约规定，在即将建成的运河两边设立美国区。这使美国在该地区的军事干预合法化，让华盛顿可以真正控制这个新成立的"独立国家"。

不过令人啼笑皆非的是，该条约竟然是由当时的美国国务卿海·约翰·米尔顿（Hay John Milton）[①] 与曾经是运河项目组成员之一的法国工程师菲利普·布诺-瓦雷拉（Philippe Bunau-Varilla）签订的，整个过程中没有任何一个巴拿马人参与。最后，借助一个美国人与法国人签订的条约，巴拿马从哥伦比亚脱离出来，单独为美国的利益服务。现在回过头来看，其实这一切的发生早有预兆。

半个世纪以来，巴拿马都是由一个与美国政府关系密切的富裕家族统治。这群右翼独裁者实施所有决策的前提都是保证美国的利益。和大多数与美国结盟的拉美国家的领导人一样，巴拿马统治者将美国的利益阐释为——扑灭任何带社会主义色彩的人民运动。他们支持美国中央情报局和国家安全局在北半球的所有反共活动，也向洛克菲勒家族的标准石油公司（Standard Oil）和联合果品公司（United Fruit Company，被乔治·H.W.布什收购）那样显赫的美国企业提供帮助。实际上，只有巴拿马那些生活极端贫困，以及在种植园和工厂里像奴

[①] 海·约翰·米尔顿（Hay John Milton，1838—1905年）：曾任美驻英国大使（1897—1898年）和美国国务卿（1898—1905年）。他也是一位作家，其作品包括诗集和一部亚伯拉罕·林肯的传记（1890年）。——译者注

隶一样的人的生活得到改善，美国的利益才能真正得到保证，而巴拿马统治者从来就没有考虑过这些问题。

统治巴拿马的那些人因为给美国提供帮助而获得了很好的回报。在巴拿马宣布独立至 1968 年，美国军队代表傀儡政府进行了多次军事干预。不过，当我还在厄瓜多尔美国和平队当志愿者的时候，巴拿马的历史就改写了，一次政变推翻了该国最后一名独裁者阿鲁福·阿里亚斯（Arnulfo Arias）的统治，奥马尔·托里霍斯成为该国新的领导人，尽管他并没有直接参与政变。

托里霍斯备受巴拿马中下阶层的推崇。他在圣地亚哥的乡村长大。20 世纪 60 年代，他在巴拿马的主要军事组织国民警卫队中上升很快，而当时该组织在贫苦大众中的支持者日益增多。托里霍斯十分关心无依无靠的穷人。他亲自走访棚户区，走进政客们不屑一顾的贫民窟，帮助失业的人重返工作岗位，甚至拿自己那一份微薄的薪水救助备受疾病和苦难折磨的人，这为他赢得了很高的声望。

他热爱生活，关心民众，甚至是其他国家的人。托里霍斯承诺巴拿马会保护那些流亡者和政治难民，如智利反对皮诺切特（Pinochet）的人和古巴反对卡斯特罗（Castro）的游击队员都到巴拿马寻求庇护。许多人视托里霍斯为他们的保护神，他的这些举措使他赢得了南半球人民的普遍赞赏。而且，在拉丁美洲许多国家因为不同派别之间的摩擦而分裂，如洪都拉斯、危地马拉、萨尔瓦多、尼加拉瓜、古巴、哥伦比亚、秘鲁、阿根廷、智利和巴拉圭等国家，而托里霍斯善于处理这些问题，这让他作为国家领导人，在南半球的声望极高。在他的领导下，巴拿马这个人口仅 200 万的小国成为整个拉丁美洲国家社会改革的典范，给世界各地的领导人（甚至包括策划苏联解体的工人活动组织者和利比亚的伊斯兰武装分子）以极大的鼓舞。

来到巴拿马的第一个晚上，当出租车在红灯前停下的时候，我被对面巨幅布告板上这个微笑着的男人所震撼，他英俊、勇敢，极富魅力。泡在波士顿公共图书馆的那段时间里，我从各种书上得知，就是他始终坚守着自己的信念，帮助巴拿马这个国家第一次摆脱了作为美国或者其他任何国家傀儡的身份。而且，托里霍斯经受住了苏联对他的诱惑。他深信社会变革的威力，也赞成向出身贫穷的人伸出援助之手，可他并不像卡斯特罗那样提倡共产主义制度。他决心要从美国人手中夺回主权，为巴拿马人民赢得自由，但是，他并不想通过与美国的敌人结盟的方式来做到。

我在波士顿公共图书馆的书架上找到一些不起眼的杂志，里面有文章赞扬托里霍斯改写了巴拿马历史，扭转了这个国家长期受美国支配的局面。作者一开始就引用了"天定命运论"（Manifest Destiny），一种在19世纪40年代的美国非常盛行的学说。这种学说认为，北美洲向外征伐是上天注定的，是上帝，而不是人类，下令消灭印第安人、森林和水牛，下令让沼泽枯竭，让河流变成沟壑，是上帝决定了经济的发展必须靠不断掠夺劳动力和自然资源的途径来实现。

这篇文章不禁让我思考美国对整个世界的态度。最早出现于詹姆斯·门罗总统1823年阐明的宣言中的"门罗主义"（The Monroe Doctrine），在19世纪五六十年代发展到极致，它宣称美国拥有对整个西半球的特权，包括侵略任何一个将美国政策拒之门外的中美洲和南美洲国家。西奥多·罗斯福引用"门罗主义"来证明美国干预多米尼加共和国、委内瑞拉，以及唆使巴拿马脱离哥伦比亚取得独立都是天经地义的。

此后的几位美国总统，包括最著名的塔夫脱（Taft）、威尔逊（Wilson）和富兰克林·罗斯福（Franklin Roosevelt），都借用"门罗主义"，为美国在全球的扩张活动找到了一个冠冕堂皇的借口，直到二战末期。最后，在20世纪下半叶，美国为"门罗主义"在全球各国的扩张（包括越南和印度尼西亚）找到了一个更加堂而皇之的借口——所谓的"共产主义威胁论"。

看来，现在终于有人敢阻挡华盛顿的扩张之路了。虽然他并不是第一个——卡斯特罗和阿兰德（Allende）也曾站出来反对美国，但只有托里霍斯没有将自己的运动称为革命。他只是说，巴拿马人有着自己的权利——人民的主权、领土的主权，以及其对横亘于国土上的运河的所有权，这些权利与任何美国人可以享受的权利一样合法，一样神圣。

托里霍斯也反对美洲学校（School of the Americas）①，反对美国南方司令部(US Southern Command)在运河区域的军事训练营地的存在。多年来，美国武装部队邀请拉丁美洲的总统和领导人，让他们将自己的儿子或军事领袖送到训练营——北美之外最大也是装备最精良的部队。在那里，他们为了与共产主义作斗争，以保护自己和美国石油公司等私人企业的财产，学习审讯技巧、秘密军事行动技术和军事战略。他们也得到与美国高级要员会面的机会。

这一切都为拉美国家人民所憎恨，除了少数从其中获益的权贵阶层。美国军事训练营等机构为右翼敢死队员提供培训，并且让不少拉美国家变成了极权主义国家。

看着广告牌上这位英俊的将军，读着上面的标语"奥马尔（Omar）的理想是自由，能扼杀自由理想的导弹无人能造"，我不禁打了一个冷战。我预感到，巴拿马人民的苦难不会马上结束，而托里霍斯也将面临更加艰难的局面。

热带的暴雨不断拍击着出租车的挡风玻璃，绿灯亮了，司机向我们前面的一辆车按了几声喇叭。我想到了自己的任务，自己被派遣到

---

① 美洲学校（School of the Americas）：2001年更名为西半球安全合作研究所，Western Hemisphere Institute for Security Cooperation。——译者注

巴拿马来是为了达成一项交易，这是美因公司第一次真正意义上的全面发展计划。巴拿马这个国家虽小，对美国却具有重大的战略意义。美因公司让我们制订出详细计划，找一个绝好理由说服世界银行、美洲开发银行（Inter-American Development Bank）和美国国家开发署向巴拿马提供数十亿美元的贷款，用来投资巴拿马的能源、交通和农业部门。当然，这不过是个狡猾的借口，其目的是让巴拿马永远被巨额债务缠身，从而回到其以前的傀儡身份。

　　出租车继续在夜色中行驶，我心中不禁产生一种罪恶感。但是，我已经在爪哇做过同样的事情了，并因此升职加薪，获得了名声，拥有更多权力。我还在乎些什么呢？

第10章 运河区的海盗

第二天,巴拿马政府派了一个人来带我四处参观,他的名字叫菲德尔(Fidel),很快我就对他有了好感。他长得高高瘦瘦的,对出生在这个国家感到非常自豪。他的曾曾祖父曾经与玻利瓦尔① 将军一起作战,使委内瑞拉从西班牙殖民者手中夺回了主权。我告诉他,我和汤姆·潘恩有点儿关系。我很高兴菲德尔看过《常识》(Common Sense)的西班牙文版本。他会讲英语,可当他发现我也操着一口熟练的西班牙语时,他立刻情绪激动起来。

"许多美国人在这住了很多年都不愿意学西班牙语。"他说。

菲德尔开车带着我到了一个非常繁华的地方,他把这里叫做"新巴拿马"。一路上,我们看到许多由玻璃和钢铁建造起来的现代化摩天大楼,他解释说,在里约格兰德河(Rio Grande)② 以南的国家,就数巴拿马的国际银行最多。

"我们经常被叫做'美洲的瑞士',"他说,"因为,我们和瑞

---

① 玻利瓦尔(Bolívar):委内瑞拉民族独立领导者,领导委内瑞拉于1821年6月彻底摆脱西班牙殖民统治。——译者注
② 里约格兰德河(Rio Grande):该河纵贯新墨西哥州,下游在得克萨斯州成为美国与墨西哥的界河。——译者注

第二部分
黑色风暴（1971—1975年）

士的银行一样，很少会询问客户的隐私。"

那天傍晚，我们的车沿着运河堤岸的一条大路行驶。我看见长长的船队停靠在运河边。我问菲德尔，这条运河怎么会有这么多船？

"一向如此，"他笑着说，"这些船在等待出航的机会。这个港口中有一半的船是从日本开过来的，或者准备去日本，甚至比去美国的都多。"

"这对我来说是条新闻。"

"我倒是一点儿也不觉得奇怪，"他说，"北美人对外面的世界知道得确实不多。"

我们在一个美丽的公园旁边停了下来，公园里的残垣断壁上爬满了九重葛[①]，旁边立着的一个标志说明了这里曾是一座堡垒，用于保护这座城市不受蛮横的英国海盗抢掠。有一家人正在草地上准备野餐：父亲、母亲、一对儿女，还有一位老人，我想他应该是孩子们的祖父吧。我突然很羡慕这个和睦的家庭。我们走过他们身旁的时候，他们微笑着向我挥挥手，并用英语向我问好。我问他们是不是游客，他们笑了。那个父亲向我走了过来。

"我是运河区的第三代人，"他很自豪地说，"在运河开通后的第三年，我的爷爷就到这里来了。他当年赶着骡子，开着拖拉机，拖着船只穿过水闸。"他随后指了指那位正专心给孩子们铺野餐用的桌子的老人，接着说道："我的父亲是工程师，而我跟随着他的脚步。"

他的妻子回去帮老人和小孩铺桌子。在远处，太阳已完全没入蔚蓝的海水中。这如田园诗般动人的一幕，让我想起莫奈[②]的油画。我又问他们是不是美国公民。

他满脸不可思议地看着我。"当然了。运河区是美国的领土。"

[①]九重葛（bougainvillea）：一种南美洲木本灌木或藤本植物，花朵有三片花瓣，色彩艳丽。——译者注
[②]莫奈（Monet）：19世纪印象画派的代表人物。——译者注

这时候,那个小男孩跑过来,告诉他爸爸晚餐准备好了。

"你的儿子将会是第四代?"

那个男人在胸口画了个"十"字,将双手举向天空。

"我向主祈祷,我希望我的儿子将来也可以在这个地方居住。在运河区的生活确实妙不可言,"然后他放下双手,盯着菲德尔,"我希望我们可以再享有运河区50年的所有权,可是专横的托里霍斯却不断兴风作浪。"

一股冲动涌上心头,我用西班牙语对他说:"再见,希望你和你的家人在这里过得开心,同时对巴拿马的文化能多些了解。"

他有点儿厌恶地看着我,"我不会讲他们的语言。"然后,他转身向他的家人和准备好的晚餐走去。

菲德尔走过来,将手臂搭在我的肩膀上,紧紧地搂着我。

"谢谢你。"他说。

回到城里,菲德尔把我送到一个他称之为"贫民窟"的地方。

"这还不是我们这里最糟糕的,"他说,"但是你会明白这是怎么一回事。"

木头搭起来的小屋和积满污水的小沟随处可见。这些破烂的房子就像停泊在肮脏的水塘里的废弃破船,腐败的垃圾和废水的恶臭充满了我们的车厢,光着身子的小孩子追着我们的车子跑。菲德尔把车速减慢,这群孩子马上围过来,喊我"叔叔",向我讨钱,这让我想起了雅加达。

墙上到处都是涂鸦。有一些是常见的"心心相印"的图案,里面写着歪歪扭扭的人名,可是大多数的涂鸦都是些对美国表示怨恨的标语:"滚回家去吧,外国佬""别在我们的运河里放屁""山姆大叔,奴隶主!""告诉尼克松,巴拿马不是越南"。在这些横七竖八的涂鸦之间,贴着不少奥马尔·托里霍斯的海报。

第二部分
黑色风暴（1971—1975年）

"现在我们到另外一边去，"菲德尔说，"我有官方的许可文件，而你是美国公民，所以我们可以进去。"头顶上的天空已经变成了绛红色，菲德尔开着车把我送到了运河区。我以为我已经做好了心理准备，可是眼前的一切让我大吃一惊。我真的不敢相信这里竟然有这样富丽的景象——庞大的白色建筑群、精心修剪过的草坪、豪华的房屋、高尔夫球场、百货商店和电影院一应俱全。

"这就是现实。"他说，"这里所有的一切都是美国的财产。所有的商行——超级市场、理发店、美容院、餐馆，所有这一切都在巴拿马的领土上，却不在巴拿马法律的管辖范围之内，而且不需要上缴任何税收。这里有18洞的高尔夫球场、便利的美国邮局、美国法庭和学校。这里实际上就是个'国中之国'。"菲德尔盯着我，继续说，"你看那边，"他向后指着巴拿马城，"那里的人年均收入少于1 000美元，失业率高达30%。当然，我们刚才去的那个地方，没有一个人一年能挣1 000美元，而且很多人都没有工作。"

"究竟怎么回事？"

他转过身，看着我，语气从愤怒变为忧伤。

"我们还能怎样呢？"他摇摇头，"我不知道，可我得说，托里霍斯已经在努力了。"

我想这也是他的伤心事，可是他确确实实是已经尽他所能了。他是一个敢于为他的人民奋力斗争的人。"

我们离开运河区的时候，菲德尔微笑着说："你喜欢跳舞吗？"还没有等我回答，他就说："我们先去吃点东西吧，然后我带你去看看巴拿马的另外一面。"

第11章 士兵与妓女

享受了美味的牛排和冰镇啤酒之后,我们离开了餐馆,开车进了一条黑暗的街道。菲德尔建议我以后千万不要走到这条街。"你要来这里的话,坐个出租车径直到前门。"他指着一边,"就是那里,在围墙上面,那里是运河区。"

他继续开车。在一个停着许多车辆的空地上,菲德尔把车停了下来。一位老人步履蹒跚地向我们走来。菲德尔下车,走上前拍拍老人的背,然后很亲切地摸了一下自己的车的挡泥板。

"好好照料她,她就是我的女人。"他递给老人一张钞票。

我们沿着一条小径走出了停车场,转到一条灯火通明的街道上。两个小男孩从我们身旁跑过,他们手里握着一根棍子,指着对方,像是在玩射击游戏。其中一个小男孩不小心撞到菲德尔的腿,他的头顶只及菲德尔的大腿高。这个小男孩停下来,往后退了几步。

"对不起,先生。"他喘着气,用西班牙语说。

"可是,你得告诉我,为什么你的朋友要向你开枪呢?"

另一个男孩向我们走过来,他伸出手臂搂着撞到菲德尔的那个男孩。"这是我的弟弟,"他解释说,"对不起了。"

第二部分
黑色风暴（1971—1975年）

"没关系，"菲德尔微微地笑了起来，"他没有伤到我，我只是在问你为什么要向他开枪呢。"

兄弟俩互相对望了一下，年纪较大的那个笑了。"他是运河区的外国佬将军，他想强奸我们的妈妈，我要收拾他，把他送到他该去的地方。"

菲德尔偷偷看了我一下，问道："那他该回哪里去？"

"回家，美国。"

"你妈妈在这里工作吗？"

"就在那儿，"弟兄俩蛮自豪地指着街道上的霓虹灯，"她是酒吧侍应。"

"继续玩吧，"菲德尔给他们每人一个硬币，"不过要小心点儿，最好不要在这么黑暗的地方玩。"

"好的，谢谢你，先生。"他们跑了。

我们继续往前，菲德尔对我说，巴拿马法律禁止本国妇女当妓女。"她们能在酒吧当侍应，可是不能出卖肉体。只有外来人才干那种事。"

我们走进一个酒吧，这里播放着震耳欲聋的美国流行音乐，这让我很不适应。两个身材魁梧的美国士兵把守着大门，他们制服上的标志表明他们是宪兵。

菲德尔带我走到里面，我的眼前出现了一个舞台。三个年轻的女孩子在那里跳舞，除了头顶上戴着帽子外，她们几乎全裸。其中一个戴着水手帽，一个带着绿色的贝雷帽，还有一个戴着牛仔帽。她们身姿曼妙，满面笑容，似乎在玩着某个游戏，又像是在进行一场选美比赛。那音乐、那舞姿，还有那舞台，简直就像回到了波士顿的迪斯科舞厅，唯一的区别是她们一丝不挂。

菲德尔领着我经过一群讲英语的年轻人身边。尽管他们穿T恤和蓝色牛仔裤，可是从他们理的平头可以看出，他们是来自运河区军事基地的士兵。菲德尔拍了拍一个女服务生的肩膀。她转过头来,高兴地尖叫一声,张开双臂拥抱菲德尔。那群讲英语的年轻人看着这一幕,不以为然地互相对望。我想他们是不是把"天定命运论"也用在了这个女人身上。那个女服务生将我们带到一个角落,不知道从哪里弄出来一张小桌子和两把椅子。

我们坐了下来,菲德尔用西班牙语向旁边那张桌子的两个男人致以问候。他们不像那些士兵,而是穿着印有图案的短袖衬衣和皱巴巴的长裤。刚才那个女服务生回来了,给我们带来了两杯巴波亚啤酒。她转身离开时,菲德尔拍了拍她的肥臀。她转头抛给他一个飞吻。我向四周看了看,发现那些年轻人不再盯着我们,我的心里顿觉轻松。他们都被那些舞女吸引过去了。

来这里的人多数是讲英语的士兵,也有一些其他人,像我们旁边坐着的那两个男人显然是巴拿马人。头发的颜色是最明显的区分标志,还有就是他们不穿T恤和牛仔裤。这些巴拿马人有的坐在桌子旁边,有的靠墙站着。他们看起来都很警觉,就像是看护羊群的牧羊犬一样。

台上的几个女人走了下来,在桌子之间慢慢穿行。她们时而走过去坐在客人的大腿上,向服务生大喊大叫;时而跳着舞,扭动着身躯,唱着歌,然后又依次走上舞台。她们身着紧绷绷的裙子、T恤、牛仔裤、贴身的上衣,当然还有高跟鞋。其中一个穿着维多利亚式的长袍、戴着面纱,另外一个穿着比基尼。很显然,她们是在出卖自己的肉体,而只有漂亮的人才能在这生存。我对她们来到巴拿马感到惊讶,也不知道究竟是什么驱使她们不顾一切到这里来做这种事情。

"全部都是外国来的?"我大声地问菲德尔,企图盖过那些嘈杂的音乐。

他点点头。"除了……"他指着那些服务员,"她们是巴拿马人。"

"从哪些国家来的?"

第二部分
黑色风暴（1971—1975年）

"洪都拉斯、萨尔瓦多、尼加拉瓜和危地马拉。"

"这些都是你们的邻居啊。"

"不全是，只有哥斯达黎加和哥伦比亚是我们最亲近的邻居。"

刚才带我们来这里的那个女服务生走过来，坐在菲德尔的腿上。他用手轻轻抚摸着她的背。

"克拉丽莎（Clarissa），"他说，"告诉我这位北美洲来的朋友，为什么这些女孩子要背井离乡来到这里。"他朝着舞台那边指了指。这时又有三个女孩子登场，从别人手里接过帽子，刚才那些女孩子已经下台，穿上衣服。音乐切换成萨尔萨舞曲①，新舞者登场，踏着音乐节拍，慢慢脱下身上的衣服。

克拉丽莎伸出右手，"很高兴见到你，"她说。然后她站起来，拿起我们的空酒瓶子，"菲德尔这个问题的答案是，这些女孩子是为了逃避专横和暴行而来到这里。我再给你们来几瓶巴波亚吧。"

她走之后，我对菲德尔说："别开玩笑了，她们是为了钱吧。"

"没错。可是为什么这么多人是来自被'独裁者'统治的国家呢？"

我又朝舞台那边看过去。那三个女孩子哈哈地笑着，把她们的水手帽子像球一样抛来抛去。我看着菲德尔的眼睛，"你一定是在开玩笑吧？"

"不，"他很认真地说，"我也希望我是在开玩笑。这些女孩子大多数已经失去了家人——父亲、兄弟、丈夫，或者男朋友。她们不得不面对死亡，不得不忍受生活的折磨。在她们这群人中，很多都是单身妈妈。跳舞和卖淫似乎是唯一选择。她们在这儿可以赚很多钱，然后到别处去开始新的生活，买一个小商店，或者开个咖啡馆……"

突然，附近的一阵骚乱打断了他的话。我看到一个女服务生朝着那群士兵中的一个挥舞着拳头。那个士兵捉着她的手腕用力地扭，她

---

① 萨尔萨舞曲（Salsa）：拉丁美洲一种流行舞曲。——译者注

尖叫着跪了下来。那个士兵大笑，向他的同伴喊叫，他们都笑了。她挥起另外一只手想打他，他却扭得更带劲了。那个女服务生的脸因痛苦而变得扭曲。

宪兵们仍然站在酒吧门边，漠然地看着这一切。菲德尔跳起来，朝那个士兵走过去。我们旁边那一桌的一个人伸手挡住了他。"冷静，兄弟，"他说，"冷静，兄弟。安立奎能摆平。"

一个高高瘦瘦的巴拿马人从舞台旁边的角落里跑了出来，他的行动像猫一样敏捷，很快就到了那个士兵旁边。他一手绕着那个士兵的脖子，另一只手往他脸上泼了一杯水。那个女服务生趁机逃掉了。那几个本来挨着墙坐的巴拿马人走了出来，在那个高个子身边围成一堵半圆形的保护墙。高个子拎着那个士兵往吧台方向走去，嘴里还说着什么，我听不清。忽然，他提高了音量，用英语一字一顿地说："女服务员不是你们可以碰的。还有，在没有付钱之前，你们也别想碰其他女孩子。"

那两个宪兵终于开始行动了。他们走向围成一圈的巴拿马人。

"现在就把他交给我们吧，安立奎。"他们说。

高个子将手中拎着的士兵扔到地上，然后用力地抓住他的脖子，把他的头拧过来。那士兵疼得大叫。

"现在你明白了我的意思吧？"士兵发出了一声微弱无力的呻吟。"好，"他把士兵交给那两名宪兵，"把他弄出去。"

第12章　与将军对话

接到托里霍斯的邀请完全在我意料之外。1972年的一天早上，我正坐在巴拿马水电资源研究所给我分配的办公室里认真看着一份数据。这时候有人轻轻敲门，我很高兴地请他进来——终于可以暂时离开那堆数字了。他说自己是托里霍斯将军的司机，专门过来请我到将军的别墅去。

一小时后，我与奥马尔·托里霍斯将军面对面坐在他的别墅里。他穿得很随意，典型的巴拿马风格：卡其色的宽松长裤和一件浅蓝色、上面印着绿色图案的短袖衬衣，前面的纽扣系得很整齐。他个子很高，身材结实，长得很英俊，一缕黑发垂在他突出的额头上。对于一个像他那样肩负重任的人来说，他的表情轻松得让人诧异。

他向我了解了一下印度尼西亚、危地马拉和伊朗的情况，看起来对这三个国家很感兴趣，尤其是对伊朗国王穆罕默德·礼萨·巴列维特别好奇。1941年，英国人和苏联人指控巴列维的父亲与希特勒勾结，推翻了他的统治。之后，巴列维登上了国王宝座。

"你能想象吗？"托里霍斯说，"他居然去推翻自己父亲的统治。"

这位巴拿马的国家领袖对伊朗这个遥远国度的历史了如指掌。我们讨论了1951年伊朗国王巴列维遭遇的复杂局势，讨论了他是怎样被自己的总理——穆罕默德·摩萨台逼上流亡海外的道路。托里霍斯知道，全世界多数人也知道，是美国的中央情报局给摩萨台扣上了"共产主义者"的帽子，帮助伊朗国王重新夺回了统治权。可是也有他不知道的事情（至少他没有提及）。那是克罗汀对我说起的克米特·罗斯福的高明手段，以及帝国主义新纪元开始的事实。克米特·罗斯福的行动点燃了美国要成为全球帝国的大火。

"伊朗国王巴列维重新夺取王位之后，"托里霍斯继续说，"推行了一系列改革计划，旨在发展伊朗的工业，实现现代化。"

我问他为什么对伊朗历史如此了解。

他说："其实，我并不欣赏伊朗国王，他宁可推翻自己的父亲，甘心去做美国中情局的傀儡。但是看起来他为他的国家作出了贡献。也许我可以向他学习点什么，如果他能活下来的话。"

"你觉得他活不下去吗？"

"他的敌人太强大。"

"不是有全球最出色的保镖保护着他吗？"

托里霍斯有点不屑地看着我说："那群保镖保护不了他，他的秘密警察机构萨瓦克①太过残暴。在伊朗，他没有几个拥护者，支撑不了多久的。"他停下来，眼珠迅速转动了一下。"保镖，我自己也有几个。"他朝着门口那边指了指，"可是如果你们美国人下定决心要干掉我，你觉得保镖能保护我吗？"

我问他，是否真的有这个可能。

他扬了扬眉毛，这让我觉得我刚才的问题是不是问得太愚蠢了。

"相对于阿尔本兹和联合果品公司来说，运河的作用更大。"

---

① 萨瓦克（SAVAK）：全称为情报与国家安全组织，是伊朗王国穆罕默德·礼萨·巴列维的秘密警察机构，是在美国中央情报局的协助下于1957年建立，1979年伊朗伊斯兰革命推翻巴列维王朝后停止活动。——译者注

第二部分
黑色风暴（1971—1975年）

我明白托里霍斯的言下之意。我曾经研究过危地马拉的历史，联合果品公司对于危地马拉的政治意义就好比运河之于巴拿马。联合果品公司成立于1800年，很快成为中美洲实力最强大的集团。20世纪50年代初，改革运动候选人雅克布·阿尔本兹在一次被称为"南美洲民主进程典范"的选举中，当选为危地马拉总统。当时，危地马拉不到3%的人口占据了该国超过70%的土地。阿尔本兹许下诺言，要为贫困农民"掘"出一条脱离饥饿的道路。在当选之后，他进行了全面的土地改革。

"拉丁美洲的穷人和中产阶级都拍手称赞阿尔本兹的改革，"托里霍斯说，"他是我心目中的英雄。可是我们得屏息以待，因为我们知道联合果品公司反对土地改革，而他们是危地马拉最大也最苛刻的地主，在哥伦比亚、哥斯达黎加、古巴、牙买加、尼加拉瓜、圣多明各和巴拿马都拥有种植园。联合果品公司可不愿意让阿尔本兹成为我们的榜样。"

剩下的事情我都知道：联合果品公司在美国本土发起了一场大型公关运动，目的是让美国公众和国会相信阿尔本兹是苏联实施其阴谋计划的一枚棋子，相信危地马拉是苏联的卫星国之一。1954年，中央情报局策划了一场政变，美国战斗机轰炸危地马拉城，由民主选举产生的阿尔本兹政府被推翻，冷酷无情的右翼独裁者卡洛斯·卡斯蒂略·阿马斯（Colonel Carlos Castillo Armas）上校上台。

新政府的成立得益于联合果品公司的鼎力支持。新政府撤销了土地改革方案，废除了对外国投资者征收所得税及利息税的法律，取消了无记名投票，并关押了数千名反对者。凡是公然反对卡斯蒂略的人都遭到起诉。历史学家认为：美国联合果品公司、中情局和独裁者卡斯蒂略的军队给危地马拉带来了半个世纪的暴力冲突和恐怖主义。

"阿尔本兹被暗杀了，"托里霍斯说，"是政治谋杀和人格诋毁。"

他停了一下，皱起眉头。"美国的民众怎么可以轻信中情局？我不会放松警惕的，我的人民就是我的军队，政治谋杀在我这里行不通。"

我们沉默片刻，陷入了各自的思考之中。托里霍斯先开口了："光是中央情报局就恨不得干掉我！"

"你知道谁是联合果品公司的幕后操纵者吗？"他发问了。

"萨帕塔石油公司（Zapata Oil）①，乔治·布什②（我们的联合国大使）的公司。"

"他是个有野心的人。"他的身体向我倾斜了一点，压低嗓门，"现在我的对手是他在柏克德公司（Bechtel）③的老友。"

我大吃一惊。柏克德公司是全球最具实力的工程公司，在某些时候也曾是美因公司的合作者。在争夺巴拿马的工程项目中，柏克德公司将是我们的最大竞争对手。

"你的意思是……"

"我们正在考虑开凿一条新运河。这条运河的水面将与海平面平齐，河道里没有水闸，以便让更大的船只通过。日本也许有意投资这条运河。"托里霍斯说。

我插了一句："他们是运河的最大客户。"

"非常正确。当然了，如果他们愿意投资，就由他们负责建造新运河。"

我备受打击："那么柏克德公司就被撂在一边了。"

"这将是巴拿马近代史上最伟大的工程。"他停顿一下，"柏克德公司与尼克松、福特，还有布什的亲信是一伙的。"布什当时是美国驻联合国大使，福特则是参议院的少数派领袖、美国共和党国民大

---

①萨帕塔石油公司：美国石油勘探公司，1953年由乔治·H.W.布什及其合伙人约翰·奥华·比（John Overbery）、休戈·烈德克、科比利·烈德科共同创立。——译者注
②这里指老布什。——译者注
③柏克德公司：是一家综合性的工程公司，创建于1898年，总部位于旧金山。——译者注

第二部分
黑色风暴（1971—1975年）

会主席。托里霍斯对他们都很熟悉，并把他们称为共和党的政治掮客。

"我知道，柏克德家族在幕后操纵着共和党。"

这番话让我浑身不舒服。我是他所鄙夷的制度中的一员，我很肯定他知道我此行的任务就是说服他接受巨额的国际贷款，然后让美国工程和建筑公司得到项目的合同。因此，我决定迎面挑战他。

"将军，"我说，"您为什么请我到这里来？"

他看了看手表，笑着说："是该回到主题了。我请你来是因为巴拿马需要你的帮助，我也需要你的帮助。"

我十分震惊："我的帮助？我可以帮你什么？"

"让我们回到运河这个问题上，当然这只是问题的一部分。"他放松地靠在椅子上，"我们必须成为一个典范。我们必须表达对穷苦人民的关注，毫无疑问，我们获得独立并不是依赖其他任何国家。我们必须向全世界证明，巴拿马是一个讲道理的国家。我们并非要与美国作对，而只是想为穷苦大众争取权利。"

他跷起二郎腿，"为了达到这个目标，我们必须建立起与南美洲其他国家不同的经济基础。电力不错，可必须是能让老百姓都用得起的电。交通与通信也一样，尤其是农业。想要做到这些都需要钱，你们的钱，世界银行和美洲开发银行的钱。"

他再次向我探过身来，盯着我的眼睛，"我清楚你的公司通常建议我们接受大规模的工程，如更宽阔的高速公路、更大规模的发电站、更深的港湾。可是这次是不同的，告诉我什么是我们巴拿马最需要的，然后我会把所有你想要的工程交给你们。"

他的提议让我措手不及，我感到既惊讶又兴奋。这推翻了我之前的认识。他显然很清楚外国援助不过是个借口，但他也不得不承认这一点。这个借口的存在虽然会让他的国家套上债务的枷锁，但可以让他变得富有无比。这个借口可以让拉美国家永远对美国和公司王国充满感激，同时债务累累。这个借口会让拉美国家永远无法逃脱"天定命运论"的束缚，永远臣服于华盛顿和华尔街。我很肯定托里霍斯清楚，这个制度存在的前提是：所有掌权的人面对贿赂和诱惑都难以自制。如果他不为一己私利而拒绝接受贿赂，华盛顿将把他看做是一种威胁，担心其在南美洲引发的多米诺骨牌效应会摧毁美国一直推行的这个体系。

我看着咖啡桌对面的这个男人，很显然他明白这条运河的意义——运河可以让他享受特权，同时也让他处于一种非常不稳定的状态。他必须时刻谨慎。他已经成功地为自己塑造了一个良好的形象，成为这个不发达国家的英雄。如果他像他的偶像阿尔本兹一样，决定坚守自己的立场，会使得全世界都会去效仿他。公司王国将作何反应？说得更具体些，美国政府将如何应对？很简单，让拉丁美洲又多一个"英年早逝"的英雄。

我知道，我眼前的托里霍斯是一位勇士，对于我的那些说法，他敢于反驳。他不是一个完美无瑕的人，但也绝非像亨利·摩根（Henry Morgan）[①]那样的海盗。摩根与德里克是恃强凌弱的冒险家，仗着英国国王特许的捕拿国外船只许可证（letters of marque），为他们的海盗抢掠行为披上合法的外衣。雨夜中见到的那块公告板上写着的那一行字，并非那种典型的政治欺诈。"奥马尔的理想是自由，能扼杀理想的导弹无人能造！"

可我心里还是充满疑惑。理想也许永远不会泯灭，可拥有理想的人的结局会是怎样呢？如果托里霍斯被刺杀而成为烈士，我将会有怎样的反应？

我离开的时候，我们双方都已经明白，美因公司可以拿到大项目的合同，而我的任务就是满足托里霍斯的要求。

[①] 亨利·摩根（Henry Morgan）：17世纪英国的恶名昭彰的海盗。——译者注

第13章　内忧外患催生新霸权主义

作为美因公司的首席经济师,我不但要管理一个部门,还要熟谙当前世界经济发展趋势和相关理论。在我看来,20世纪70年代初期是国际经济的重大转型时期。

20世纪60年代,几个国家成立了石油输出国家组织欧佩克(OPEC),这是世界主要产油国结成的联合体。该组织成立的主要目的就是与国际大型炼油企业抗衡。伊朗也是欧佩克的主要成员之一。摩萨台掌权的时候,由于美国的秘密干涉,伊朗国王巴列维才得以夺回宝座。尽管如此(又或者正因如此),伊朗国王担心自己随时可能遭受摩萨台那样的命运。其他一些拥有丰富石油资源的国家领袖也和伊朗国王一样,对自己的宝座忧心忡忡。他们了解到,大型的国际石油公司,就是所谓的"七姐妹"① 已经联合起来,一起压低原油价格。这样一来,他们付给石油输出国的钱就会减少,这就是石油加工企业获得暴利的手段。

---

① 七姐妹:指西方七大石油公司,即美国的埃克森石油公司(Exxon)、雪佛龙石油公司(Chevron)、英比尔(美孚)石油公司(Mobil)、海湾石油公司(Gulf)、德士古石油公司(Texaco)和英国的英荷壳牌石油集团(Royal / Dutch shell)、英国石油公司(British Petroleum)。——译者注

20世纪70年代，冲突进一步加剧，事情开始闹得沸沸扬扬。欧佩克让那些工业巨头差点儿就要下跪乞怜了。1973年，欧佩克国家达成共识，实行了石油禁运。美国的加油站前排起了长龙。石油禁运使美国的经济遭受重创，其程度不亚于20世纪二三十年代的经济大萧条。对美国等发达国家来说，这是一次非常沉重的打击。当时很少人会预料到石油禁运给发达国家的经济带来如此严重的后果。

而美国此时还深陷在一场让美国人自己都感到耻辱的越南战争中，全国上下充满了恐惧和焦虑。欧佩克的石油禁运无疑是雪上加霜。恰巧在这个时候，美国总统尼克松因丑闻即将辞职，美国政局出现了前所未有的危机。在那段时间，曾经被人认为是毫不起眼的国家，包括欧佩克成员国在内，逐渐在这场对抗中占据上风。

我被整个世界的风云变幻深深吸引住了。虽然公司王国令我的钱包日益鼓胀，可是我私底下对他们陷入这种困境却有点儿幸灾乐祸。我觉得这样可以稍微减轻一下我的罪恶感。

在石油禁运开始的时候，没有人会想到它给世界经济带来如此沉重的打击。事后，我们才发觉，在石油危机发生之后，美国的经济增长率不到20世纪五六十年代繁盛时期的一半，而此时经济增长又面临着巨大的通货膨胀压力。当时的经济增长结构，并不能像以前那样为社会创造就业机会，因而失业率奇高。最惨痛的是，国际金融机构遭受重大打击，二战以来一直沿用的固定汇率体系彻底崩溃。

那段时间，我经常与朋友在午餐或下班后去酒吧一起讨论这些事。这些人有的是我的部下，其中不乏出类拔萃的人才。他们多数都很年轻，在很大程度上都是自由思想家，至少以常规标准来看是那样的。另外一些人是波士顿智囊团的管理人员和当地大学的教授。我们有时候单独会面，有时候许多人聚在一起，总之气氛都很活跃。

现在回想起这些讨论，我为自己当初在他们面前所表现出的自以

第二部分
黑色风暴（1971—1975年）

为是而感到尴尬。我的朋友们不时炫耀他们与比肯山（Beacon Hill）[①]或者是华盛顿的关系，还有他们的教授身份、博士学位，而我则炫耀自己在大型咨询公司的首席经济师职位，炫耀我坐头等舱环球旅行的经历。当然，我不能和他们讨论与托里霍斯等人的私下会面，也不能泄露我们操纵其他国家的那些手段。

当我们谈及那些"小人物"的权力时，我不得不尽力克制我自己。我知道他们中没有任何一个人会了解公司王国、其手下的经济杀手，以及躲在背后的随时会出动的"豺狼"，绝对不会容许这些"小人物"们当道。

我们的话题经常聚焦在20世纪30年代与70年代经济发展的问题。30年代是国际经济发展及其理论的研究、分析和理解的分水岭。在那10年里，经济形势为凯恩斯经济学理论的流行敞开了大门，政府加强了在市场中的宏观调控力度。凯恩斯经济学认为，政府应该在提供医疗服务、失业救济和其他形式的福利上扮演重要角色。我们完全抛弃了最初的那种老观念，即经济的发展应当完全靠市场的自我调节，国家干预必须最小化。

经济大萧条的结果是新的经济政策、政府金融管制政策和财政政策全面出台。另外，经济萧条和二战导致了如世界银行、国际货币基金组织和关贸总协定（GATT）的出现。20世纪60年代，是新古典主义经济学向凯恩斯经济学过渡的关键时期。这10年中，肯尼迪和约翰逊先后担任总统，对经济最具影响力的人物莫过于罗伯特·麦克纳马拉。

麦克纳马拉是我们在聚会上经常讨论的对象。我们都知道他当时的事业正青云直上，1949年，他还是福特汽车公司的策划经理和财政分析师，到1960年，他已成为福特公司第一位非福特家族成员的总裁。肯尼迪上任后不久就任命麦克纳马拉为国防部长。

[①] 比肯山（Beacon Hill）是波士顿的一个住宅区，美国许多名人曾在那居住。——译者注

麦克纳马拉在任时大力推行凯恩斯经济学，利用数学模型和统计法估测军队规模、资金调配，以及制定用于越南战争的战略。他推崇的"攻击型领导艺术"后来广受美国政府官员和企业高层人员的推崇。这种领导艺术成书后成为美国高等学府商学院的一门重要的管理类课程，并且最终造就了全球帝国的先锋部队——大型企业的 CEO。

20 世纪 70 年代初，我们讨论世界大事时，谈得最多的是麦克纳马拉出任世界银行行长。这是他离开国防部后接受的新职务。我的大部分朋友都认为，麦克纳马拉就是当时人们口中"军工复合体"（Military industrial complex）的代表。他曾经在大型企业担任最高职位，在政府部门占据要职，现在领导着全球最权威的银行。这样一个公然违背了政权分离原则的例子让我的朋友感到恐惧，而我一点都不感到惊讶。

我认为，罗伯特·麦克纳马拉对历史最大的影响是操纵世界银行，以一个前所未有的规模，推动全球帝国向外扩张。他开创了一个危险的先例，并以其非凡的能力，解决了公司王国各个主要组成部分的分歧。而他的接任者，大多在此基础对公司王国中的制度继续进行细微调整。

比如，乔治·舒尔茨（George Shultz），尼克松政府的财政部长和经济政策委员会（Council on Economic Policy）的主席，后来担任了柏克德公司总裁，在里根总统当政期间他又成了美国国务卿；卡斯帕尔·温伯格（Caspar Weinberger）曾任柏克德公司副总裁和总顾问，后成为里根政府的国防部长；理查德·赫姆斯（Richard Helms）是约翰逊政府的中央情报局局长，后来摇身一变成为尼克松政府驻伊朗大使；理查德·切尼（Richard Cheney），曾经是乔治·H.W. 布什政府的国防部长，当过哈里伯顿公司的总裁，接着又成为乔治·H.W. 布什政府的副总统；就连美国前总统乔治·H.W. 布什，也是从萨帕塔石油公司的创始人做起，后来在尼克松政府和福特政府时期出任美国驻联合国大使，接着担任福特政府的中央情报局局长，最后当选美国总统。

第二部分
黑色风暴（1971—1975年）

　　回想起来，我不禁感叹当年我们也曾经那么的纯洁。在许多方面，我们用最原始的方法来创建我们的帝国。克米特·罗斯福推翻伊朗民主政权、扶植一位流亡国王上台的做法给我们指明了一条更好的道路。我们这些经济杀手在印度尼西亚和厄瓜多尔等地以这种方式达成了不少目标。越南是一个例外，证明了我们很容易走上那些建立帝国的老路。

　　这一次，看来还得依靠欧佩克的主要成员国沙特阿拉伯来改变这个局面了。

第14章 沙特阿拉伯洗钱风波

1974年,一名来自沙特阿拉伯的外交官给我看了其首都利雅得的照片。在这些照片里,可以看到在政府大楼外面的垃圾堆里,一群羊正在乱翻垃圾寻找食物。当我问外交官为什么会这样时,他的回答让我大吃一惊。他告诉我说,羊群担负着这座城市的垃圾处理工作。

"沙特阿拉伯人的自尊心都很强,没有人愿意去收垃圾。"他说,"这种工作是留给畜生来做的。"

羊在全球最大的石油王国竟被用来处理垃圾,这真是不可思议。

那时候,我正好随一队顾问开始研究如何应对和解决石油危机。这些羊给了我灵感,我知道问题该如何解决了,尤其在了解沙特阿拉伯过去300年的发展模式之后。

18世纪,沙特阿拉伯国王穆罕默德·伊本,这个当地的军阀加入了极端保守的瓦哈比教派的原教旨主义者军队。这是一种强强联合。在接下来的200多年里,沙特阿拉伯王室和他们的瓦哈比联盟征服了几乎整个阿拉伯半岛,包括伊斯兰圣地麦加和麦地那。

沙特阿拉伯的整个社会形态反映了其创始人清教徒式的理想,他们对《古兰经》的信条进行了严格解释。沙特阿拉伯人每天祈祷5次;

第二部分
黑色风暴（1971—1975年）

妇女必须从头到脚严严实实地遮盖着自己；对罪犯的惩罚非常严厉；公开执行处决和石刑① 非常普遍。我第一次到利雅得时，司机的话让我很惊讶，他说我可以随意地将我的照相机、手提包和钱包放在车里显眼的地方，然后把车停靠在市场附近而无需上锁。

他说："这里没有任何人会萌生偷窃的念头，因为小偷的双手会被砍掉的。"

那天晚些时候，他问我要不要到所谓的"砍头广场"（Chop Chop Square）观看罪犯斩首。瓦哈比教徒那种极端清教徒主义式的忠诚，使街道上几乎没有窃贼。但另一方面，如果有人犯了罪，将对其施行最残忍的肉体处罚。我并不希望见到那种残忍的场面，因此谢绝了他的邀请。

那场让西方国家遭受巨大经济重创的石油禁运之所以发生，主要是因为沙特阿拉伯将宗教作为政治和经济最重要的组成部分。1973年10月6日（犹太人赎罪日，是犹太教最神圣的节日），埃及和叙利亚同时向以色列发起进攻。这揭开了"十月战争"的序幕。"十月战争"是第四次阿拉伯国家与以色列的战争，它是最具破坏力，也是对世界影响最深远的一次。埃及总统萨达特（Sadat）向沙特阿拉伯费萨尔（Faisal）亲王施加压力，要求费萨尔亲王对与以色列同谋的美国进行报复。费萨尔亲王将针对美国的阴谋称为"石油武器"。10月16日，伊朗和其他五个阿拉伯海湾国家，包括沙特阿拉伯在内，宣布将原油标价提高70%。

阿拉伯国家石油部长在科威特城开会商议进一步的方案。伊拉克的与会代表呼声最高，他瞄准美国这个靶子，要求其他与会国家将美国在阿拉伯世界的所有企业国有化，对所有与美国和以色列交好的国

---

① 石刑：在某些伊斯兰国家的沙里亚法规下，石刑仍然存在。人们向受刑者反复投石直至受刑者死亡。这些国家包括阿富汗、伊朗、苏丹、阿拉伯联合酋长国、沙特阿拉伯和尼日利亚。——译者注

家实行石油禁运，从所有美国银行撤走阿拉伯国家的资金。他指出，阿拉伯国家的银行账户是关键所在，此举将让美国经受不亚于1929年经济大萧条的打击。

其他阿拉伯国家的石油部长对此并不完全认同，但是10月17日，他们还是决定继续加大禁运的限制。首先，让石油减产5%，然后以5%的速度逐月递减，直到他们的政治目的达到为止。他们一致认为，美国应该为其支持以色列的立场遭到惩罚，因此，应该对其实行最大限度的禁运。一些参加会议的国家宣布他们将减产10%，而不是5%。

10月19日，尼克松总统向国会要求给予以色列22亿美元的援助。于是第二天，沙特阿拉伯和其他阿拉伯产油国对美国实行了完全石油禁运。

石油禁运在1974年3月18日结束。禁运的时间虽短，其影响却无法估量。沙特阿拉伯原油的卖出价从1970年1月1日的1.39美元／桶飙升至1974年1月1日的8.32美元／桶。美国政客和后来的政府将永远不会忘记20世纪70年代初期到中期这个沉痛的教训。然而从长远来看，那短短几个月的创伤，却巩固了公司王国的内部结构，其三大支柱——大企业、国际银行和政府空前地团结起来，而这种团结将持续下去。

石油禁运也让美国的政策来了个大转变。华尔街和华盛顿政府坚定了杜绝禁运再次发生的决心。保证美国的石油供应一直是他们决策时优先考虑的问题，不过在1973年后，这成了决策时一种不可动摇的前提。石油禁运提高了沙特阿拉伯在世界政治舞台的地位，华盛顿政府不得不承认沙特阿拉伯对美国经济有着重要的战略意义。

此外，这也促使美国公司王国的领导人不得不施展浑身解数，保证将石油美元重新放回到自己的口袋。同时，他们也开始打起了沙特阿拉伯不断增长的财富的主意。他们深知，沙特阿拉伯政府缺乏有效的行政与机构体制来管理这笔石油巨款。

面对因为价格上涨而不断增加的石油收入，沙特阿拉伯也是喜忧参半。国家的金库忽然多了数十亿美元，这些钱开始腐蚀一些一贯严格恪守宗教信仰的瓦哈比教徒。富得流油的沙特阿拉伯人开始周游世界，他们到欧洲和美国的大学进修，购买豪华汽车，家里摆满了西式家具。保守的宗教信仰开始被一种新物质主义取代。正是这种物质主义，为我们提供了解决石油危机的方法。

石油禁运刚结束，华盛顿就开始与沙特阿拉伯谈判，商议向他们提供技术支持、军事装备和军事训练。美国还以把沙特阿拉伯带进20世纪为借口，蓄谋重夺石油美元。

美国最主要的目的还是保证沙特阿拉伯不再对美国实施石油禁运。谈判最显著的结果是成立了一个"卓越"的组织——美国—沙特阿拉伯联合经济委员会（United States-Saudi Arabian Joint Economic Commission，JECOR）。该委员会体现了一个完全背离常规的外国援助新模式：用沙特阿拉伯的钱聘请美国公司建设沙特阿拉伯。

尽管在经营和财物管理方面由美国财政部委派代表，但美国—沙特阿拉伯联合经济委员会却是完全独立的。联合经济委员会将在超过25年的时间，在完全免受国会审查的情况下，自由支配数十亿美元的巨款。尽管美国财政部在其中扮演着重要的角色，但由于没有美国资金的介入，国会也就无权介入此事进行调查。在全面研究该联合经济委员会后，大卫·霍尔顿（David Holden）和理查德·约翰斯（Richard Johns）得出了一个结论：这是美国有史以来与发展中国家达成的同类协议组织中意义最深远的一个。该委员会不仅可以为美国打好掩护，同时也加强了两国之间的相互依赖。

在项目的起步阶段，美国财政部让美因公司以顾问的身份介入。我被召见并被告知我所担负的任务非常艰巨，而且我必须为所做及所知的一切保守秘密。这是一次秘密行动，我认为这对我有利。那时候，我以为美因公司是咨询顾问公司中的领头羊，后来我才知道我们只不过是几个专业技术较强的顾问公司中的一个。

由于所有的事情都在高度保密中进行，我无法得知财政部与其他顾问公司的讨论详情，因此，我不能确定在这次计划中，我将扮演一个什么样的角色。我知道这个计划给经济杀手设定了新的标准，也为提升帝国的利益找到了相对于传统方式来说更加有新意的替代方式。我也知道我研究过的大多数设想到最后都被实施了，美因公司也因此获得了沙特阿拉伯最重要、利润极高的一个合同。那一年我得到了十分丰厚的奖金。

我的工作是夸大一旦投入巨额资金进行基础设施建设，沙特阿拉伯经济将会出现怎样巨大的增长，同时我还需制订资金配置的具体方案。简言之，我就是要尽我所能地发挥创造力，极力夸大向沙特阿拉伯经济建设投入资金的合理性，当然前提是让美国工程和建筑公司得到合同。上头要求我独立完成此项预测，不得依靠我的部下。于是我开始了近乎隐居的生活，一个人待在一个小小的会议室里工作。这个会议室正好在我下榻的公寓房间楼上。有人提醒我，我的工作不但关系到国家安全，对美因公司也十分重要。

我当然明白这一点，这一次的任务非比寻常，要让沙特阿拉伯背上永远还不清的债务，找到法子保证巨额的石油美元统统回到美国的口袋。在此过程中，沙特阿拉伯将被拉下水，而且其经济发展将要永远依赖于美国。沙特阿拉伯经济西化的程度越高，这个国家与美国的体制就越能产生共鸣，甚至完全融入我们的体制中。

从一开始我就意识到，在利雅得街头翻垃圾觅食的羊群就是切入点。沙特阿拉伯的有钱人坐飞机到处游玩，他们希望用更体面的现代化设备代替羊群，那样才能跟得上现代化的脚步。我也知道欧佩克成员国的经济学家都强调，拥有丰富石油资源的国家应当从石油中出产一些增值产品。经济学家敦促这些国家发展自己的工业，除了出口原油以外，还应该生产一些以石油为原料的产品，以一个比销售原油更高的价格销往全球各地。

明白这两点，我也就明白了怎样可以达到双赢的效果。羊群，只不过是一个切入点而已。沙特阿拉伯人将用他们的石油收入来租用美国公司先进的垃圾收集和处理系统，从而取代羊群。他们将为那些时髦的科技感到自豪。

以机器取代羊群只不过是计划的一部分，事实上这个模式几乎可以适用于该国所有经济部门，它是沙特王室人员、美国财政部和美因公司老总们心目中最成功的模式。在这个模式指导下，资金将被用于创建一个将原油加工为可出口的成品油的行业。大量石油化合物将在这个国家的沙漠中出现，规模庞大的工业园也将层出不穷。很自然，这样一个计划要求建立可发电千兆瓦特的发电系统、输电线和配电站、高速公路、管道、通信系统、机场、改良的海港、一系列配套服务产业和交通运输系统，这样才能确保计划的顺利实施。

我们对此计划有着极高的期望，它将成为我们在全球各地大展拳脚的模型。周游全球的沙特阿拉伯人也将为我们高唱赞歌，他们将邀请全球各国的领导参观我们创造的奇迹。接着，参观过沙特阿拉伯的这些领导人也会邀请我们帮助他们设计类似的项目。多数情况下，将是在欧佩克以外的国家，由世界银行或者其他借贷机构为其提供资金。他们就这样在不知不觉中背上了沉重的债务，以满足全球帝国的胃口。

当我想到这些的时候，我想起了羊群，想起那位外交官对我说的一句话："沙特阿拉伯人的自尊心都很强，没有人愿意去收垃圾。"这句话在我耳边一遍又一遍地回响。显然沙特阿拉伯不会让其国民干那些卑贱的事情，不仅仅是垃圾处理，工厂或其他项目的建设他们也不会干。而且最重要的是，他们的人口太少。

另外，沙特阿拉伯王室对其国民提倡的也是一种与体力活格格不入的教育和生活方式。沙特阿拉伯人也许愿意管理别人，可他们从来不愿意成为工厂工人或者建筑工人。因此，进口劳动力显得尤为重要，当然只能是来自一个劳动力相对廉价的国家，而且同时这个国家的人迫切需要工作。如果可能的话，这些劳动力应该来自中东或者其他伊斯兰国家，像埃及、巴勒斯坦、巴基斯坦和也门等。

这种情况是可能存在的，而且这也给我们在沙特阿拉伯的发展计划提供了更多机会。毕竟，要引入外来劳动力就必须为他们建造庞大的住宿综合楼，同时还要有购物广场、医院、消防队、警队、供水和废水处理站、供电、通信及交通网络。计划的最终目的是在原来荒芜的沙漠上建造一座现代化城市。同时也有机会为沙特阿拉伯引入新兴科技，比如海水淡化系统、微波系统、综合医疗保健系统和电脑科技。

在沙特阿拉伯，那些计划制定者，以及可以获得工程和建筑的人将得到巨大的利益。而这对沙特阿拉伯来说也是个机会，他们将以非常快的速度迈向现代化。

我必须承认，我非常热爱目前的工作。沙特阿拉伯没有任何现代化改革的先例，在波士顿公共图书馆里我也没有找到任何确凿数据。事实上，也没有任何沙特阿拉伯人知道我将会做出怎样的经济预测。我只需将我的想象力融入工作中，写出这个国家美好未来的报告。

我只有一些几乎是放之四海而皆准的数据，诸如发电万瓦的成本，每千米公路的造价，为每一个工人提供用水、污水处理、住房、伙食和公共服务的成本。我无需细化这些数据，也无需得出最终结论。我的工作就是描述一系列可能性（更准确地说，只是"设想"），然后粗略地计算出与之相关的费用和成本。

当然，对于真正的目标，我总是铭记于心的：让美国的付出能够

第二部分
黑色风暴（1971—1975年）

得到最大程度的回报，让沙特阿拉伯更加依赖美国。无需深入思考便可轻易明白两者之间的紧密联系。几乎所有新近开发的项目都需要不断更新和维修，而这些维修工程的技术含量相当高，所以必须由其建设公司来负责。实际上，当我的工作不断向前推进的时候，我开始为每一个我预测的项目列出两个清单：一个是我们可能得到的设计和建筑的合同，另外一个是长期维修和管理的协议。这些清单意味着美因、柏克德、布朗-路特、哈里伯顿、斯通-韦伯斯特，还有其他许多美国工程公司和承包商将在未来的10年里获得滚滚财源。

除了经济方面的因素，还有与之紧密联系的因素可以让沙特阿拉伯更加依赖我们。这个石油王国的现代化将激起不同的反应。比如说，保守的穆斯林将会大发雷霆，以色列和其他邻国将感到威胁的存在。因此，沙特阿拉伯的经济发展将带来另外一个行业的发展：保卫阿拉伯半岛所需的军事设施建设。专精于此的美国军事和国防工业，以及相关私营企业将得到不计其数的工程合约，还有对应的长期维修和管理协议。所有这些都要求有配套的工程，包括机场、导弹发射场、员工基地，和所有与之相关的基础设施建设。

我将我的报告用信封装好，通过公司办公室间的邮件系统寄给"财政部项目经理"。我时不时与我们小组的另外几个人会面，他们是美因公司的几个副总裁和我的上司。我们并未给此项目命名，而且该项目仍在研究阶段，尚未成为联合委员会计划的一部分，所以我们私底下只是把它称为"SAMA"。"SAMA"是沙特阿拉伯洗钱事件（Saudi Arabian Money-laundering Affair）的首字缩写，也是一个半开玩笑的文字游戏。这个石油王国的中央银行的名称是沙特阿拉伯货币局（Saudi Arabian Monetary Agency），它的缩写正巧也是"SAMA"。

财政部的一名代表偶尔会列席我们的会议。在这些会议上，我极少提问，主要是陈述一下我的工作，尽力回答他们提出的问题。副总裁们和财政部的代表对我提出的长期维修和管理协议尤为感兴趣。其中我们的一名副总裁忍不住开了一个玩笑（之后经常被我们挂在口头上），沙特阿拉伯是"一头可以让我们挤奶挤到退休的奶牛"。这句玩笑在我的脑海里反映出来的是羊，而不是牛。

在那些会议上，我得知我们的竞争对手也肩负着类似任务。我估计美因和其他对手公司前期工作的经费都是自行负担的，以短期内资金上的大量投入来博取胜出的机会。这个假设我后来通过对比自己的工作时间与公司员工费用的账户得到了证实。几乎所有项目在研究和提案的准备阶段，都是由公司自行承担各项费用。这样一来，前期投资远远超出了预算，可是公司副总裁们对投资的回报非常有信心。

尽管竞争者甚众，但我们都认为有足够的合同可以分摊。我在这一行也算是老手了，所以相信财政部对我们工作的认同程度将反映在我们得到的报酬上：谁制订的计划最后被认为是可行的，谁才能得到众多合同中的"精华"部分。我希望制订出能走到设计和建设阶段的计划说明书，并把这个当成是对自己的一种挑战。我在美因公司的提升已经很快了。如果能成为"SAMA"的一个主要参与者，无疑会保证我进一步提升。前提是我们能胜出。

在那些会议中，我们也公开讨论了"SAMA"和整个沙特阿拉伯城市规划中创新的可能性。"SAMA"代表着一种创新的方式，无需通过世界银行给某个国家制造巨额债务就能让我们获得厚利。说到这里，我们会立刻想到伊朗和伊拉克这两个典型例子。况且，人总有学习好榜样的天性，所以我们认为这些国家的领导人也很可能会被事实打动，进而效仿沙特阿拉伯。

我为那个"计划"工作了8个月（当然都是每次集中而紧凑地工作一段时间），要么在我的私人会议室，要么在我那俯瞰波士顿中心公园的家中。我的部下当时都有别的任务在身，多数时间他们都是自

第二部分
黑色风暴（1971—1975年）

己照管自己，尽管我也定期给他们签到。时间一长，我们工作的那种神秘感开始消失，多数人都意识到围绕着沙特阿拉伯肯定有大事发生。一时间群情汹涌，流言四起。副总裁和财政部的代表似乎更加坦率了，我认为部分原因是随着这个"计划"的更加明朗化，他们对个中内情了解得更多，从而对不久之后将拥有的滚滚财源而感到十分快慰。

随着这个计划的逐渐实施，华盛顿政府要求沙特阿拉伯保证对美国的原油供应，同时将价格维持在美国及其盟国可以接受的范围内。如果其他国家如伊朗、伊拉克、印度尼西亚或者委内瑞拉等国胆敢以禁运为威胁手段，沙特阿拉伯这个石油供应国的老大，必须出手填补差额。别的产油国一旦知道沙特阿拉伯将有此举，他们也就不敢轻言石油禁运了。为了换来这个保证，华盛顿政府将与沙特阿拉伯王室达成一桩令人叹为观止的交易：美国承诺给沙特阿拉伯王室绝对的和明确的政治支持。一旦王室需要，哪怕是采取军事行动也要保证他们在沙特阿拉伯的统治地位。

这是一桩沙特阿拉伯王室无法拒绝的交易。沙特阿拉伯的地理位置非常关键，但其国内缺乏军事实力，在面临像伊朗、叙利亚、伊拉克和以色列等邻国时，沙特阿拉伯显得非常脆弱。随后，华盛顿利用其军事优势又创造了一个决定性条件，这个条件重新定义了经济杀手在世界舞台上所扮演的角色，也给我们以后在其他国家，尤其是在伊拉克运用这一套提供了借鉴。有时候回想起来，我真的想不明白为什么沙特阿拉伯会接受这样一个条件。当然，阿拉伯世界的大部分国家、欧佩克成员国，以及其他伊斯兰国家在知道这桩交易的条件后，都惊骇万分。

这个条件是，沙特阿拉伯将用自己挣来的石油美元购买美国政府的有价证券，而这些证券赚取的利息由美国财政部来支配，保证让沙特阿拉伯从一个中世纪般的落后国家转变为现代化、工业化的国家。

换言之，沙特阿拉伯那不计其数的石油收入产生的利息，将用来支付给美国公司，用于实施我（以及美因的对手公司）制订出来的规划方案，用于发展沙特阿拉伯的工业。而美国财政部将用沙特阿拉伯人的钱来雇佣我们，在沙特阿拉伯全国上下建设基础设施工程，甚至是重新建造一座城市。

尽管沙特阿拉伯人保留了改动建设项目种类的权利，但事实就是阿拉伯半岛将来的模样和经济组成都将由外国精英（穆斯林眼里的异教徒）来决定。这些变化竟然要发生在一个被瓦哈比主义统治了几百年的国家里。

就沙特阿拉伯人而言，这是信仰上的一个巨大变化。而我觉得，在华盛顿施加的政治和军事压力下，沙特阿拉伯王室其实也没有其他的选择。

从我们的角度来看，这是一桩稳赚不赔，并且可以长期为我们带来丰厚利益的交易。让这个交易更加"美味"的是，它不需要获得国会的批准。像柏克德和美因这样的私营企业最不愿意公开他们的账簿，他们不愿与任何人分享自己的秘密。中东学院的专家助理托马斯·李普曼（Thomas W. Lippman），就曾意味深长地总结了这项交易的特点：

> 富有的沙特阿拉伯人，将大把大把的钱拱手送给美国财政部，而美国财政部将一直控制这些资金，直到将其付给美国商人或者雇员。这个体系保证沙特阿拉伯的钱周而复始地注入美国经济……这也保证了这个委员会的负责人可以承建所有他们与沙特阿拉伯认为需要的项目而无需得到国会的批准。

尽管这些工程具有历史性的意义，但为它们制订计划所花的时间

第二部分
黑色风暴（1971—1975年）

比任何人预想的都要短。在那以后，我们必须尽快找到方法来实施我们的计划。为了加快进程，必须让政府要员到沙特阿拉伯访问，这是一个绝对保密的使命。我虽然不敢肯定，但相信这位特使就是亨利·基辛格（Henry Kissinger）。

不管特使是谁，他的第一要务是提醒沙特阿拉伯王室，避免在沙特阿拉伯出现像伊朗的摩萨台企图赶走英国石油公司的情况。其次，他将描绘出一幅让沙特阿拉伯无法抗拒的美好蓝图，向沙特阿拉伯传达"他们已别无选择"的信息。我毫不怀疑沙特阿拉伯已经清楚这一点，要么乖乖合作，接受美国的全盘计划，由美国来保护其统治地位；要么拒绝合作，然后遭遇摩萨台那样的下场。当这位特使回到华盛顿时，他带回的信息是：沙特阿拉伯愿意接受我们的条件。

此外，我们还面临着个一个小小的障碍，就是必须说服沙特阿拉伯政府要员。后来我们知道，这实际上是沙特阿拉伯王室的内部问题，因为沙特阿拉伯并不是一个民主国家。所以要让沙特阿拉伯接受我们的条件，就必须让王室内部成员之间达成某种共识。

1975年，我受命访问一位关键人物。我只记得他是"王子W"，尽管我从来不确定他是不是皇储。我的工作是说服他相信，沙特阿拉伯的现代化进程不但对他的国家有利，而且对他个人也十分有利。

一开始，事情并不如想象中如意。"王子W"尽显其瓦哈比教徒的本色，坚持不愿意看到他的国家踏上西方重商主义的道路。他声称自己知道我们计划背后的阴谋，他说，我们的目的与100年前东征的十字军是一样的：将阿拉伯世界基督教化。事实上，他只说对了一半，欧洲中世纪的天主教徒声称其目标是将穆斯林从炼狱中拯救出来，我们则宣称是帮助沙特阿拉伯实现现代化。可是说实在的，我相信十字军的意图与公司王国没有两样，他们的首要目的都是谋求帝国的扩张。

撇开宗教信仰不谈，"王子W"还有一个弱点，就是迷恋金发美女。

说起还真有些滑稽，我得说明的是，在我所认识的沙特阿拉伯人当中，他是唯一有此倾向的，或者说，他是唯一愿意让我知道这一点的。可是，在这桩交易中，他的这种倾向帮了我大忙。

第15章 "拉皮条"及资助奥萨马·本·拉登

"王子W"一开始就告诉我说,他希望只要他到波士顿看我,无论什么时候,我可以帮他找一个他喜欢的那种类型的女人来服侍他。而且他想要的,不仅仅是简单地陪他游玩的女人。可是他又明确指出不要职业的应召女郎,不要那些他在大街上或者鸡尾酒会可以随意碰到的女郎。我与王子的每次会面都是私下进行的,这使我更容易满足他的要求。

萨莉住在波士顿地区,是一个美丽的金发蓝眼珠的女孩。她的丈夫是联合航空公司的飞行员,经常因公或因私出门在外,而且他对自己的所作所为从来不加掩饰。而萨莉对她丈夫也表现出少有的大度。她喜欢的是他的高薪和波士顿的豪华公寓,以及作为一个飞行员的妻子可以享受到的各种优厚待遇。她表示愿意尝试与沙特阿拉伯王子在一起,但她有一个条件:她坚持他们未来要维持怎样的关系全部要看王子的表现和对她的态度。

我很走运,他们两个似乎都很满意对方。

"王子W"与萨莉的风流韵事,不过是"沙特阿拉伯洗钱风波"的一个小波澜而已,但给我带来不少麻烦。美因公司严格禁止合伙人采取任何不正当的竞争手段。从法律的角度来看，我是为他人做淫媒——拉皮条，在马萨诸塞州这可是违法行为。因此，我面临的主要问题是怎样给萨莉支付酬金。

幸运的是，公司的审计部门对我的开销给予了很大自由。给小费的时候，我通常很慷慨，并成功地说服了绝大多数的波士顿高级餐馆服务员为我提供空白收据，要知道那时候收据都是人手写的，无须通过电脑。

渐渐地，"王子W"胆子更大了。后来他要求我安排萨莉到沙特阿拉伯去，住进他的私人别墅。当时欧洲某些国家与中东国家之间的这种拉皮条的现象是很常见的。这些女人签下特定的合同到中东国家去，待合同期满，她们回到自己的家中时，她们的银行账户上已经有了一笔数目不小的钱。在中央情报局运作理事会工作了20年的中东事务专家罗伯特·拜尔（Robert Baer）总结说："20世纪70年代初，石油美元开始大量涌入，有胆量的黎巴嫩人开始走私妓女到沙特阿拉伯，献给该国的王子们。由于王室成员挥霍无度，不懂理财，黎巴嫩人因此变得非常富有。"

我对此也很熟悉，甚至认识一些专门从事这项工作的中介人。可我面临着三个障碍：萨莉、付款方式、法律。我很确定萨莉不愿意离开波士顿，搬到远在中东的公寓。我找不到有哪家餐馆开的空白票据可以负担这项费用。更重要的是，这事是非法的，也不道德。

"王子W"说他可以自己给情人付钱，我只要想办法安排她过去。让我更加轻松的是，"王子W"说，跟他到沙特阿拉伯去的"萨莉"，不一定非得是在波士顿陪他的那一位。我立刻致电几个在伦敦和阿姆斯特丹与黎巴嫩人有接触的朋友。我通过在英国和荷兰的中间人处理这项交易，解决了法律方面的问题。我试着安慰自己，每个成人都要为自己做的决定负责。我有什么资格来评判呢？

"王子W"是个复杂的人。萨莉满足了他肉体上的欲望,而我在这方面对他的帮助也赢得了他的信任。可是,这远远不足以说服他支持在沙特阿拉伯推行我们的"SAMA"计划。为了取胜,我不得不加倍努力。我花了不少时间向他展示各种数据,帮助他分析我在前往印度尼西亚前的几个月与克罗汀一起做出的针对科威特的研究计划。最后,他终于动心了。

我并不清楚我的同事与其他沙特阿拉伯关键人物之间的进展如何。我只知道,最后沙特阿拉伯王室全盘接受了我们的计划,而美因公司也获得了几个高利润合同中的一个。我们接到任务,要对沙特阿拉伯过时的供电系统进行调查,并且设计出一个与美国标准一样的全新的供电系统。

一如往常,我的职责是派先遣队为沙特阿拉伯的每个区域的经济情况和电力负荷做预测。在先遣队中,有三个人是我的部下,他们都有着丰富的国际项目策划经验。正当他们准备出发前往利雅得的时候,公司法律部忽然传话下来,据合同规定,我们必须在到达利雅得之后的几个星期内,将办公室设备准备妥当并投入使用。显然一个多月以来,没有人留意到这个条款。我们与财政部的协议也规定所有设备必须在美国或者在沙特阿拉伯生产。由于沙特阿拉伯没有工厂可以生产这些设备,因此它们都必须从美国运过来。让我们感到气愤的是,我们发现阿拉伯半岛的港口外都有油轮排着长长的队伍,等着进入港口。这意味着,如果通过海运的方式,光排队就需要好几个月时间。

美因公司可不愿意因为几个办公室的设备而丢掉了这桩大合同。在各方代表参与的会议中,我们集体讨论了数小时,最后得出了解决方法:租用一架波音747飞机,从波士顿的店铺装载好货物,空运到沙特阿拉伯去。当时我曾想,要是这架飞机恰好属于联合航空公司,飞行员又正好是萨莉的丈夫,那就真是太可笑了。

美国和沙特阿拉伯之间的交易，在一夜之间改变了这个沙漠王国。200辆鲜黄色的美国垃圾收集车代替了昔日清理垃圾的羊群。垃圾收集车由美国废物管理公司（Waste Management）① 提供，该公司与沙特阿拉伯签订了价值2亿美元的合同。沙特阿拉伯的每个部门都以同样方式开展了现代化进程，从农业、能源到教育、通信。托马斯·李普曼（Thomas Lippman）2003年评论说：

> 高楼大厦将会替代沙特阿拉伯牧民破烂的帐篷和农民低矮的土坯房，市中心将出现星巴克（Starbucks），新建的大楼也会有供轮椅上下的斜坡，一切将变得更加现代。今天的沙特阿拉伯，高速公路纵横交错，电脑普及，装有空调的大型购物商场随处可见，犹如置身于美国市郊，豪华舒适的酒店、方便的连锁快餐店、卫星电视、现代化的医院、高耸入云的办公大楼，以及设有过山车的游乐场比比皆是。

1974年构思的计划为日后我们在其他产油国的谈判设定了标准。在一定程度上，"SAMA"计划和美国—沙特阿拉伯联合经济委员会计划是继克米特·罗斯福在伊朗的成功之后，美国全球帝国成就的又一个高峰。这些计划，为新型的全球帝国引入了一种创新的武器。

"SAMA"和联合委员会也为国际法开了不少先例，这在伊迪·阿明（Idi Amin）事件中显得尤为突出。1979年，这个臭名昭彰的乌干达独裁者流亡国外，沙特阿拉伯给予他庇护。他曾经让乌干达近3 000人无辜死亡，是一个名副其实的暴君，但沙特阿拉伯仍让他过着奢华生活，王室还为他配备了汽车和佣人。对于这些做法，美国政府表示

---

① 美国废物管理公司（Waste Management）：成立于1968年，总部位于美国休斯敦，主要从事完整的固体废物处理业务。——译者注

了抗议，但他们不想因此破坏彼此之间的合作关系，所以拒绝就此事向沙特阿拉伯施压。伊迪·阿明悠闲地过着他的日子，去海边垂钓，去沙滩漫步，丝毫没有因为以前的暴行而有所忏悔。2003年，80岁的暴君伊迪·阿明因肾衰竭在吉达（Jeddah）死去。

不过，最为敏感、负面影响也最大的是美国对沙特阿拉伯资助国际恐怖主义活动的默许。20世纪80年代，美国和沙特阿拉伯王室公开支持奥萨马·本·拉登发动反对苏联的阿富汗战争，并且向其提供资金援助。据统计，在这期间利雅得和华盛顿为穆斯林游击队员提供了约35亿美元的资金。而且，美国和沙特阿拉伯的参与远不止于此。2003年下半年，《美国新闻与世界报道杂志》（*U.S. News & World Report*）进行了一项详尽的调查研究，调查报告名为《沙特联系》（*The Saudi Connection*）。该杂志审查了几千页的法庭记录、美国和国外情报报告以及其他档案，并就恐怖主义和中东问题访问了数十位政府官员和专家，最后得出的结论是：

> 毫无疑义，沙特阿拉伯这个全球最大的产油国和美国长期的盟友，已经在不知不觉间变成了一位财政部官员所说的恐怖主义的资金来源……
>
> 从20世纪80年代开始，在伊朗革命和阿富汗战争的双重震动下，沙特阿拉伯的半官方慈善机构成为发展迅猛的伊斯兰圣战运动（Jihad）[①]的主要资金来源。在大约20个国家里，这些资金被用于建设军事训练营、购买武器和招募新成员……
>
> 从通过电波截获的情报来看，沙特阿拉伯王室成员是基地组织（Al Qaeda）和其他一些恐怖主义组织的支持者。

---

① 伊斯兰圣战（Jihad）：伊斯兰讨伐异教徒运动。——译者注

2001年，世贸大厦和五角大楼遭受袭击之后，大量事实揭露了华盛顿与利雅得有着不可告人的关系。2003年10月，《名利场》（*Vanity Fair*）杂志刊登一篇名为《救救沙特阿拉伯人》的报道，揭露了大量从未公开的信息。这篇报道还揭露出布什家族与沙特阿拉伯王室、本·拉登家族之间的关系。对于这些，我并没有感到惊讶。

我知道，所有的事情都可以追溯到"SAMA"计划刚开始的时候，也就是1974年，更远点的还可以追溯到乔治·H.W.布什出任美国驻联合国大使的时期（1971—1973年），然后是他担任中央情报局局长的时期（1976—1977年）。让我惊讶的是，布什家族与沙特阿拉伯王室之间这层关系竟然被报道出来了。《名利场》杂志的结论是：

> 布什家族与沙特阿拉伯王室，这两个全球最显赫的家族之间私人的、商业的和政治上的纽带一牵就是20多年……
>
> 就私人领域而言，沙特阿拉伯支持着哈肯能源公司（Harken Energy），一个由乔治W.布什投资却处于挣扎境况中的石油公司。最近，前总统乔治·W.布什及其长期盟友都出现在了全球最大私募股权卡莱尔集团（Carlyle Group）资金的筹集者名单中，位置排在沙特阿拉伯的前面。
>
> "9·11"事件发生之后的几天里，富有的沙特阿拉伯人，包括本·拉登的家族成员，乘坐私人飞机偷偷逃离美国。没有任何人会承认曾向他们发放通行许可证，也没有任何人就此事展开调查。究竟是不是布什家族与沙特阿拉伯王室长期的合作关系，为这一切的发生提供了可能呢？

第三部分

风暴渐息
（1975—1981年）

美利坚帝国的巨网在全球悄然铺开，频繁的黑色洗礼让我开始厌倦这种生活，我第一次感到了无比的失落和沮丧。我想到了结束……

第16章　巴拿马运河谈判与格雷厄姆·格林

沙特阿拉伯成就了不少人的事业，当然也包括我在内。在这个沙漠国家取得的成功，为我日后的发展开辟了更广阔的空间。到1977年，我已经成功地在波士顿建立起一个由20名专业人士组成的小王国，还有一批来自美因公司在全球各地其他部门和办公室的顾问。我成为美因公司100年以来最年轻的合伙人；除了拥有首席经济师的头衔之外，我还是经济和区域策划经理；我在哈佛大学和其他地方讲课，报纸也邀请我写时事评论文章；我有一艘游艇，它与历史悠久的"宪法"号战舰（Constitution）"老铁甲"（Old Ironsides）并排停靠在波士顿港口，"宪法"号战舰因其赫赫战绩而闻名——它曾在独立战争结束后不久征服了北非海盗。我有一份令人艳羡的薪水，我拥有的股份可以保证我在40岁前就成为一个百万富翁。没错，我的婚姻失败了，但我与许多国家无数年轻貌美的女人度过了许多美好的时光。

布鲁诺找到了一种全新的预测方法，一种以19世纪末20世纪初一位俄罗斯数学家的著作为基础的计量经济学模式。这一模式为预测特定的经济增长提供了可能性。我们可以借助这一绝好工具，"预测"出我们想要的经济增长数据，从而说服发展中国家的领导人接受我们提供的巨额贷款。但布鲁诺对于如何具体地利用这种经济学模式还是存有疑问。

后来,我请了一名年轻的麻省理工学院(MIT)的数学家纳迪普拉姆·普拉萨德(Nadipuram Prasad)博士到我的部门,并且支给他一笔经费,让他在6个月之内为计量经济学模式研究出一套算法。6个月后,纳迪普拉姆·普拉萨德交上了他的算法,我们给它命名为"马尔可夫算法"(Markov method)。后来我们又共同撰写了一篇技术论文,这篇论文认定马尔可夫算法是一种革命性的方法,对于正确预测经济发展能够起到至关重要的作用。

这就是我们梦寐以求的东西,一套能够科学地"证明"我们是在为其他国家做好事的理论,尽管这种方式会让他们背上永远无法偿清的债务。另外,由于马尔可夫算法非常复杂,所以只有那些非常专业的计量经济师才有可能理解其原理,或者是对其结果提出疑问。这篇论文被不少知名的媒体刊物转载,同时,我们在不少学术会议和大学讲座等正式场合公开介绍马尔可夫算法,至此,我们的名声传遍业界。

奥马尔·托里霍斯和我都尊重彼此之间的秘密协议。我向他承诺,我们的研究和推荐将考虑到巴拿马的贫苦人民。尽管我已听到有人埋怨,说我对巴拿马经济发展的预测没有达到预期的程度,甚至有人认为我们的做法有点儿"社会主义"。不过结果是美因公司不断从托里霍斯政府得到建筑合同,这些合同还包括了一个优先向他们提供涉及农业及其他传统基础设施部门的主要改革计划。这个时候,托里霍斯和吉米·卡特总统(Jimmy Carter)正准备就《巴拿马运河条约》进行谈判。

这次运河谈判引起了全世界人民的关注。他们都想知道,美国是让巴拿马重新获得运河控制权,还是相反。在很多人看来,美国人民在恰当的时候选择了一个理性和富于同情心的人当总统。可是,华盛顿的保守派和宗教右翼势力非常愤怒。他们觉得：我们怎么可以放弃这道天然的军事屏障、这条联系南美洲和美国之间的财富纽带？

在巴拿马的前几次旅程中，我习惯住在洲际酒店。不过，在我第五次访问该国的时候，我住进了洲际酒店对面的巴拿马酒店（Hotel Panama），因为洲际酒店正在装修，噪音非常大。一开始，我很不习惯，因为洲际酒店已成为我在国外的第二个家。可是当我坐在巴拿马酒店豪华的大厅时，这里的藤椅和巨大的木吊扇逐渐赢得了我的好感。这就像电影《卡萨布兰卡》（Casablanca）中的剧情场景一样，我幻想着亨弗莱·鲍嘉（Humphrey Bogart）① 随时会信步而至。我刚好看完《纽约书评》（The New York Review of Books）中一篇格雷厄姆·格林（Graham Greene）写的有关巴拿马的文章。把书放下后，我开始盯着木吊扇的扇页，想起了两年前的那个晚上。

"福特是一个软弱的总统，他不可能再次当选。因此，我决定要加快运河问题的解决步伐。这是一个绝好的机会，我们将全力以赴地投入，以重新夺回运河管理权。"当时托里霍斯正面对着一群有影响力的巴拿马人进行演说。我是受邀请到那个格调优雅的老式俱乐部的少数几个外国人之一，那里也有同样转动的吊扇。

他的话激发了我的灵感。我回到酒店房间开始写信，这封信最后寄到了《波士顿环球报》（The Boston Globe）。后来，该报一位编辑打电话和我进行了沟通，他要求我写一篇社评，我答应了。1975年9月19日，一篇名为《1975年，殖民主义在巴拿马无处容身》的文章占据了《波士顿环球报》对开版面的半版。

文章指出，美国应该将运河归还给巴拿马：第一，继续拥有运河的控制权对巴拿马人民来说是不公平的。第二，目前的条约带来了更严峻的安全隐患，可能比向巴拿马人交还运河控制权造成的风险更大。

---

① 亨弗莱·鲍嘉（Humphrey Bogart）：电影《卡萨布兰卡》的男主角。——译者注

我引用了洋际运河委员会（Interoceanic Canal Commission）的一个调查研究结果，该调查结果认定："如果有人在加顿大坝（Gatun Dam）附近投下一颗炸弹，那么未来两年内，这里的交通流量将至少减少一半。"这也是托里霍斯公开强调的一点。第三，目前的形势对已经非常紧张的美国与拉丁美洲之间的关系不利。"文章的结尾我是这样写的：

> 保证运河继续有效运作的最好方法是帮助巴拿马人重新取得对运河的控制权和管理权。这样一来，我们可以为发起了重申民族自决原则的运动而感到自豪——200年前，我们的祖先怀着同样的梦想……
>
> 在殖民主义横行20世纪初期签订那样不平等的条约还是可以理解的，而在今天则是毫无道理。1975年，世界绝不能容忍殖民主义的横行。在我们庆祝独立200周年之际，我们应该意识到这一点，并采取相应的行动。

对我来说，写下那篇文章是一次十分冒险的行动，尤其最近我还成了美因公司的合伙人。作为合伙人本应远离媒体，当然不应该在新英格兰州最有影响力的报纸上发表如此激烈的政治评论。我在公司的办公邮件里收到了一大堆威胁我的匿名留言，留言钉在我的文章上面。我肯定其中有一张留言是查理·伊林沃斯（Charlie Illingworth）的。他是我第一个项目经理，在美因已有10年之久（而我来这里还不到5年），却仍然未够资格当合伙人。他的信上画着一个醒目而可怕的骷髅，留言很简单："这个共产主义者真的是我们公司的合伙人吗？"

布鲁诺召我到他的办公室。他说，"你会因为那篇文章而饱受非议，毕竟美因是个相对保守的地方。可我要让你知道，我觉得你很聪明。你这样做，托里霍斯会很高兴，我倒是很希望你可以给他寄一份评论。

办公室里那些家伙,都认为托里霍斯是个社会主义者,但是只要有合同签,他们才不会在乎呢。"

布鲁诺是对的,他总是对的。1977年,正当卡特当政的时候,严肃的运河谈判开始了。美因公司的许多竞争对手因为走错了路,被迫离开了巴拿马,而我们拿到的合同就像漫天飞舞的雪花一样多。我坐在巴拿马酒店的大堂,看完了格雷厄姆·格林在《纽约书评》中的文章。

这篇《一国五边疆》(*The Country with Five Frontiers*) 探讨了巴拿马国民卫队高级官员的腐败行为。作者指出,托里霍斯将军自己也承认他的部下享有丰厚的物质待遇,例如高级的住房等。托里霍斯认为,"如果我不给他们这些,美国中央情报局的人会愿意为他们提供。"言下之意非常清楚,美国情报机构已下定决心要破坏卡特总统的好意,如果有必要的话,他们将贿赂巴拿马的军队首领,破坏运河谈判。我不禁开始担心,现在的托里霍斯是否已被"豺狼"紧紧地包围。

我不记得是在《时代周刊》,还是《新闻周刊》的《人物》专栏看到过托里霍斯和格林坐在一起的照片,图片显示这位作家是托里霍斯特别的客人和挚友。我真想知道将军究竟是怎样看待这位他非常信任的小说家写出的评论。

格雷厄姆·格林的文章引出了另一个问题,也就是1972年的那一天,我和托里霍斯面对面坐在咖啡桌旁讨论过的有关外国援助的问题。那时候,我认为托里霍斯应该很清楚外国援助将让他变得非常富裕,而他的国家会负债累累。我当时很确定,他知道一切都基于一个假设:权力使人腐败。但我也很肯定他不是为了追求个人利益,只不过是想利用外国援助来帮助他的国民。我们认为他的种种想法,对我们整个体系将是一种巨大的威胁。全世界都在注视着这个人,因为他在世界上的影响力不容轻视。

我曾想知道,如果贷给巴拿马的资金帮助了穷苦大众而没有让巴

第三部分
风暴渐息（1975—1981年）

拿马背上巨额债务，公司王国会有怎样的举措。现在我想知道托里霍斯会不会为那天与我达成的交易而后悔，我自己对那些协议也并非全然了解。当时我可以说是暂时脱离了经济杀手的角色，遵循的是他的而并非我自己的游戏规则。我接受了他以诚信换取更多合同的条件。单纯从经济学的角度来说，我的决定对美因公司来说是明智的。可是，这与克罗汀向我灌输的那种原则是不相容的，因为这对推进全球帝国毫无帮助。现在"豺狼"的笼门是不是已经打开了呢？

当我那天离开托里霍斯的小楼时，我不禁想到拉丁美洲的历史上那些英年早逝的英雄人物。而且，一个为达目的而不择手段的体系，绝不会对一个不愿意接受贿赂的公众人物产生慈悲之心。

当我从楼梯上下来时，突然看到一个熟悉的身影——亨弗莱·鲍嘉从大堂走过。一开始，我很奇怪我怎么会把他看做是亨弗莱·鲍嘉，鲍嘉早已去世。后来我看清楚了，这个从我面前慢慢走过的人是英国现代文学史上一位伟大的人物，是《权力与荣耀》（*The Power and the Glory*）、《喜剧演员》（*The Comedians*）、《哈瓦那特派员》（*Our Man in Havana*）的作者，也是我刚才阅读的那篇文章的作者格雷厄姆·格林。格雷厄姆·格林迟疑了下，向四周张望，然后走进咖啡厅。

我差点儿就叫出声来，我想跑上前去，可我控制住了自己。我的脑海中有个声音告诉我：他不愿意被人认出，而且他会避开我。我拿起《纽约书评》，可还是很诧异地发现自己已经站在了咖啡厅的门口。

我早就吃过了早餐，餐厅的领班奇怪地看着我。我环顾四周，发现格雷厄姆·格林独自坐在靠墙的一张桌子旁。我指着他旁边的一张空桌子，对领班说，"就那儿，我可以坐在那儿再来一份早餐吗？"

我给小费时向来都出手阔绰，领班向我微笑了一下，领着我到了那桌子旁边。

这位小说家正埋头看报纸。我叫了咖啡、牛角包和蜂蜜。我很想知道格林对巴拿马、托里霍斯和运河事件的看法，可我不知道怎样开始我们的谈话。他抬起头，拿起杯子喝了一口水。

"抱歉，打扰一下。"我说。

他有点不高兴地盯着我——至少看起来是这样。"什么事？"

"无意冒犯，可是您就是格雷厄姆·格林先生，对吗？"

"呀，确实是。"他热情地笑了，"在巴拿马可没几个人认得我。"

我开始滔滔不绝，说他是我最欣赏的小说家，然后给他简单地介绍了我的情况，包括我在美因公司的工作以及与托里霍斯的会面。他问我是不是写了一篇文章，呼吁美国撤出巴拿马。"要是没记错的话，应该是登在《波士顿环球报》上。"

我顿时目瞪口呆。

"确实是一件需要勇气的事，尤其以你所处的位置来说。"他说，"过来我这边坐吧。"

我挪到他的桌子旁，和他一起谈了一个半小时左右。从交谈中，我才知道他与托里霍斯的交情非常深厚。有时候，他提及这位将军就像一位父亲提起他的儿子那样。

"这位将军，"他说，"邀请我为他的国家写一本书。我现在正在准备。这不是一部小说，已经有点超出我的写作范畴了。"

我问他为什么通常写小说，而不写非虚构类作品。

"写小说比较安全。"他说，"我写的小说题材多数具有争议性。越南、海地、墨西哥革命。许多出版社不敢出版与这些题材相关的非虚构类作品。"他指着我刚才放在桌子上的《纽约书评》说："像那样的话，可能会招来很大的麻烦。"他笑了笑，"而且，我喜欢写小说。这样我有更大的自由。"他意味深长地看着我，"特别是当你要写一些敏感话题的时候，例如，你在《波士顿环球报》上写的有关运河的那些事儿。"

第三部分
风暴渐息（1975—1981年）

他对托里霍斯的赞赏溢于言表。看来这位巴拿马的国家领袖不但可以感动他的贫苦国民，还可以感动一位伟大的小说家。与赞赏同样明显的是，格林对他的朋友的生命也非常担心。

"他做的事非常艰难，"他大声说，"要对付北半球的巨人可不是那么容易的。"他伤心地摇摇头，"我担心他的安全。"

接下来，他准备离开了。

"我得赶一趟去法国的飞机。"他一边说，一边慢慢地站起来和我握手。他看着我的眼睛，"你为何不尝试写一本书？"他带着鼓励冲我点点头。"你自己决定。不过你要记住：如果要写，就记录一些重要的事情。"他转身离去。突然他停下脚步，又回到我面前。

"别担心，"他说，"将军会成功的，他会夺回他的运河。"

托里霍斯最后确实夺回了运河。1977年，他与卡特总统缔结了新的《巴拿马运河条约》，将运河区和运河交回到巴拿马人手中。因此，白宫不得不说服国会认可新条约。最后不得不以投票的方法来决定最后的选择。结果是：新的《巴拿马运河条约》以仅仅一票的优势得以通过，但保守派人士发誓要报复。

多年后，当格雷厄姆·格林的非虚构作品《走近将军》（Getting to Know the General）出版的时候，他注明"此书献给奥马尔·托里霍斯，以及在尼加拉瓜、萨尔瓦多和巴拿马的朋友们"。

第17章 伊朗"万王之王"

1975—1978年,我经常到伊朗访问。有时候,我还会在拉丁美洲国家或者印度尼西亚与德黑兰之间穿梭。伊朗的"万王之王"(Shah of Shahs,字面意思是"万王之王",他的官方头衔)让我看到的是一种与我工作过的其他国家完全不同的情况。

伊朗像沙特阿拉伯一样,蕴藏着丰富的石油,所以无须给他们制造巨额的债务,就可以投资该国那许多让人羡慕的工程项目。此外,该国的政治非常不稳定——不仅是国内,与邻国之间的关系也一样。因此,我们采取了另一种方法:让华盛顿和商界联合起来,将伊朗国王塑造为社会进步的象征。

我们能够造就一个强大而民主的盟友,他能够实现美国企业利益及政治利益。世人尽可忽略他那看起来并不民主的头衔,还有那并不昭然的事实——中央情报局协助他发动了政变,从民主选举的前总理手中夺回王位。华盛顿及其欧洲盟友决心将伊朗政府作为他们帝国主义进程中下一个操控的对象,但与此同时,伊拉克、利比亚、韩国和其他国家强大的反美暗流开始浮出水面。

从表面上来看,伊朗国王是伊朗底层人民的朋友:1962年,他下他对托里霍斯的赞赏溢于言表。看来这位巴拿马的国家领袖不但可以感动他的贫苦国民,还可以感动一位伟大的小说家。与赞赏同样明显的是,格林对他的朋友的生命也非常担心。

"他做的事非常艰难,"他大声说,"要对付北半球的巨人可不是那么容易的。"他伤心地摇摇头,"我担心他的安全。"

接下来,他准备离开了。

"我得赶一趟去法国的飞机。"他一边说,一边慢慢地站起来和我握手。他看着我的眼睛,"你为何不尝试写一本书?"他带着鼓励冲我点点头。"你自己决定。不过你要记住:如果要写,就记录一些重要的事情。"他转身离去。突然他停下脚步,又回到我面前。

"别担心,"他说,"将军会成功的,他会夺回他的运河。"

托里霍斯最后确实夺回了运河。1977 年,他与卡特总统缔结了新的《巴拿马运河条约》,将运河区和运河交回到巴拿马人手中。因此,白宫不得不说服国会认可新条约。最后不得不以投票的方法来决定最后的选择。结果是:新的《巴拿马运河条约》以仅仅一票的优势得以通过,但保守派人士发誓要报复。

多年后,当格雷厄姆·格林的非虚构作品《走近将军》(*Getting to Know the General*)出版的时候,他注明"此书献给奥马尔·托里霍斯,以及在尼加拉瓜、萨尔瓦多和巴拿马的朋友们"。

第17章 伊朗"万王之王"

1975—1978 年,我经常到伊朗访问。有时候,我还会在拉丁美洲国家或者印度尼西亚与德黑兰之间穿梭。伊朗的"万王之王"(Shah of Shahs,字面意思是"万王之王",他的官方头衔)让我看到的是一种与我工作过的其他国家完全不同的情况。

伊朗像沙特阿拉伯一样,蕴藏着丰富的石油,所以无须给他们制造巨额的债务,就可以投资该国那许多让人羡慕的工程项目。此外,该国的政治非常不稳定——不仅是国内,与邻国之间的关系也一样。因此,我们采取了另一种方法:让华盛顿和商界联合起来,将伊朗国王塑造为社会进步的象征。

我们能够造就一个强大而民主的盟友,他能够实现美国企业利益及政治利益。世人尽可忽略他那看起来并不民主的头衔,还有那并不昭然的事实——中央情报局协助他发动了政变,从民主选举的前总理手中夺回王位。华盛顿及其欧洲盟友决心将伊朗政府作为他们帝国主义进程中下一个操控的对象,但与此同时,伊拉克、利比亚、韩国和其他国家强人的反美暗流开始浮出水面。

从表面上来看,伊朗国王是伊朗底层人民的朋友:1962 年,他下

第三部分
风暴渐息（1975—1981年）

令将私人拥有的大片土地拆分，转归农民所有；第二年，他发起了"白色革命"（White Revolution），其中包括一个详尽的社会经济改革计划。20世纪70年代，欧佩克的力量开始壮大，伊朗国王在世界上的影响力与日俱增。与此同时，伊朗的军事实力使它成为中东伊斯兰世界最强大的国家之一。

美因公司参与了伊朗大多数工程项目，包括北部里海附近的旅游区和南部俯瞰霍尔木兹海峡的秘密军事基地。我们工作的重点还是预测该区域的发展潜力，然后设计一套发电、供电和配电系统，为在未来实现该区域工业和商业增长的目标提供至关重要的能源供应。

我的足迹曾踏遍伊朗的主要区域。我沿着古老的大篷车商队曾经走过的路，穿过沙漠中高大的沙丘，从克尔曼（Kirman）到阿巴斯港（Bandar Abbas），也曾漫步在波斯波利斯古城（Persepolis）的废墟上。波斯波利斯是古代国王的传奇宫殿，也是古国文明的奇迹之一。我游览了伊朗最著名也最壮观的景点：设拉子（Shiraz）、伊斯法罕（Isfahan）、波斯波利斯城附近的宏伟的帐篷之城——伊朗国王加冕的地点。在这个过程中，我对伊朗这块土地和人民萌生了发自心底的热爱。

表面上，伊朗看起来是一个基督教徒与穆斯林和平共处的榜样。可是，我很快就发现平静的外表之下，隐藏着深深怨恨。

1977年一个晚上，我回到酒店时，已经夜深人静了，发现房间门缝下塞着一张纸条，上面署着"亚明"的名字。我从来没有见过这个人，不过曾在一份政府简报上听说过这个名字。他是臭名昭著的激进分子。纸条上，他用非常漂亮的英文邀请我到某餐馆与他见面。他说我也应该去了解像我这种地位的人从未见过的伊朗的另一面。我知道此行会很危险，但是我很好奇这个神秘人物到底想做些什么。

我乘坐的出租车停在一堵高墙的一扇小门前面，这堵墙很高，我甚至看不到墙背后的建筑物。一个身穿黑色长袍的美丽的女子，招呼我进去,领着我穿过一条低矮但顶上垂着华丽灯饰的走廊。在走廊的尽头有一个灯火通明的房间,我们走了进去。里面的强光很刺眼,过了好一会儿,我的眼睛才适应过来,只见墙上镶满了宝石和珍珠,造型非常精美的青铜吊灯将整个餐厅照得透亮。

一个留着黑色长发、穿着深蓝色西装的高个子男人走过来与我握手,他自我介绍说他就是亚明,从他的口音可以听出他是个曾在英国学校接受过教育的伊朗人。让我印象最深刻的是,他看起来一点儿也不像危险的激进分子。他向我保证我们的谈话将完全保密。

亚明非常热情,在与我的谈话中,他显然只是把我看做是一个经济顾问,而不是有什么不可告人的动机的人。他解释说,他之所以想和我见面,是因为他知道我曾是美国和平队的志愿者,更重要的是,他知道我一直在把握每一个机会了解他的国家,并且努力融入伊朗人民的生活。

"对于从事你这个行业的人来说,你很年轻,"他说,"我知道你对我们国家的历史和现存的问题很感兴趣。你代表着我们的希望。"

他的态度、优雅的举止、西式的服装和当时的情形,让我感到很舒服。我已经习惯被人当朋友对待,像印度尼西亚的雷西和巴拿马的菲德尔。我一直将这看做是对我的夸奖,同时也是一个机会,一个可以同他们进行深度交流的机会。我清楚我之所以比其他美国人做得更出色,是因为我每到一处都会为其深深迷住。我发现,只要你愿意对他们的文明睁开你的眼睛、张开你的耳朵、敞开你的心扉,他们也会对你热情相待。

亚明问我,是否听说过"让沙漠开满花"(Flowering Desert)。"伊朗国王相信我们的沙漠曾经是一片肥沃的平原,上面有广袤的森林。至少,他是这么说的。据推测,在亚历山大大帝统治时期,大批的军队带着不计其数的羊群横扫此地,这些牲畜将所有的草和植物都吃光,

第三部分
风暴渐息（1975—1981年）

生态失去平衡导致了旱灾的发生，最后整个地区变成了沙漠。现在我们要做的，或者说是伊朗国王所想做的就是在这里种植数百万棵树木。那样，整个地区将会恢复生态平衡，雨水也将重降此地，沙漠将再次变成绿洲。当然，在这个过程中，我们要投入大量的金钱。"他微笑着，好像给我恩赐似的说，"那样的话，像你们那样的公司就能获得巨大的利润。"

"我猜想你应该不会相信这种理论。沙漠不过是个象征，沙漠'绿化'的含义不仅仅限于农业。"

这个时候几个服务员举着一个托盘走了过来，托盘上盛满了制作精美的伊朗食物。在征得我的同意后，亚明从托盘里挑选了几种食品，然后继续与我交谈。

"请恕我冒昧，可我想提个问题，珀金斯先生。究竟是什么摧毁了美洲原住民——印第安人的文明？"

我回答说有许多原因，包括人性的贪婪和精良的武器。

"没错，这些原因都有，可最主要的不是因为环境被破坏了吗？"他接着解释为何森林被破坏后，野牛等动物随即就灭绝，以及为何强暴的殖民者闯入印第安人的保留地后，印第安文明的根基就崩溃了。

"你明白吗？在这里也一样。"他说，"沙漠是我们自古以来赖以生存的环境。'让沙漠开满花'的计划威胁着我们整个社会的安定和团结。我们绝对不能让这种情况出现。"

我告诉他我对此的理解是，"让沙漠开满花"计划背后做主的都是他们伊朗人。他冷笑着说，这个想法是由美国政府灌输到伊朗国王思想中的，而伊朗国王不过是一个傀儡而已。

"一个真正的波斯人绝对不会容许这样的事情发生。"亚明说，然后又滔滔不绝地发表了他对其国家的人民，如贝多因游牧民族（Bedouins）与沙漠之间的关系的长篇演说。他特别强调许多伊朗人喜欢在沙漠中度假，他们会搭起宽敞的帐篷，在里面住上一两个星期。

"我们，我的同胞，都是沙漠的一部分。尽管伊朗国王声称他所统治的臣民，也就是在他铁腕之下的人不完全属于沙漠。但事实上，我们就是沙漠。"

之后，他给我讲述了他在沙漠里的个人经历。夜深的时候，他陪我走出高墙里的那扇小门。我的出租车在街上等着我，亚明与我握别，并且感谢我的到来。亚明再一次提及我的年轻、开明，以及我首席经济师的头衔。亚明觉得我的职位对他们很有帮助。

"我很高兴能与像你这样的人畅谈，"他握紧我的手，"我只想让你再帮我一个忙。我并非是在提无理要求，这样说是因为我知道，今晚的交谈将对你有极大的意义，你将从中获益匪浅。"

"究竟我可以为你做什么呢？"

"我希望可以向你介绍我的一个好朋友，他可以告诉你很多关于我们'万王之王'的事情。"

第 18 章　受刑者的自白

几天后，亚明开车带我出了德黑兰市区，车子穿过烟尘滚滚的贫民区，沿着一条骆驼行走的路，来到了沙漠的边缘。落日渐渐消失在城市背后，他的车在一座四周被棕榈树环绕着的小泥屋旁停下。

"这是个非常古老的绿洲，"他解释说，"它的历史可以追溯到马可·波罗到来之前的几百年。"他领着我走进其中的一间小屋。"屋里的人曾经在你们国家最有名的大学里获得博士学位。由于某些原因，他不能透露姓名，你可以叫他博士。"

他敲了敲木门，里面传来了一声低沉的应答。亚明推开门，把我带进屋子里，这个小房子里没有窗户，仅有一盏油灯在点着。在我的眼睛适应了这里昏暗的光线之后，看到泥地上铺了一张波斯地毯。一个男人朦胧的身影出现在我眼前，他坐在油灯前，光线正好照不到他的面部，我只能看清他身上裹着毯子，头上也蒙着些什么。他坐在轮椅上，除了那张小桌子，屋里唯一的家具就是这张轮椅。亚明示意我坐在地毯上，他自己则走上前去拥抱了那个人，并在他耳边说了几句话，然后走回来坐在我旁边。"这位是我曾经和你提过的珀金斯先生，"他说，"我们都很荣幸有此机会与您会面，先生。"

这时候，那位博士用纯正的英文对我说："珀金斯先生，欢迎您。"他的声音非常低沉和沙哑。我发现我的身体在不自觉地向我前面那狭小的空间里倾斜过去。他说，"我现在是一个废人。我本来不是这个样子的，我也曾经像你一样健壮。我从前是伊朗国王的贴身顾问。"然后他沉默了一阵后呢喃道："伊朗的王中之王，万王之王……"他的声调在我听来，悲伤甚于愤怒。

"我以前认识很多国家的领导人，艾森豪威尔、尼克松、戴高乐。他们非常信任我，相信我会帮助他们把伊朗带进资本主义的阵营。伊朗国王也很信任我，还有，"他发出咳嗽般的声音，我却认为那是笑声，"我也曾很信任国王。我相信了他的花言巧语，相信他将领导伊斯兰世界进入一个新时代，波斯将实现它的诺言。看起来这是我们共同的命运，包括国王、我，还有所有与生俱来就肩负起这种使命的人。"

他的身体动了一下，轮椅发出轻微的嘎吱声。我看到他侧面的轮廓、蓬松的胡子，还有——立刻把我吓住了——他的侧面是平的。原来他没有鼻子！我打了一个寒战，屏住呼吸。

"实在不怎么好看，你是不是想这样说，珀金斯先生？如果你在光线充足的地方看到我，我想你会说，真是个丑八怪。"我再次听到那沙哑的笑声。"可是我肯定你会欣赏的。我不能告诉你我的真实姓名。当然，如果你想寻根究底的话，你会知道我的身份。可是你会发现我已经死了，官方记录的我已不再存在。不过我劝你不要去做这种尝试，你和你的家人最好不要知道我是谁。伊朗国王和萨瓦克（SAVAK，伊朗国家安全情报署）的魔爪能伸到很远的地方。"

轮椅慢慢地挪回原来位置。我心里感到一丝轻松，看不到这个没有鼻子的脸，多少能让我的心情平静一点。那时候我并不知道伊朗有这样的刑罚，那些被认为让国家领导人蒙羞的人，要被割掉鼻子。这样一来，他们就被打上了终身的烙印，就像他的脸那样。

第三部分
风暴渐息（1975—1981年）

"我很肯定，珀金斯先生，你在想我们为什么要邀请你来这里。"还没等我回答，轮椅上的人就继续说，"你也看到了，这个自称'万王之王'的人在现实中是个魔鬼。尽管我不想提起，可是我不能否认是在我的协助下，中央情报局才夺取了现在这位伊朗国王父亲的王位。中央情报局谴责国王的父亲是纳粹的帮凶。在那之后，摩萨台政权也被颠覆了。而现在，我们的这位国王在犯罪道路上越走越远，而且比希特勒有过之而无不及。他是得到了你们国家的默许和支持才做出这一切的。"

"为什么？"我问。

"很简单。他是你们在中东唯一的盟友，工业世界运转的轴心是石油，而石油在中东。当然，你们还有以色列，可是以色列没有石油，对你们来说，它更多是个累赘，而不是资产。你们的政客在竞选中要争取犹太人的选票，还有他们对选举的资助，这才是你们为什么要帮着以色列的原因。可是，伊朗才是关键，你们国家比犹太人更加强大的石油公司需要我们。你们需要伊朗国王，就像你们需要在越南有一位听从你们指挥的领袖一样。"

"还有其他原因吗？你指的是伊朗的情况与越南一样？"

"情况可能更加糟糕。你也该明白这位伊朗国王时日无多了。伊斯兰世界憎恨他，不仅仅是阿拉伯人，而是所有的穆斯林——印度尼西亚的、美国的，但主要是伊朗国内的波斯人。"

我听到"砰"的一声，意识到他正用力拍打轮椅的两侧："他是个恶魔！我们波斯人都憎恨他。"接下来是令人窒息的沉默，我听到他沉重的喘息声，他的发泄让他精疲力竭。

"博士和毛拉[①]之间的关系密切。"亚明对我说，他的声音低沉而冷静，"在这个国家，不同宗教派别之间钩心斗角，除了少数从伊朗

[①] 毛拉（Mullah）：伊斯兰国家对老师、先生、学者的敬称。——译者注

国王的资本主义统治中得益的商界人士。"

"我不是怀疑你，"我说，"但我必须说，我已经来这里4次了，却从来没有看到一丝憎恨的迹象。和我交谈过的每个人看起来都热爱他们的国王，并拍手称赞经济的腾飞。"

"那是因为你不会讲波斯语，"亚明开口，"你听到的赞美，都出自从中捞到好处的人，以及从美国、英国留学归来为国王效力的人。而博士是个例外，至少现在是了。"

他停了下来，似乎在思考着接下来该说什么。"这和你们的媒体一样，他们只和他们自己的亲人、自己圈子里的人谈论。当然，很大程度上讲，你们的媒体也是被石油公司控制的。所以他们只听他们想听的，写他们的广告客户想看到的。"

"我们为什么要对你说这些呢，珀金斯先生？"博士的声音比刚才更沙哑，似乎刚才的发泄已经让他的精力完全透支了。"因为我们希望你去劝说你们的公司离开我们的国家。我们要告诫你，尽管你在这里赚了很多钱，但这一切都是虚幻的。这个政府时日不多了。"我再次听到他的手猛拍轮椅的声音。"这个政府倒台的时候，新的政府是不会对你们这些人有丝毫怜悯之心的。"

"你的意思是我们将得不到该得的报酬？"

博士停下来猛咳了一阵，亚明走上前帮他揉了揉背。咳嗽声停了之后，亚明用波斯语对博士说了几句话，然后回到自己座位上。

"我们必须结束此次交谈了。"亚明对我说，"博士对你提出问题的回答是：对的，你们得不到酬劳。你们尽管继续你们的工作，等到要付款的时候，这位伊朗国王已经永远不在了。"

在回去的路上，我问亚明，为什么他和博士愿意预先把这些告诉美因公司。

"我们当然很高兴看到你们公司破产。可是，我们更希望看到你

第三部分
风暴渐息（1975—1981年）

们离开伊朗。如果一个像你们一样的公司离开了，那就开了一个好头，而这是我们想看到的，你明白了吗？我们不想看到这里陷入血战，可是国王必须下台，为此我们会不顾一切。现在还有时间，所以我们向真主祈祷，你能在血战开始之前说服扎姆波蒂先生（Zambotti）离开。"

"为什么是我？"

"上次与你共进晚餐，当我们谈及'让沙漠开花'的计划时，我知道了你是愿意去了解真相的人。我知道我们之前了解到的信息是正确的——你处于两个世界之间，是一个中立的人。"

这让我很惊讶，他到底了解我多少呢？

第 19 章　伊朗国王的垮台

1978 年一个晚上，我独自坐在德黑兰洲际酒店大堂外一个豪华酒吧里。忽然有人拍了拍我的肩膀，我转过头看见一个身穿西服、个头魁梧的伊朗人站在我身后。

"约翰·珀金斯！你不记得我了？"

这个前足球运动员长胖了许多，可是声音没有变。他是我在米德尔布里学院的老朋友法哈德，我差不多有 10 年没见过他了。我们相互拥抱了对方。显然，他对我和我的工作了解得很详细，可他并不打算告诉我太多有关他自己工作的事情。他告诉我，有很"危险"的事将要发生，而他的职责就是确保我平安地离开这个国家。就在那一刻，我明白了法哈德是在为美国中央情报局或者其他类似机构工作。

"还是赶紧进入正题吧，"他说，"明天我要坐飞机到罗马去，我的父母住在那儿。我也为你准备了一张机票，你必须和我一起离开。"他递给我一张机票。我一点儿也没有怀疑他说的这些情况。我很在意工作，但现在首要的工作是生存下去。

在罗马，我和法哈德及他父母共进晚餐。他父亲是一位退休的伊朗将军，曾经英勇地为伊朗国王挡住了一颗子弹，但现在已经对这位

第三部分
风暴渐息（1975—1981年）

国王彻底失望了。他说，在过去几年里，伊朗国王逐渐露出了他自大和贪婪的真面目。这位退休将军谴责了领导层的腐败、政府的专横和美国的政策，尤其是美国对以色列的支持，他认为这些都是中东大规模仇恨爆发的导火索。他预测伊朗国王在几个月之内就会完蛋。

"要知道，"他说，"在50年代，你们美国人推翻了摩萨台政府的同时，就播下了反抗的种子。那时候你们觉得是做了一件很明智的事情，我当时也觉得你们做对了。可现在它又回来找你们了——还有我们。"我被他的话吓到了。我在亚明和博士那儿听到过类似事情，可从这个老人的嘴里说出来又是另外一种味道。那时候，几乎人人都知道伊斯兰地下激进组织的存在，可我们还是相信伊朗国王在绝大多数伊朗人心目中很受欢迎，所以他那几年的政治仕途才会一帆风顺。

"记住我的话，"他的语气很严肃，"国王下台只是一个引子，它是我们伊斯兰世界未来方向的一个预演。我们的愤怒埋藏在黄沙底下太久了，很快将会迸发。"

一顿饭的工夫，我听到许多有关阿亚图拉·鲁霍拉赫·霍梅尼（Ayatollah Ruhollah Khomeini）[①]的事情。法哈德和他的父亲澄清他们并不支持霍梅尼那种狂热的什叶派教义，但对霍梅尼发起的反对国王的革命表示支持。他们告诉我说，霍梅尼1902年出生在德黑兰附近村庄里一个虔诚的什叶派学者家庭，"霍梅尼"这个名字的意义是"神所默示的"。

20世纪50年代，霍梅尼明确表示绝不卷入摩萨台与伊朗国王之间的斗争之中。但到了60年代，他开始积极反对伊朗国王，猛烈批评这位统治者，以至于被流放到了土耳其。接着他来到什叶派圣城——伊

[①]阿亚图拉·鲁霍拉赫·霍梅尼（Ayatollah Ruhollah Khomeini，1902—1989）：伊朗伊斯兰共和国最高领袖，1979年伊朗革命的政治和精神领袖。这次革命推翻了伊朗国王穆罕默德·礼萨·巴列维。从推翻国王开始他一直治理伊朗，直到1989年去世。霍梅尼去世后，伊朗决定领袖问题的专家会议根据霍生前旨意，推举阿亚图拉·赛义德·阿里·哈梅内伊为伊最高领袖。——译者注

拉克的纳杰夫（An Najaf），在那里他成为一位著名的反对派领袖。他发出信件、散发传单、发布讲话录音，要求伊朗人起义推翻伊朗国王，建立一个教权主义国家。

与法哈德及其父母共进晚餐的两天后，伊朗传来了爆炸和暴乱的消息，阿亚图拉·霍梅尼和毛拉们开始进攻，并很快控制了局面。此后，事态发展极快，法哈德的父亲描述的那种狂怒在一次血腥的伊斯兰起义中爆发。1979年1月，伊朗国王逃到埃及避难，然后，他被诊断出患了癌症，辗转到纽约医院治疗。

霍梅尼的拥护者要求美国遣送他回国。1979年11月，一伙伊斯兰武装人员冲进美国驻德黑兰领事馆，劫持52名美国人当做人质，扣留他们达444天。美国总统卡特试图通过谈判要求他们释放人质。1980年4月，当谈判要求被拒之后，卡特总统授权美军采取军事援救。然而此次营救最终变成了一场灾难，最后还导致卡特总统下台。

面对美国商界和政界的巨大压力，病魔缠身的伊朗国王被迫离开了美国。从他离开德黑兰那天起，他就陷入了无处容身的窘境，所有的朋友都避开他。不过这个时候，托里霍斯将军却表现出一贯的大度，让伊朗国王在巴拿马寻得庇护，尽管托里霍斯个人也不认同伊朗国王的政见。伊朗国王到达巴拿马后，他的住所正是不久前新的巴拿马运河条约的谈判地。

毛拉们要求将伊朗国王遣返伊朗，以此来交换被扣留的美国人质。华盛顿那些反对将运河还给巴拿马的人谴责托里霍斯与伊朗国王互相勾结，以至于美国人质的生命受到威胁。他们要求托里霍斯将伊朗国王交给霍梅尼。

博士的预言成真。美因公司和我们的竞争对手在伊朗损失数百万美元；卡特丢掉连任的机会；里根、布什联手带着解救人质、将民主重新带回伊朗以及解决巴拿马运河问题等承诺走进了白宫①。

　　于我而言，教训是惨痛的。在伊朗发生的这一切揭露了美国一直煞费心机掩盖的自己在世界上的真正角色。简直是不可思议，素来精明的美国对伊朗国王的认识怎么会如此肤浅，对伊朗上下反对他的汹涌暗流视而不见呢？甚至像我们这些在伊朗工作的经济杀手，都未能得知真相。我很肯定，甚至早在1972年（就是我与托里霍斯见面的那一年），美国国家安全局和中央情报局都看到巴拿马民众明显是支持托里霍斯，可是他们对此睁一只眼闭一只眼。

---

① 1980年11月的美国总统大选中，里根与布什两人成为共和党总统与副总统候选人搭档，合力与民主党的卡特争夺选票，最后里根、布什取得胜利。——译者注

第20章　哥伦比亚：拉丁美洲的楔石

沙特阿拉伯、伊朗和巴拿马都在我们的游戏规则之外，对这些国家的研究结果有喜有忧。沙特阿拉伯和伊朗都拥有丰富的石油资源，巴拿马则有一条贯通太平洋和大西洋的运河，他们都不符合那一套标准。相比之下，哥伦比亚的形势更为典型。美因公司负责着该国一个庞大的水电站项目的设计和建设。

哥伦比亚的一位大学教授写过一本有关泛美洲关系的书，有一次这位教授告诉我，美国前总统西奥多·罗斯福已经充分意识到哥伦比亚的重要性。据说，这位美国总统有一次指着地图说，哥伦比亚是连接"南美洲拱门的楔石。"我没有去查证其真实性，可是，从地图上看，这肯定是真的。哥伦比亚位于南美洲的顶部，将北美和南美连接起来。哥伦比亚将所有位于其南部的国家以及中美洲、北美洲国家连接到巴拿马地峡。

不管罗斯福是否真的作过这样的比喻，他只是众多认识到哥伦比亚重要性的总统之一。两百多年来，美国都将哥伦比亚看做是一块楔石，更准确地说，是南半球政治和经济的入口。

哥伦比亚这个国家的自然景色得天独厚：拥有大西洋和太平洋岸

边棕榈成行的美丽海滩,巍峨宏伟的山峦,足以与北美中西部大平原媲美的南美大草原,还有一望无际、物种繁多的热带雨林。这里的人也非常特别,结合了来自不同种族在体形、文化和艺术上的特性,有当地的塔里奥那(Tairona)人,也有来自非洲、亚洲、欧洲和中东地区的移民。

哥伦比亚在拉丁美洲的历史和文化中一直扮演重要的角色。在殖民时期,哥伦比亚是西班牙统治秘鲁以北、哥斯达黎加以南所有殖民地的总督府所在地。那时候,金色大帆船从哥伦比亚沿海城市卡塔赫纳(Cartagena)出发,把从智利、阿根廷等国攫取的财富运回西班牙。此外,历史上很多关键性战役都在哥伦比亚爆发,比如,1819年对抗西班牙殖民者的关键战役"博亚卡战役"(Battle of Boyaca),西蒙·玻利瓦尔(Simon Bolivar)指挥的军队就在这里战胜了西班牙保皇党人。

在现代,哥伦比亚以出产拉丁美洲最有才华的作家、艺术家、哲学家和其他领域的精英而闻名,同时其政府廉洁、民主,因而在外界有着极好的口碑。哥伦比亚是肯尼迪总统在拉美国家推行国家建设计划的典范。与危地马拉不同,这个政府并未因为自己是中央情报局计划的产物而感到羞愧;与尼加拉瓜不同,这个政府是人民选举出来的,并非由右翼独裁者操纵;同时,与别的拉丁美洲国家如实力强大的巴西和阿根廷也不同,哥伦比亚并不敌视美国。尽管哥伦比亚的毒品走私非常猖獗,美国依然将其视为战略同盟。

不过,哥伦比亚的光辉历史却被暴力和仇恨抹上了污点。在西班牙殖民统治时期,由于哥伦比亚是总督府所在地,殖民者用印第安人和非洲奴隶的血肉之躯建立起宏伟的堡垒、庄园和城市。为了方便运输,殖民者将金银珠宝熔掉放在大帆船运载回国。曾让哥伦比亚人自豪的文明,在西班牙征服者的利剑和肆虐的疾病之下逐渐荒废。再往近看,1945年,哥伦比亚举行了一次备受争议的选举,其结果加深了各个政党之间的矛盾，导致了10年暴力动乱时期（1948—1957年）。这期间超过2万人因冲突而死亡。

纵然哥伦比亚局势动荡、冲突不断，但是在历史上，华盛顿和华尔街都将哥伦比亚看做是促进美国在泛美洲政治和经济利益的重要因素。除了哥伦比亚关键性的地理位置之外，它还可以成为其他拉丁美洲国家的领导人学习的典范。此外，哥伦比亚不仅能够为美国提供大量产品的原材料——咖啡、香蕉、纺织品、翡翠、鲜花、石油和可卡因，其本身也是美国产品和服务的消费市场。

在20世纪末期，美国向哥伦比亚兜售的最重要的服务之一是工程和建筑专业技术。哥伦比亚是我曾经工作过的国家中较为典型的一个。这个国家将很容易陷入巨大的债务危机，同时哥伦比亚也能用工程利润和国家的自然资源来偿还欠下的债务。这样，对电力输电线路、高速公路和通信工程项目的巨额投资，将促使哥伦比亚开放巨大的天然气和石油资源市场，以及不发达的亚马孙流域领土。而所有这些工程最终产生的利润都将被用于偿还贷款和支付利息。

这就是我们的运作原理。但实际上，与我们在全球范围内所采取的行动一样，我们的真正目的是使哥伦比亚臣服于美国，进一步拓展全球帝国的版图。我的工作，一如在别的国家那样，就是说服他们接受美国的巨额贷款。哥伦比亚并没有像托里霍斯那样的人，所以，我将经济和电力负荷预测的数字放大了数倍。

以往我偶尔会因为自己的工作而有种负罪感，不过这一次例外，哥伦比亚成了我个人的"避难所"。20世纪70年代初，安和我曾经在此共处数月，还在加勒比海沿岸山区分期付款买了一个小小的咖啡种植场。当感情危机刚出现的时候，我想回忆我们一起度过的美好时光，也许可以减轻对彼此造成的伤害。可是这些伤口太深了，直到我们离婚了，我才开始真正地认识这个国家。

第三部分
风暴渐息（1975—1981年）

20世纪70年代，美因公司在这里获得了非常多基础设施建设项目，包括水电站设施网络和配电系统。我在滨海城市巴兰基利亚（Barranquilla）有一个办公室。我于1977年在那里遇到一位美丽的哥伦比亚女子，她让我的生活发生了巨大的变化。

保拉（Paula）披着长长的金发，有着一双迷人的碧绿眼睛——许多外国人都想不到哥伦比亚女子会长得这样。原来，她的母亲和父亲是早年从意大利北部移民至此。她继承了家族的传统，当了一名时尚设计师，并且自己开了一个小工厂，把自己的创意变成了成品，在哥伦比亚各地，以及巴拿马和委内瑞拉的高档商店出售。她是一个热情的人，帮助我走出了因婚姻失意而陷入的个人感情创伤旋涡，改变了我长期以来对女人的消极看法。同时，她也警告我，我从事的工作将会带来怎样的后果。

我之前曾经提及，我的生命是由一系列我无法控制的偶然事件联结起来的。对我来说，这些偶然包括出生于新罕布什尔州郊区一个男校教师的家庭、与安和弗兰克叔叔相遇、越南战争，以及遇到艾纳·格列夫。

一旦我们遇到这些"偶然"，我们就必须作出选择。我们的回应，将会决定命运的走向。比如，在学校的出色表现，与安结婚，加入美国和平队，以及选择当一名经济杀手，所有这些偶然情况下作出的选择决定了我今天的生活状况。

保拉是我生命中的又一个偶然。她对我影响深刻，让我做出了改变生命前进方向的决定并付诸行动。在遇到她之前，我已经在很大程度上认同了我所处的这种体系。虽然我常扪心自问自己究竟在做什么，也因此而时常感到不安，可我总会找到继续下去的理由。

恰好这时候，保拉出现了，否则我很可能会去冒这个险，就像我在沙特阿拉伯、伊朗和巴拿马所做的一样。克罗汀这个女人成功地将我拖下水，让我加入经济杀手的行列；另外一个女人保拉，则扮演着另外一种"催化剂"的角色，她教我反观自己的灵魂，去看清一个无可辩驳的事实：继续扮演经济杀手的角色将让我永远无法获得快乐。

第 21 章　美利坚合众国与全球帝国

一天，我和保拉坐在一个咖啡馆。她对我说："坦白地说，印第安人和所有居住在准备建造大坝的河流两岸的农民都会憎恨你。甚至在城里居住的人也会恨你，虽然他们没有直接受到影响，但他们同情那些不断攻击你们建筑营地的游击队。你们的政府把他们称为共产主义者、恐怖分子和毒品走私犯，可他们只不过是家园正被你们破坏的普通人。"

我与她谈起有关曼纽尔·托瑞斯（Manuel Torres）的事情。他是美因公司聘请的一名工程师，就是最近被游击队袭击的人中的一个。

"据曼纽尔说，游击队拿着 AK-47 步枪向空中和他的脚边射击。"我对保拉说，"他告诉我这一切的时候显得很平静，不过我知道那是因为他当时已被吓傻了。游击队没有打伤任何人，只是给了工程师们一封信，将他们送上船，并将船往下游开去。"

"天哪！"保拉惊呼，"那个可怜的人肯定被吓坏了。"

"当然了。"我告诉她，我问过曼纽尔，他是不是认为他们可能是哥伦比亚革命武装部队（FARC）或者 M-19 游击队——当地最有名的哥伦比亚游击队。

他说都不是，但他告诉我说，他相信那些人在信中说的那些话。

保拉拿起我给她带的报纸，信的内容全部刊登在当天的报纸上。她大声读了起来：

"我们每天都在为生存而努力工作！我们对着祖先的血脉宣誓，永远不让大坝横跨在我们的河流上！我们宁可失去生命，也不会坐以待毙看着我们的土地被水淹没！我们提醒所有哥伦比亚的弟兄们：不要再为美国建筑公司卖力！"她放下报纸，问我说："你是怎么想的？"

我当时犹豫了片刻，仅仅片刻。我说："别无选择。我现在还不能离开美因，我当时问曼纽尔是否觉得信是当地农民写的。"

她坐在那里耐心地看着我，等着我继续说下去。

"他只是耸了耸肩膀，"我们对望了一下，我说，"噢，保拉，我实在很讨厌我现在所扮演的角色。"

"那接下来你是怎么做的？"保拉紧接着问我。

"我用力在桌子上敲了一下，问他到底明不明白带着AK-47的农民意味着什么，接着我又问他知不知道是谁发明了AK-47步枪。"

"那他知道吗？"

"他知道，他低声说是一个俄罗斯人。我告诉他，他是对的，AK-47的发明者是一个名叫卡拉什尼科夫（Kalashnikov）的共产党员，一个获得崇高荣誉的红军军官。随后，我绕着弯子告诉他，写下那封信的也是共产党员。"

"你真的那么认为吗？"她问我。

她的问题让我哑口无言。我该如实回答吗？我回想起在伊朗的时候，亚明说我是一个处于两个世界之间的"中间人"。其实在某些方面，我更希望自己是被游击队袭击的人中的一员。异样的感觉缠绕着我，一种对亚明、博士与哥伦比亚游击队的妒忌悄然出现了。他们都是恪守原则的人，选择了真实的世界，而不是在两个世界之间摇摆不定。

第三部分
风暴渐息（1975—1981年）

"我有我的工作。"最后我这样说。

她微微笑了一下。

"我讨厌这样，"我继续说。我总是想起汤姆·潘恩和许多独立战争时的大英雄、海盗，以及边缘地区的居民。这些年来，他们的形象时常萦绕在我的脑海里。他们立场坚定并勇于承担后果。"每过一天，我对自己的工作的憎恨就多一点。"

她拉起我的手："你的工作？"

我们凝视着对方的眼睛，我明白她言下之意，"对！我的工作。"

她轻轻地握着我的手，慢慢点了点头。我感觉到一丝安慰。

"你要怎样做呢？约翰。"

我再一次无言以对。那丝安慰转变成了一种下意识的防御心理，我有点结结巴巴地说出了那老套的辩驳理由：我想做个好人，我想找到从内部改变这个体系的方法。而且（还是那个老借口）就算我退出，也许有一个比我更坏的人来接替我现在的位置。可从她看我的眼神中我知道，她并不认同我的理由。更糟糕的是，我自己也接受不了这个理由。她迫使我面对一个无法回避的事实：

"那你呢？"我最后问她，"你有什么想法？"

她轻轻叹了一口气，松开我的手说："你是想转移话题吗？"

我点点头。

"好吧，"她同意了，"但有个条件，就是哪天我们仍旧要讨论这个问题。"她凝视着手里的咖啡勺，"我知道有些游击队员在苏联接受训练。"她用勺子在杯子里搅了一下，然后慢慢地舔着小勺。"他们也是没有办法，为了保护他们的家园，他们得知道如何使用现代化武器，学会对付你们的士兵，贩卖可卡因以获得购买武器的资金。你们的世界银行并不会帮助他们。实际上，正是世界银行这种机构将他们逼到了现在这种境地。我相信他们的事业是正义的，而且我也知道，

139

建大坝只对那些腰缠万贯的哥伦比亚特权家族有利,而成千上万的人将会因为水源被污染遭遇不幸。"

她对那些反对我们的人充满了同情,这让我全身毛发直竖。

"你怎么会对游击队如此了解?"在我提出问题的时候,我有种要被淹没的感觉,我明白自己其实并不想知道答案。

"他们中有些人曾经是我的同学。"她说。接着,她迟疑了一下,将她的杯子往一边推开,"我的哥哥也参加了运动。"

原来是这样。我感觉自己像一只泄了气的皮球,我曾自认为对她的了解已经够深了,可是……我的脑子里闪过一个奇怪的画面——一个男人回到家里,发现自己的女人和另一个男人躺在床上。

"为什么你之前没有告诉我?"

"我为什么要告诉你呢?看起来这和你毫不相干,而且也不是什么值得炫耀的事情。"她停顿了一下,"我已经整整两年没有见过他了,他必须时时刻刻小心谨慎。"

"你怎么确定他还活着?"

"我不确定,不过政府最近把他列入了通缉名单。对我来说,这是个好消息,至少证明他还活着。"

我努力克制着不去发表意见,因为我不希望她发觉我此时的妒忌。"他是如何成为游击队员的?"我问。

还好,她的目光一直注视着咖啡杯,没有察觉到什么。"因为他在一家西方国家的石油公司办公大楼外面抗议。那天,他和几十位朋友一起,去抗议那家石油公司在土著人世代生活的森林里开采石油,结果遭到了军队的袭击并且被关进监狱。要知道,他们没有做任何违法的事情,只不过是站在大楼的外边举起标语和横幅而已。"她向身旁的窗户望出去,"他们关了他近半年。他从来没有告诉我们在里面所发生的事情,可是他出来的时候,完全变了一个人。"

第三部分
风暴渐息（1975—1981年）

　　这一次的讨论只不过是个开头，后来我们间还有不少类似的谈话。我的心绪已经被扰乱了，可是10年前就被国家安全局发现的那些弱点仍然左右着我。保拉一直努力让我明白这一点，让我鼓起勇气面对埋藏在心灵深处对海盗和叛逆者的迷恋。在通往救赎的路上，她向我伸出了援手。

　　除了个人所面临的困境之外，在哥伦比亚度过的日子，也让我明白了过去的美利坚合众国与今天的全球帝国之间的区别。美利坚合众国给予世界的是希望，其建立的基础是道德和哲学，而不是物质主义；美利坚合众国的原则是为所有人追求平等和公正，她不仅仅是一个乌托邦般的梦想，而是一个生机勃勃的实体：它将张开臂膀，去保护那些受压迫的人。它是一种鼓舞，也是一种促使人们思考的力量。一旦有需要的话，它将立刻行动起来，就像二战时期那样，维护其坚守的信念。而大型公司、银行和政府等威胁着美利坚合众国的机构，让世界产生了巨大的变化。

　　全球帝国的进程，让这个国家偏离了原来的发展方向。它是一个一切以自我为中心、自私自利、物质至上的体系。一如历史上的帝国，为获取资源、为卷走可见的一切而不断扩张。它总是试图去满足其统治者那永远填不满的胃口，用尽一切手段获取权力和财富。

　　在认识到这个区别的时候，我对自己所扮演的角色也有了更清晰的理解。克罗汀曾经很坦诚地告诉过我，如果我接受美因的工作将得到什么。可是，如果没有在印度尼西亚、巴拿马、伊朗和哥伦比亚等国家工作的经历，我很难明白话中的深层含义。如果没有像保拉那样一位女子对我付出的耐心和关爱，和我分享她自己的故事，我同样也无法理解这些。

　　我忠于美利坚合众国，当然我也不得不承认，在我们建立帝国主义的进程中，我们一直试图以经济手段取代武力手段：越南战争中我们使用了武力,结果让自己陷入了泥淖。美军在东南亚的经历让我们懂得武力是有局限性的,于是美国的经济学家立即作出回应,共同制订了一个比单纯的武力入侵更好的计划。而我们这些外国援助机构和承包商对实施这些计划游刃有余。

在全球每一个大洲的国家里,我都看到人们在为美国的公司劳碌奔波,尽管那些公司不全是经济杀手网络的组成部分。像许多美因公司的工程师那样,那些公司的人对他们所作所为的后果懵然不知。他们确信为他们生产鞋子、制造汽车零部件的工厂是在帮助当地穷人摆脱贫困,而不是将他们推进如中世纪庄园和南部种植园的那种奴隶制度的深坑中。像所有剥削制度早期状态一样,现代的农奴或奴隶已适应了社会化的要求。他们自信与那些依靠救济金生活的可怜人、生活在黑暗洞穴里的人、在非洲丛林中的土著,或者是在美国边疆野外生活的人相比,他们更幸福。

我内心一直在挣扎,究竟应该继续留在美因,还是应该在它变成公开的战场之前离开。我的良心告诉我应该立即离开,可作为一个经济师,我却没有那么肯定。

我自己的王国正在不断扩张,我的雇员队伍也在不断壮大,越来越多的国家被纳入我的网络中来,同时我还获得了更多的股权,这一切都让我更加自负。除了奢侈的生活方式和不断膨胀的权力所带来的诱惑外,我还经常想起克罗汀当初的告诫:一旦我踏了进来,就永远别想走出去。

克罗汀在很多事情上都是对的。

"那是很久以前的事情了,"保拉说,"生活已然发生了变化。何况,你现在过得一点也不开心,有什么能比这更糟的呢?"

这是后来保拉不断重复的观点,最后我认同了。我向她同时也向自己承认,所有的金钱、欲望都不能成为制造混乱、贫穷的理由。作为美因的合伙人,我日益富有,而且如果我继续留在这里,我永远也别想走出去。

有一天,我们漫步在卡塔赫纳(Cartagena)西班牙堡垒旧址附近的沙滩上——一个被海盗袭击过无数次的地方。在那里,保拉问了一个我从未想过的问题,"如果你不将你知道的那些事情说出来,会怎么样呢?"

"你的意思是……保持沉默?"

"对。不要给他们纠缠你的理由。实际上,你有足够的理由可以让他们放开你。"

她说得很对,为什么以前就没有人这样对我说呢。我不用去写书或者做任何其他事情来揭露真相。我做不了一个改革者,只是一个普通人,希望全心全意去享受生活,周游各国,或者与保拉这样美丽善良的女子建立一个家庭。我已经受够了,我只想离开。

"你所了解的一切都是谎言,"保拉补充了一句,"你的生活就是一个谎言。"她脸上露出一丝得意的笑容,"你最近看过自己的个人简历吗?"我说没有。

"去看看吧,"她建议说,"有一天我无意中看到了你简历的西班牙版本。如果有英文版本也是同样内容的话,我想你会觉得很有趣。"

第22章 我的金色面具

我在哥伦比亚时,听到了美因总裁杰克·道伯(Jack Dauber)退休的消息。美因公司主席兼首席执行官麦克·霍尔(Mac Hall)指定布鲁诺为道伯的接班人。哥伦比亚巴兰基利亚的电话顿时被打爆了,大家都觉得我很快就会得到晋升,毕竟我是布鲁诺的得意门生之一。

事情的变化和流言让我对自己在公众心目中的位置更加好奇。我还在哥伦比亚的时候,想起了保拉的建议,查看了自己的西班牙语版本简历,我被吓到了。回到波士顿,我找出了英文简历的原版和一份1978年11月的公司内部杂志《美因干线》(*MAINLINES*),杂志里的一篇文章提到了我,标题是《为美因客户提供新服务的专家》。

我曾一度对那份简历和文章感到非常自豪,可是现在与保拉一样,我只感觉到愤怒和沮丧。他们在这些档案中做足了表面功夫,掩盖事实真相。档案反映了我们这个时代的现实,深入到当前我们向全球帝国迈进的步伐中。他们通过一种独特的方法,用我的故事作为象征,再用一个金灿灿的面具来掩饰其虚伪、阴暗的一面。

这种名声并不能让我感到欣慰,相反,我知道自己要为简历中所写的那些负责任。这篇文章的结尾描述了我参与美国和平队在厄瓜多尔的工作,却丝毫没有提及美国和平队本身的性质。它给读者的印象是我当时是建筑材料公司的专业管理人员,而实际上,我只不过是协助安第斯造砖农民建立一个小合作社的志愿者而已。

简历后边列出了一大串公司客户的名称,包括国际复兴开发银行（International Bank for Reconstruction and Development,通称世界银行）、亚洲开发银行（Asian Development Bank）、科威特政府、伊朗能源部、沙特阿拉伯的阿拉伯-美国石油公司（Arabian-American Oil Company）、巴拿马国家水电资源公司、印度尼西亚国营电力公司,以及许多其他公司的名称。最能引起我注意的莫过于最后几个：美国财政部、沙特阿拉伯王国。我很惊讶,这样的一个条目居然会出现在我的简历上。

我把这份简历放在一边,开始看美因公司的《美因干线》杂志上的那篇文章。我很清楚地记得作者采访我的情景,那是一名非常聪明和善良的年轻女记者。在文章发表之前,她还先让我看过文章以得到我的应允,我当时十分满意她对我形象的刻画。

我当时认可了这篇文章,现在看来,我该为当时的认可感到羞愧。文章开头如下：

> 看着桌子背后的那些面孔,很容易就看出经济和区域规划已成为最近美因公司迅速发展起来的学科之一……
>
> 尽管经济小组是很多人参与发起的,但最主要的还是约翰·珀金斯先生,他已经成为该组的领头人。
>
> 1971年,他作为电力负荷预测师的助手被聘用。约翰是当时在美因公司工作的为数不多的几名经济师之一。他第一次任务是随同一个11人小组外派到印度尼西亚做电力需求研究项目。

文章简要地叙述了我之前的工作经历，点明我"在厄瓜多尔的3年里做了些什么"，接着的文字如下：

> 这段时间里，约翰·珀金斯结识了艾纳·格列夫（一名美因公司前雇员，他离开美因后，成为图森燃气与电力公司的总裁），格列夫当时正好在厄瓜多尔的波蒂镇为美因公司的一个水电项目工作。两人通过书信来往很快成了朋友，随后，约翰在美因公司谋得一职。
>
> 大约一年之后，约翰成为电力负荷预测师的领队，而且，由于像世界银行这样的客户的增加，他意识到，美因应该引入更多的经济师。

两份材料都有复印件记录存在我的档案之中，可是现在看来，这两篇文章字面上所表达的意思已经被扭曲了。在一个崇尚正规档案的文化里，他们耍的是一种更阴险的花招。直白的谎言一下就会被驳倒，而这样的两份材料却无法反驳，因为在某种程度上它确实是真实的。它们是由一个被其他公司所信任的企业、银行和政府写出来的，而不是公然的欺骗。

让简历看起来更为真实的地方在于它是一份官方档案，而与之并列的文章，是一本公司内部杂志刊登的采访，而且署上了记者的名字。简历的右下角还印有美因公司的标志。美因不少计划书和报告的封面都会出现我的这份简历，以便为计划书和报告增光。我的简历在国际商界有着举足轻重的影响，它是我身份的权威、真实的证明，与学历证书和装裱起来的资格证书上的图章一样。

档案把我描述成一个了不起的经济师，一个有名气的咨询公司的部门主管，足迹遍及全球，研究课题广泛，旨在让世界变得更加文明和繁荣。这种欺骗无法直接在字里行间读出，而是体现在其所省略的内容里。若我将自己看成一个局外人，以客观的角度来看，我必须承认省略的内容中存在着许多问题。

例如，档案从未提及我被国家安全局招聘，也没有提到艾纳·格列夫与军队的联系，更没有说明艾纳是一名国家安全局的联络员。对我在高压之下不得不做出的极度夸张的经济预测也只字不提，另外对我的工作绝大部分是在给印度尼西亚和巴拿马那样无偿还能力的国家设下巨额债务圈套的这个事实也刻意隐瞒。对我的前任霍华德·帕克没有一句赞许之辞，也没有提到我是因为"合作态度好"，愿意提供上司爱看的电力负荷预测而成为带头人。我不像霍华德那样因说出自己的真实想法而被解雇了。最让人不解的就是在所有的客户名单下面最后那一行：美国财政部、沙特阿拉伯王国。

我不断地看那一行字，揣测人们会怎样理解其中的含义。他们可能会问，究竟美国财政部与沙特阿拉伯之间是怎样一种关系。也许有人认为这是印刷错误，将两行字错误地排成了一行。绝大多数的读者都猜不出事情的真相，这样的编排有着特殊的原因。只有在我那个圈子里的人才会明白：我是"世纪大计"的参与制定者，这桩交易将改变世界历史，却永远不会公之于众，永远不会出现在任何一张报纸上。在我的穿针引线之下缔结的盟约，保证了石油源源不断流进美国，同时也捍卫了沙特阿拉伯王室在国内的统治。

《美因干线》杂志的文章最后一段是作者对我的评价。可就是这段评价，触动了我最敏感的那根神经：

> 经济与区域规划的发展步伐不断加快，然而，约翰却认为他的成功是因为他很幸运有这么一班努力的专业人士相助。在进行访问的时候，约翰对他属下的关心和感激溢于言表。

实际上，我从来就没有把自己当做一名真正的经济师。我从波士顿大学的商业管理学院毕业的时候是理科学士，主修市场营销。我的数学和统计学都很糟糕。在米德尔布里学院，我主修美国文学，写作对我来说毫不费力。我能当上首席经济师和经济与区域规划经理，不能归因于在经济或者是规划上的能力。我的成功，不过是因为我愿意做出老板喜欢看的研究和结论，再加上我天生有一种能通过文字来说服别人的本领。

我把这两份文件和其他一些类似的档案放在办公桌最上层的抽屉里，时不时拿出来看看。当我在同事的办公桌之间走动，看着他们为我孜孜不倦地忙碌时，我为自己向他们隐瞒真相感到惭愧，对自己在将贫富差距不断拉大的过程中扮演的角色深感内疚。我想起了那些每天都要饿着肚子的人，我和下属却每天出入高档的酒店和餐厅，同时为自己账户上不断增加的钱而沾沾自喜。

我意识到，我一手带出来的人现在都已加入了经济杀手的行列。我招聘了他们，培训了他们，亲手将他们拉了进来。当今的形势已与当年我进入这个圈子时大有不同。世界沧海桑田，公司王国也已更进一步，而我们则变得更加邪恶。为我卖力的这些人与我又有不同：从来没有人告诉他们，他们实际上是在为全球帝国履行使命，在他们的生命中，没有经历过国家安全局的测谎考验，也没有接受过克罗汀这样的人的培训。对经济杀手，他们都是闻所未闻，也没有人告诉他们，他们已经深陷其网络之中。他们只知道以我为榜样，弄清奖惩制度中的具体条款，给出能让我满意的研究结果。他们的工资、圣诞节奖金，甚至他们的工作都是建立在取悦我的基础上。

当然，我竭尽所能去减轻他们的负担。我写了不少论文，作了很多演讲，利用每一个机会向他们灌输作出乐观预测的重要性，让发展中国家的国民生产总值增长的重要性，乃至让世界变得更加美好的重要性。不到十年的时间，我们已经达到了一种新境界，对他国的诱惑、威胁已经成功地披上了更加隐讳的外衣，更加温和却能给其他国家的人造成洗脑的效果。在我的办公室门外的那些兄弟姐妹们，已经作好精心准备，正在全世界推广全球帝国的丰功伟绩。从某种角度来说，是我造就了他们，就像克罗汀造就了现在的我。可与我不同的是，他们仍然被蒙在鼓里。

我度过了许多个不眠之夜，一想到这些，我就会心乱如麻。由保拉带出的简历一事，让我越来越不安，我时常对职员们的"无知"羡慕不已。我欺骗了他们，可这样一来也让他们免受良心的谴责。"无知"让他们无须与自己的良心反复斗争，无须像我那样愧疚。

我总是在考虑商业的诚信问题，想到了表象与本质的联系。我安慰自己说，从人类有历史记载开始，人与人之间的尔虞我诈从未停息。人物传奇和民间传说中，充斥着数不尽的谎言与被歪曲的事实：弄虚作假的地毯商人、放高利贷的债权人、哄骗皇帝的两个假裁缝……

如果是这样的话，那我就可以得出一个结论：世事历来都是如此，历史中充满欺骗，我在美因的简历和背后的事实只不过体现了人的本性。我内心十分清楚，虽然换了个样子，这依然是一种欺骗。我们的骗术已经达到一个新境界，一种通往自我毁灭的新境界，不仅是道德上的沦丧，也是躯体上的灭亡，就像一个消失的文明那样，除非我们立刻做出翻天覆地的改变。

我可以用有组织犯罪的发展过程来做比喻。黑手党头子一开始都是地痞流氓，随着时间推移，他们的组织得到壮大，其中一些人爬上了社会顶层。他们不仅富有，更重要的是他们和政界有了联系，于是他们的组织开始彻底地改头换面。他们穿上了笔挺的西装，有了正当职业，用合法社团的外衣掩盖自己的真面目。他们支持当地慈善机构，受到人们尊重。他们还很乐意向那些陷入绝望的人伸出援手，就如在美因公司简历中描述的那个约翰·珀金斯一样，从表面上看都是良好市民。然而在这个光环之下隐藏的是一缕一缕血痕，当债务人无法偿还债务时，杀手就会提出他们的合法却不合理的要求；一旦要求得不到满足，"豺狼"就会手持大棒包围他们。最后，他们才出动撒手锏——枪炮。

我明白，所有笼罩着我的光环，什么首席经济师、经济与区域规划经理，其实与地毯商人的骗术没有什么两样，买家一般无法轻易察觉出来。不过，与地毯商人不同的是，我的这些头衔是一个邪恶体系的组成部分，这个体系的目的并非是欺骗单个的顾客，而是为了建立一个全球帝国。

我的每一名员工，都有一个头衔，像财务分析师、社会学家、计量经济师、影子定价①专家等。然而这些头衔，都没有体现出他们经济杀手的真实身份。他们中的每一个人都在自己没有意识到的情况下，为全球帝国的利益服务。同时，这些头衔背后的真相是，并不只有我们才是经济杀手。

每一家跨国企业，从体育用品制造商到重型设备生产商，都有他们自己的经济杀手。强盗们丢弃了他们的皮夹克，换上笔挺的西装，摆出一副让人不得不肃然起敬的架势。

这些人从纽约、芝加哥、旧金山、伦敦和东京等大城市的企业里走出来，涌向全球每一个大洲，劝说腐败的政客接受他们的贷款，让公司王国为他们的国家套上永远打不开的枷锁，让绝望的人不得不向工厂和生产线出卖自己的劳动力。

我们已被一个道德败坏的、最终将走向自我毁灭的体系套上了沉重的枷锁。想明白这一切后，我觉得心烦意乱。

---

① 影子定价（Shadow Pricing）：对非市场流通货品的任意定价。——译者注

约翰·珀金斯
(John Perkins)

工作经历

约翰·珀金斯是电力环境部经济分部经理。

自加入美因公司，珀金斯先生经管了公司在美国境内、亚洲、拉丁美洲及中东的主要项目，其工作包括发展规划、能源需求预测、市场研究、经济预测、工程选址、能源调配分析、经济可行性研究、环境及经济影响研究、投资规划和管理咨询。另外，许多涉及培训客户应用新技术的课程也是由珀金斯和美因其他人员制订。

最近，珀金斯先生正负责以下这些项目：1.预测能源需求以及量化经济发展与能源产量之间的关系；2.评估项目的环境及社会经济影响；3.在国家和区域经济规划中应用马尔可夫和计量经济学模型。

加入美因之前3年，珀金斯曾在厄瓜多尔进行市场研究，组建并管理建筑材料公司。他对在厄瓜多尔设立信贷和储蓄合作社也进行了可行性研究。

教育经历

商业管理学士学位

波士顿大学硕士学位

研究课题

建模、工程经济学、计量经济学、概率规律

语言能力

英语、西班牙语

所属专业学会

美国经济学会

国际开发学会（美国）

著作

《马尔可夫程序在预测电力需求中的应用》

《能源预测中的马尔可夫算法》

《描述经济与环境之间直接与间接作用的模型》

《互联系统中的电能》

《马尔可夫算法在规划中的应用》

资格

> 预测研究
> 市场研究
> 选址研究
> 经济影响研究
> 投资规划
> 原料供给研究
> 经济开发规划
> 培训课程
> 配置规划
> 管理咨询

客户资源

> 沙特阿拉伯的阿拉伯-美国石油公司
> 亚洲发展银行
> 博伊西加斯凯德公司
> 城市服务公司
> 代顿电力与照明公司
> 通用电器公司
> 科威特政府
> 巴拿马国家水电资源公司
> 美洲开发银行
> 伊朗能源部
> 纽约时报
> 纽约州电力署
> 印度尼西亚国营电力公司
> 南卡罗莱纳州电力燃气公司
> 纸浆及造纸业技术协会
> 联合坎普公司
> 美国财政部
> 沙特阿拉伯王国

为美因客户提供新服务的专家

看着桌子背后的那些面孔，很容易就看出经济和区域规划已成为最近美因公司迅速发展起来的学科之一。迄今为止，这个小组约有 20 名专家，共同进行一个为期 7 年的项目。这些专家不但包括了经济师，也包括了城市开发规划师、人口统计学家、市场分析师，以及美因的第一位社会学家。

尽管经济小组是很多人参与发起的，但最主要的还是约翰·珀金斯先生，他已经成为该组的领头人。

1971 年，他作为电力负荷预测师的助手被聘用。约翰是当时在美因公司工作的为数不多的几名经济师之一。他第一次是随同一个 11 人小组外派到印度尼西亚做电力需求研究项目。

"他们想知道我是否能在这里活上 3 个月。"回忆往事，他笑道。可是以他的背景，约翰毫不费劲地"活下来"了。他曾在厄瓜多尔的一个建筑材料合作社工作了 3 年，其间他帮助了当地的盖丘亚（Quechua）人，印加人的后裔。约翰说，这些印第安人，他们在工作中遭受严重剥削，为了保护他们，厄瓜多尔当地的机构请求他帮忙办了一个合作社。后来约翰租了一辆火车帮助他们将烧制的砖块直接运给顾客。结果，他们的利润猛涨 60%。两年半之后，所得的利润在合作社的家庭中进行平分，其中有 200 户盖丘亚人受益。

这段时间里，约翰·珀金斯结识了艾纳·格列夫（一名美因公司前雇员，他离开美因后，成为图森燃气与电力公司的总裁），格列夫当时正好在厄瓜多尔的波蒂（Paute）镇为美因公司的一个水电项目工作。两人通过书信来往很快成为朋友，随后，约翰在美因公司谋得一职。

大约一年之后，约翰成为电力负荷预测师的领队，而且，由于像世界银行这样的客户的增加，他意识到，美因应该引入更多的经济师。"尽管美因是一个咨询公司，但是，我们的客户告诉我们必须走出自身的局限。"1973年，他聘请了更多的经济师，同时也制定了一套规章，后来他成为首席经济师。此后，约翰参与的规划包括巴拿马的农业开发项目。

与此同时，美因公司的第一个社会学家玛莎·海斯在巴拿马进行了公司的首次社会学调查。玛莎在巴拿马进行了为期一个半月的调查，其分析项目将给当地居民的生活和文化带来较大的影响。为了进行这个研究，美因也聘请了一些农业专家，以及其他相关行业的专家。

经济与区域规划的发展步伐不断加快，然而，约翰却认为，他的成功是因为他很幸运有这么一班努力的专业人士相助——约翰对他属下的关心和感激溢于言表。

《美因干线》1978年11月

第23章　总统与石油巨头之争

在哥伦比亚和巴拿马的工作让我有许多机会接触与游览我的"第二故乡"——厄瓜多尔。厄瓜多尔一直以来都处在独裁者和代表美国政治和经济利益的右翼寡头的统治之下。从某种程度上来说，这个国家是一个典型的香蕉共和国（Banana Republic）①，是像都乐食品公司这样的行业巨头的主战场。

对厄瓜多尔的掠夺始于20世纪60年代后期，从对其境内石油公开的抢占，发展到一小撮统治着厄瓜多尔的家族被世界银行玩弄于股掌之间。这些家族接受世界银行的巨额贷款，承诺用石油收入来偿还。公路、工业园、水电大坝、输电站与配电站，以及其他电力工程在厄瓜多尔如雨后春笋般涌现，国际工程与建筑公司在这里又一次大发横财。

但是，在这个安第斯山脉国家，却有一个人公然站出来反对厄瓜多尔权势家族的腐败，反对他们与帝国主义政府勾结，这个人就是海梅·罗尔多斯（Jaime Roldós）。海梅·罗尔多斯在临近40岁时，还是一名大学教授和律师。我曾经与他见过好几次面，他拥有不凡的领

---

① 香蕉共和国（Banana Republic）：是一个经济体系属于单一经济（通常是经济作物如香蕉、可可、咖啡等），拥有不民主或不稳定的政府，特别是对那些贪污严重，有强大外国势力介入的国家的贬称，通常指中美洲和加勒比海的小国家。——译者注

袖气质，深得民望。有一次，我有点急躁地主动提出：只要他需要，我可以乘飞机到基多给他做免费经济咨询。我用的虽然是半开玩笑的语气，但是实际上我很乐意在度假的时候给他一些建议。我对他颇有好感，而且告诉他我一直在寻找一个好的借口可以去厄瓜多尔玩。他笑着向我提出了类似的约定，说只要我需要，可以随时找他谈石油开发问题。

他是平民主义和民族主义的代表，他深信穷人应该拥有应得的权利，也深信政治家有责任谨慎地支配自己国家的自然资源。从1978年角逐总统开始，他受到了厄瓜多尔国民的关注，受到了来自所有石油资源被外国公司掠夺的国家人民的关注，也受到了那些希望自己的国家能挣脱强大的外力控制、取得独立的人民的关注。罗尔多斯是一个不可多得的现代政治家，他从不畏惧与强权的斗争，紧紧盯着美国石油公司和背后支持着他们的那个体系。

最好的实例就是他对美国暑期语言学院（Summer Institute of Linguistics, SIL）发起的诉讼。暑期语言学院是一个来自美国的新教会传教士团，与石油企业其实是一家。我在美国和平队的那段日子里，对暑期语言学院颇为熟悉。这个传教士团已经走进了厄瓜多尔。他们打着研究、记录和翻译土著语言的旗号，深入全球许多发展中国家。

在石油勘探开发的早期，暑期语言学院在亚马孙盆地与当地的奥拉尼族（Huaorani）有全面的合作，一种令人不安的"协助模式"在那时候出现了。只要地质学家向石油公司的领导层汇报某个区域的地表之下很有可能蕴藏着丰富的石油资源，暑期语言学院的人就会立刻来到此处，游说当地的土著民族迁离此地，搬到传教士团的驻扎地去。在那里，土著居民可以得到免费食物、住所、衣服、医疗服务，并接受教育，条件是他们必须把自己的土地转让给美国公司。

有传言说，传教士用一种秘密手段让奥拉尼部族居民舍弃了自己的房屋,搬到他们驻扎地。普遍说法是传教士骗奥拉尼部族人吃下了含有大量泻药的食物,然后再给他们提供治疗腹泻的药物。还有一种传言,暑期语言学院的人在奥拉尼族人居住的土地上,空投下装满食物的箱子,里面安装有微型雷达发报机。驻扎在贝壳城军事基地通信站点的美国军队操纵着精密的雷达接收器,接收发报机发回的信息。一旦部落的某个成员被毒蛇咬了或者病重了,暑期语言学院的代表就会立刻带着抗蛇毒血清或者其他急救药物和设备从天而降,而他们乘坐的通常是石油公司的直升机。

在石油勘探的早期,暑期语言学院的 5 名工作人员的尸体被发现,他们的身体被奥拉尼族人的长矛刺穿。后来,奥拉尼族人放出口风,说他们这样做是为了警告这些人,让他们赶紧滚蛋。可是美国人对他们的警告充耳不闻。实际上,奥拉尼族人的警告最后还起了反作用。

雷切尔·桑特(Rachel Saint)是其中一个被害者的姐姐,她后来在美国各州巡行,在国家电视台的节目中露面,为暑期语言学院和石油公司筹款,她认为暑期语言学院和石油公司是在帮助"野人"变得文明,帮助他们接受教育。有消息透露,暑期语言学院从洛克菲勒慈善组织得到大笔善款。年轻的约翰·D. 洛克菲勒(John D. Rockefeller)创办的标准石油(Standard Oil)后来被拆分成了几家石油公司,包括雪佛龙、埃克森和美孚石油。

罗尔多斯和托里霍斯走的是同一条路,这一点引起了我的注意。他们两人都站出来与全球最强势的国家对抗,托里霍斯誓要夺回运河,而罗尔多斯在石油领域的民族主义立场吓倒了全球最有影响力的企业。像托里霍斯一样,罗尔多斯也不是共产主义者,可他选择了坚定地保卫国家的自决权利。然而,他的命运也像托里霍斯一样,大公司和华盛顿决不会容许罗尔多斯担任总统之职,这意味着一旦他当选,就可能面临着危地马拉总统阿尔本兹或者智利总统阿兰德那样的厄运。

对我来说,这两位总统是拉丁美洲一场新政治运动先锋。这场运动为后来的改革打下了坚实基础,影响着全球各地的发展中国家。他们不是卡斯特罗,也不是卡扎菲(Gadhafi)①,他们没有与苏联结盟;他们与阿兰德也不同,没有与国际社会主义运动结盟。他们务实而不独断,是深得民心、魄力逼人的领袖。他们是民族主义者,但他们并不敌视美国。公司王国建立在三根柱子之上——大型企业、国际银行和与之勾结的政府,最有可能让政府这根柱子倒塌的人就是罗尔多斯和托里霍斯。

罗尔多斯的政治纲领主要由"碳氢化合物政策"(Hydrocarbons Policy)②组成。这个政策指出,尽管厄瓜多尔蕴藏着丰富的石油资源,但是对石油的开采必须以能够为这个国家绝大多数人带来最大利益为前提。罗尔多斯心中有一个坚定的信念:一个国家有义务全力帮助国内的贫困人民,以及被剥夺了公民权利的人。他希望其政策能实实在在为社会带来改变。他知道自己必须小心行事。他深知,在厄瓜多尔,和许多其他国家一样,如果没有那些具有影响力家族的支持,他不可能成功当选。同时他也明白,没有这些家族的支持,他或许也能胜出,但是他的政策要真正实施,必须得到他们的赞同。

幸运的是,这段时期美国政府由卡特执掌。尽管有来自德士古③和其他石油公司的压力,但华盛顿并没有对厄瓜多尔事务多加干涉。换成其他总统当政,无论是来自共和党还是民主党,都不可能这么幸运。

这个"碳氢化合物政策",比其他任何因素都更能说服厄瓜多尔

---

① 奥马尔·穆阿迈尔·卡扎菲(Omar Mouammer al Gaddafi):1969年9月1日,领导"自由军官"组织,推翻伊德里斯王朝,建立了阿拉伯利比亚共和国,任革命指挥委员会主席兼武装部队总司令;1970—1972年任总理兼国防部长;1977—1979年任总人民委员会总秘书处总秘书;1977年起成为革命领导人兼任武装部队最高统帅。——译者注
② 碳氢化合物政策(Hydrocarbons Policy):这里的碳氢化合物指石油。石油由碳氢化合物为主混合而成。——译者注
③ 德士古(Texaco)公司:又称得克萨斯石油公司,美国的大型石油公司之一,1901年成立,总部设在纽约州的哈奇森。——译者注

人民支持罗尔多斯，把他迎入基多的总统府。他是厄瓜多尔在经受多年的独裁统治后，第一个通过民主选举产生的总统。他在1979年8月10日的就职演说中归纳了这项政策：

> 我们必须采取行之有效的方法保卫国家的能源资源。国家必须保持出口产品的多样性，同时不能失去经济独立……我们的决策必须体现国家的利益，同时捍卫我们的领土主权。

上任伊始，罗尔多斯就将重点放在德士古公司。当时，德士古是厄瓜多尔领土上"石油争夺战"主角。石油巨头德士古不信任新任总统，也不愿意成为新政策殃及的"池鱼"。德士古对"碳氢化合物政策"非常警惕，认为这样的政策日后很可能成为其他拉美国家效仿的模范。罗尔多斯的一名主要顾问何塞·卡瓦哈尔（José Carvajal）在演讲中总结了新政府的态度：

> 如果一方（德士古公司）不希望承受风险，不愿意投资石油勘探，或者在有石油特许经营权的区域开采石油，另一方有权利进行投资并且以所有者的身份接管……
> 我们认为我国与外国公司之间的关系必须是公平的。我们必须在斗争中保持强硬，准备好承受各种压力。

1980年的元旦，我下定了决心。那天是下一个10年的开端。再过28天，我就35岁了。我决心在新的一年里做出我一生中最重大的改变。

另外，这个时候发生了一件令人意想不到的事情。在毫无预兆的情况之下，马克·霍尔解雇了美因历史上最为成功的总裁布鲁诺。

第24章 辞 职

马克·霍尔解雇布鲁诺的消息在美因公司引起了强烈震动。布鲁诺在公司内部也有一些"敌人",可即使这些"敌人"也大吃一惊。不少员工认为霍尔解雇布鲁诺是出于妒忌。无论是午餐时,还是在咖啡车旁边,大家对此都议论纷纷。他们认为霍尔感觉比他年轻15岁的布鲁诺对他造成了威胁。布鲁诺在担任总裁期间,将美因的盈利能力提高到一个从未达到过的高度。

"霍尔不会让布鲁诺继续这样威风下去,"其中一个人说,"霍尔知道布鲁诺接替他的位置只不过是时间问题,到时候,他这个老家伙就该出局了。"

像是要证明这些流言都是真的,霍尔任命保罗·普里迪(Paul Priddy)担任新总裁。保罗在美因担任副总裁多年,是一个和蔼亲切、一丝不苟的工程师。在我看来,他毫无个性,是个只会随声附和的人,永远不可能以优秀的业绩威胁到霍尔的地位。很多人有同样的看法。

对我来说,布鲁诺的离开简直是一场灾难。他曾是我的导师,也是公司国际项目的关键人物,而普里迪的重点是国内业务,他对公司的海外项目知之甚少。美因此后会朝着什么方向前进成了未知数。我

第三部分
风暴渐息（1975—1981年）

给布鲁诺打了个电话，电话里他显得很冷静。"嗨，约翰，霍尔知道没什么合理的理由解雇我，"他说，"所以我要求他给我一笔数目不菲的遣散费，他答应了。霍尔控制了多数有表决权的股票，一旦他作出决定，我就别无选择了。"布鲁诺在电话里还暗示，曾经是美因客户的几个国际银行有意聘请他担任要职，他也在考虑之中。我问他我该怎样做。

"处处留心，"他说，"马克·霍尔已经脱离了现实，可是没有人会告诉他这个事实，尤其在他这样对待我之后。"

直到1980年3月底，布鲁诺被解雇的事仍然影响着我，因此我决定到维京群岛（Virgin Islands）去放松。当初我选择这个地方的时候，并没有料到此行对我最后作出决定、完成我的新年愿望会起到那么大的推动作用。

我沿着弗朗西斯·德雷克爵士海峡（Sir Francis Drake Channel）展开了航行，船在海上自由地穿梭。忽然，一艘挂着彩条旗的木船迎面驶来，它的船帆朝两边鼓起，顺着风飞快经过我身边。船上的十几个男女向我欢呼招手，他们中有的穿着色彩鲜艳的嬉皮士服装。从那一艘船的风格和他们自由、放荡不羁的外表来看，他们应该是群居海外的"现代海盗"。

一阵嫉妒几乎将我淹没。我渴望那种自由。在那一刻我忽然明白，我的憎恨、愤怒，与我的父母毫不相干。他们赐予我生命，一直鼓励我，他们不应成为我抱怨的对象。我必须为自己犯下的错误负责。

随后，我驶入伦斯特海湾（Leinster Bay），将船停靠在圣约翰岛旁，英国海盗船曾经潜伏此处等待"无敌舰队"到来。我把船锚轻轻地推到一边，链条咔嗒咔嗒地落进水晶般清澈的海水里，船顺着海浪漂流，最后停了下来。

安顿下来后，我将小划艇划到岸边，停靠在一个古老的种植园废墟旁边。我在海边坐了很长时间，努力让自己不去想任何事情，集中注意力试图清空所有的情绪，可这根本不管用。

傍晚，我费了好大劲爬上陡峭的小山，发现自己脚下是一片废墟，那里曾经是一堵墙，一堵老种植园的墙。我看着太阳沿着加勒比海的边缘落下，一切都是那么的诗情画意。可我知道，我身处的这个种植园曾经历过灾难：成百上千的非洲奴隶葬身此地。他们在暴力的威胁下，建起了宏伟的庄园，种植、收割甘蔗，将甘蔗变为朗姆酒的原材料。而现在，这里的宁静将当初的野蛮全然掩盖。

太阳消失在一个山峦起伏的小岛后面，一道绛红色的光弧横贯天空，海面开始慢慢变得黯淡。我突然发现自己不得不去面对一个让人心惊的事实：我已成了一个奴隶主。我在美因的工作不仅让许多贫穷的国家掉进无底的债务深渊，就此落入全球帝国的魔掌之中，而且还让美国在需要石油的时候，可以名正言顺地攫取本不属于我们的资源。同时，我的工作还破坏了很多家庭的幸福，那些倒在我脚下这片废墟中的人，那些被美因及其竞争对手剥削过的人，是我让他们失去了幸福生活。

10年了，我充当奴隶主的角色已经10年了，尽管我没有深入非洲丛林，将那些部落的男男女女赶上商船。我用的是更隐蔽的方法。我从不需面对奴隶的尸体、嗅到刺鼻的腐臭，也无须听到绝望的号叫，可我犯下了与奴隶主同样的罪孽。从某种程度上来说，我或许比奴隶主更狠毒。

我厌倦了眼前的海水、海湾和紫红色的天空。我闭上眼睛不去看那堵墙，那堵由被迫离乡背井的非洲奴隶的血肉砌成的墙。我要赶走这一切。我睁开眼睛，直愣愣地盯着一根弯曲粗糙的棍子，有棒球棒那么粗但比它长一倍。我跳了起来，一手抓起那根棍子，用力地往石头墙上一阵猛砸。我狠狠地敲击着，直到筋疲力尽瘫了下来。随后我躺在草地上，看着云朵从天上徐徐飘过。

最后我开始往回走，回到游艇停泊的地方。站在沙滩上，看着游艇在蔚蓝的海面上漂浮，我知道我该怎样做了。如果我回到美因或者是所有公司王国的分支机构中，继续以前的生活，我将永远迷失自我。加薪、退休金、保险，还有补贴、股票……我在其中停留的时间越长，就越难以脱身出来，最终变成这个体系的奴隶。我不可以让自己的良心像我敲击那堵墙那样被敲打，我必须脱身出来。

两天之后，我回到波士顿。1980年4月1日，我走进保罗·普里迪的办公室，递上辞呈。

第四部分

风暴过后

（1981—2004 年）

  公司王国却仍在高速运转，杀戮和阴谋仍在上演，我开始为自己曾经扮演过的角色而痛苦不已，我想到了记录那些黑色的时光，尽管困难重重，最终，我还是写出了这个仍未完结的故事……

第25章 厄瓜多尔总统之死

要离开美因并不是件容易的事。保罗·普里迪并不相信我的决定,他眨着眼睛笑着说:"你这是愚人节的把戏啊?"

我再三跟他解释我是认真的。回想起保拉曾告诫过我不要得罪任何人,也不要做任何可能泄露经济杀手身份的事情。因此,我对普里迪说,我很感激美因为我所做的一切,但我是个不安于现状的人,希望能有进一步的发展。我一直想用文字记载下美因公司的同事,以及他们介绍我认识的朋友,是他们使我认识了这个世界上除了工作以外还有许多美好的事物。我告诉普里迪,我想成为《国家地理杂志》(National Geographic)还有其他杂志的自由撰稿人,继续旅行。我向他表明我对美因的一片赤诚之心,并保证会利用每一个机会为其歌功颂德。在那一刻,我几乎相信了我自己所说的一切。而实际上,我只是想离开,不想再当奴隶主了。最后,普里迪让步了。

从那以后,我身边的朋友都尝试说服我打消辞职的念头,他们不断提醒我留在美因的种种好处,甚至有人说我是疯了。后来,我逐渐明白了,他们都不愿意接受我辞职这个事实,因为这会迫使他们面对自己的情况:假如我离开美因不是一个疯狂的决定,那是否意味着他

第四部分
风暴过后（1981—2004年）

们继续留在美因是不明智的？他们显然更愿意将我看成是一个疯子。

我下属的反应让我十分困扰。在他们看来，我抛弃了他们，而且当时也没有一个特别有魄力的人能接班。然而，我去意已决。经过这些年来的摇摆不定，我决定来一个彻底的了断。

不幸的是，事情的发展并未如我所愿。诚然，我已经没有工作了，但我还不是一位法定合伙人，就算我在美因的股份全部兑现，我也未必能安心退休，享受生活。如果我继续留在美因几年，才可能如我设想的那样，在40岁时成为一个百万富翁。可是，35岁的我要实现这个目标，还有很长的路要走。四月的波士顿阴冷而又沉闷。

后来有一天，保罗·普里迪致电，邀请我到他的办公室。"我们有个客户威胁要中止跟我们的合作。"他说，"他们当初邀请美因做顾问公司，就是希望你能做他们公司的专家证人。"

为此我考虑了很多。当我再次坐在普里迪面前的时候，我已经决定好了。我给他开了个价，要求三倍于之前的薪金。出乎我的意料，他接受了我的条件，于是我开始了新的职业生涯。

在之后的几年，我成为一名高薪专家。聘请我的主要是几家美国电力设备公用事业公司，他们希望新的能源电厂能通过公用事业委员会的兴建审批程序。其中一位客户是新罕布什尔州公共服务公司。我的工作则是评估备受争议的西布鲁克核能发电厂（Seabrook Nuclear Power Plant）的可行性。由于工作的特殊性，我在接受工作时曾宣誓保证自己所言属实，绝无任何欺瞒。

虽然我已不再直接插手拉丁美洲的相关事务，但我仍十分关注当地事态发展。作为一名专家，我可以随时到那里去。我继续与保拉联系，也重新联系上了当初在厄瓜多尔和平队认识的那些老友们。厄瓜多尔突然之间就成为世界政治舞台关注的焦点。

总统海梅·罗尔多斯继续他前进的步伐。他恪守其竞选纲要中对厄瓜多尔民众的承诺，对石油公司发起了全面进攻。他似乎对巴拿马运河两边的人通常遗漏或者刻意忽略的问题明了于心。他很清楚地知道当前局势背后的含义：整个世界正面临着来自全球帝国的威胁，而其他国家的人民正沦为二等公民，被套上奴役的枷锁。我经常在报纸上看到有关他的报道，被他向民众作出的承诺所深深折服。更让我佩服的是，他能看到许多深层的问题，这意味着我们正在向世界政局的新纪元迈进。

1980年11月，卡特在美国总统选举中败给罗纳德·里根（Ronald Reagan）。他与托里霍斯磋商的《巴拿马运河条约》、伊朗的局势，特别是美国大使馆人质事件，以及人质拯救的最终失败，都是导致他败选的重要因素。但此时一些更加微妙的变化发生了。卡特最大的政治目标是实现世界和平，同时致力于减轻美国对石油的依赖性，而接替他的里根总统则坚信，军事力量才是让美国登上全球政治金字塔之巅的最有效武器，控制全球各地所有的油田是美国不可推卸的"天定命运"。那个曾在白宫屋顶安装太阳能电池板的卡特总统下台了，入主白宫的里根总统第一时间就下令拆除了这些太阳能面板。

卡特或许是一名效率不高的政治家，但他为这个国家所规划的蓝图与我们在《独立宣言》（The Declaration of Independence）里描述的美好愿景是相吻合的。现在回想起来，或许正是因为他的因循守旧，才让我们的先辈们的理想重新展现。当我们将卡特与他的前任和继任者相比较，他无疑是个另类。他的世界观与经济杀手完全背道而驰。

里根则截然相反，他是一位目标明确的全球帝国缔造者、公司王国的忠实奴仆。在他参选期间，我就已经发现他是一个名副其实的好莱坞演员，对企业大亨们言听计从。他善于迎合那些出入大型企业首席执行官办公室、银行会议厅、政府大堂的显贵们。他为那些表面看起来在为他工作，实际却大权在握的人服务，后者包括副总统乔治·H.

W. 布什、国务卿乔治·舒尔茨（George Shultz）、国防部长卡斯帕·温伯格（Caspar Weinberger）、理查德·赫敏斯（Richard Helms）理查德·切尼（Richard Cheney）和罗伯特·麦克纳马拉（Robert McNamara）等。他大肆鼓吹这些人的勃勃野心：建立一个由美国来发号施令的世界，由美国控制世界所有资源，实施美国撰写的法律，建立一个美国担任"首席执行官"的国际贸易和银行体系。

展望未来，看起来我们正在进入一个对经济杀手发展极为有利的时期。我选择在这个历史时刻离开确实是命运的转折。我对这个问题思考得越多，就越庆幸自己的退出。我知道自己做了一个正确选择。

我不敢说从长远来看这究竟意味着什么，我没有能预知未来的水晶球。然而我知道，没有任何一个帝国能长盛不衰——钟摆永远是向两边摆动的。在我看来，像罗尔多斯这样的领导者总是能给人以希望。我肯定，厄瓜多尔的新总统定能洞悉当前局势的微妙之处。他一直是托里霍斯的崇拜者，对卡特在巴拿马运河事件中英勇无畏的立场赞赏有加。我可以肯定罗尔多斯不会动摇，只希望他表现出来的那种坚韧不屈的精神，能为其他国家的首脑点燃一盏希望之灯。他们需要罗尔多斯和托里霍斯的这种鼓舞。

1981年初，罗尔多斯正式向厄瓜多尔国会提交了新的能源法案。其中的法规若能得到实施，将从此改写厄瓜多尔与美国石油公司之间的关系。从多个角度来看，新法案都是一种革命性的改革，甚至可以说是激进举措。其目标指向很明确，就是要改变现有商业操作模式。它的影响将远远超出厄瓜多尔的国界，延伸至拉丁美洲大部分地区，乃至全世界。

石油公司对此的反应可想而知——他们从所有的油站撤出了。他们的公关人员四处游走，诽谤海梅·罗尔多斯，他们的说客穿行于基多和华盛顿，大行威胁及贿赂之道。他们企图将厄瓜多尔现代史上第一任民主选举产生的总统描绘成另一个卡斯特罗。然而罗尔多斯不会向威逼和胁迫低头。他公开声讨政府与石油公司、教会之间的阴谋，斥责暑期语言学院与石油公司勾结，最后甚至使出大胆的，也许是不顾后果的一招：将暑期语言学院逐出国境。

向国会提交新法案数周后，也就是驱逐暑期语言学院传教士的几天后，罗尔多斯便告诫包括石油公司在内的所有海外利益集团，除非他们实施的计划有利于厄瓜多尔的民众，否则同样将被驱逐出境。他先在基多的阿塔华尔帕奥林匹克体育馆（Atahualpa Olympic Stadium）发表了大型演讲，然后便动身前往厄瓜多尔南部的一个小社区。

1981年5月24日，他在飞机事故中丧生。

一时间举世震惊，拉丁美洲人人义愤填膺，整个南半球的报章都刊登了"中央情报局暗杀！"的头条。众所周知，华盛顿政府和石油公司对罗尔多斯恨之入骨，另外还有很多证据支持这一指控。随着更多事实逐步被揭发出来，猜疑的声音也愈来愈高。虽然事情尚未得到证实，但是有人声称，罗尔多斯事先知道有人要谋杀他，预先做了预防措施，包括使用不同的两架飞机飞行。据说，在登机之前，罗尔多斯的一名安全官员劝说他登上了那架用来诱敌的飞机。最后这架飞机爆炸了。

尽管世人反应强烈，美国舆论界却没有就此事做任何的追踪报道。

奥斯瓦尔多·乌尔塔多（Osvaldo Hurtado）继任成为厄瓜多尔新总统。他恢复了暑期语言学院在厄瓜多尔的活动。当年底，他实施了一项野心勃勃的商业计划，增加德士古公司及其他海外公司在瓜亚基尔湾（Gulf of Guayaquil）和亚马孙盆地的钻探业务。

奥马尔·托里霍斯在称赞罗尔多斯时将他称为"兄弟"。他也提及自己曾经做过被暗杀的噩梦，在梦中他看见自己随着巨大火球从天空中坠落。没想到竟一语成谶。

第 26 章 巧合？又一名领袖"英年早逝"

得知罗尔多斯的死讯，我十分震惊，不过或许我不应该如此天真。我清楚知道，这世上还有阿尔本兹、摩萨台、阿兰德以及其他很多有类似经历的人。他们的名字或许永远不会出现在报章杂志或历史教科书上，但他们都是因为对抗公司王国而被夺去性命的。尽管如此，我还是感到措手不及。这种手段未免太过于明目张胆。

我之前曾以为，自从我们在沙特阿拉伯大获全胜后，这种公然挑衅的行为已经成为历史。那些"豺狼"已经重返动物园了。现在，我发现我错了。毫无疑问，罗尔多斯的死绝非偶然，所有迹象都表明这是中央情报局导演的一出暗杀丑剧。他们之所以如此明目张胆，不过是为了放出口风。新的里根政府，还有里根总统那好莱坞牛仔的形象，就是传达这个信息的最好工具。"豺狼"又回来了！他们就是要奥马尔·托里霍斯和所有想加入反对公司王国行列的人知道这个消息。

然而托里霍斯并没有屈服。像罗尔多斯一样，他拒绝在威胁面前退缩。他也将暑期语言学院驱逐出境，并态度鲜明地拒绝了里根政府要求就运河条约重新举行谈判的要求。

在罗尔多斯遇害后两个月，奥马尔·托里霍斯的梦魇成真，他死于一起飞机事故,时间是1981年7月31日。

这个消息在全球掀起了轩然大波。托里霍斯在世界各地都享有盛名,因为他曾经迫使美国政府将巴拿马运河物归原主,并坚持与里根总统分庭抗礼从不退缩。他是人权的坚决拥护者,在他领导下的国家敞开胸怀为政治迫害下的流亡者提供避难所,受到他们庇护的包括了伊朗国王。他甚至有机会获得诺贝尔和平奖提名。然而这样的一个人现在却莫名其妙地丧生了。"中央情报局暗杀!"的大字标题又重新成为新闻和评论的头条。

格雷厄姆·格林在《走近将军》一书(就是我与他在巴拿马酒店相遇的时候他开始酝酿的一本书)的开头这样写道:

> 1981年8月,当我接到电话得知我的朋友奥马尔·托里霍斯·埃雷拉将军的死讯,我立即收拾行李,开始我的第5次巴拿马之旅。在托里霍斯将军乘坐小型飞机前往他在科克勒西多(Coclesito)的府邸时,飞机失事坠毁,机上人员无一幸免,全部罹难。数天后,他的安全警卫丘曲(Chuchu)军士(别名约瑟·德·杰索斯·马丁内斯(José de Jesús Martínez),先后任巴拿马大学马克思哲学教授及数学教授)曾向我透露,"那架飞机上藏有炸弹,但在电话里我不方便向你解释事情的缘由。"

世界各地的人纷纷哀悼这位伟人,他们齐声讨伐华盛顿,要求对中央情报局的行径展开调查。但是,这些努力并没有什么作用,痛恨托里霍斯的大有人在,其中包括了许多权倾一时的大人物。在托里霍斯生前,他们就毫不掩饰对他的憎恨,譬如总统里根、副总统布什、国防部长温伯格、参谋长联席会议(Joint Chiefs of Staff)主席,以及许多有权势的大型企业的首席执行官。

这些军政首脑对《托里霍斯-卡特条约》中某些条款的规定尤感愤怒，因为条款要求美方关闭设在巴拿马的美洲学校和美国南方司令部的热带战事中心。军事首领们面临着一个严重问题，他们如果不能设法规避新条约，就要另行找一个愿意帮他们接收这些军事设施的国家，这在20世纪后期几乎是空想了。当然，他们还有另一个选择：铲除托里霍斯，然后与他的继任者重新谈判，修订条约内容。

托里霍斯的商界敌人主要是大型跨国企业，他们当中大部分都与美国政界关系密切。这些公司几乎都参与了剥削拉丁美洲劳动力及石油、木材、锡、铜、矾土、农业用地等自然资源，其中包括制造公司、电信企业、船运业巨头，以及其他工程及技术类的企业等。

柏克德集团就是私人企业与美国政府勾结的典型。我对柏克德十分熟悉，在美因期间我们曾有过密切合作，我与他们的首席建筑师私交颇深。柏克德是美国最有影响力的建筑工程公司，其总裁及高层管理人员乔治·舒尔茨、卡斯帕·温伯格都对托里霍斯恨之入骨。托里霍斯竟"厚颜无耻"地采纳了一份日本项目书，计划将巴拿马目前的运河改建成一个效率更高的新运河。该计划不仅会使运河的所有权重新回到巴拿马，同时也将柏克德公司排斥在这项本世纪最激动人心，可能也是最赚钱的工程之外。

托里霍斯以优雅的姿态、迷人的风度及诙谐的言谈与他的敌人抗衡。现在他已与世长辞了，取而代之的是一个独裁者曼纽尔·诺列加（Manuel Noriega），他不具备托里霍斯的敏捷才思、超凡魅力和非凡才智，没有人期待他能对抗里根、布什以及柏克德公司之流。

托里霍斯去世的噩耗让我悲痛欲绝，我的脑海中不断浮现我与他交往的情景。在一个夜深人静的夜晚，我静静坐着，凝视他在杂志上的一张照片，想起了我初到巴拿马的那个夜晚。在雨中，我乘坐的出租车停在巨幅广告牌前，上面写着："奥马尔的理想是自由，能扼杀自由理想的导弹无人能造！"想起这些题词，我不寒而栗，感觉回到了那个暴风骤雨的夜晚。

我当时没有想到托里霍斯能够与卡特合作，使巴拿马运河物归原主，也没有想到他的这一胜利，以及他为缓解拉丁美洲社会党人与独裁者之间的矛盾冲突所做的努力，会激怒里根—布什政府，最后引来了杀身之祸。我当时更没有想到，在另一个深夜，他像往常一样乘坐他的双水獭飞机（Twin Otter）时会被杀害，而且美国以外的所有人都坚定不移地认为年仅52岁的托里霍斯只是中央情报局那串长长的暗杀名单下的另一个亡魂。

倘若托里霍斯在世，他绝对不会对那些在中美洲、南美洲国家日渐升级的暴力冲突坐视不理。根据他以往的行事方式，他必定会设法减轻国际石油公司对亚马孙地区的厄瓜多尔、哥伦比亚和秘鲁等国家的破坏。托里霍斯必定能使目前频繁发生的冲突有所缓和。华盛顿将这些冲突事件称为恐怖活动或者毒品战争，但托里霍斯认为这是绝望的人们为保卫家园所做的反抗。更重要的是，他有可能为美洲、非洲、亚洲等地的新一代领导人树立榜样，而这恰恰是中央情报局、国家安全局，以及经济杀手们最不能容忍的。

第27章 乔治·W.布什、安然和我的能源公司

托里霍斯遇难之前的几个月里,我都没有与保拉见面。我在和其他女人约会,其中就有威妮弗蕾德·格兰特(Winifred Grant)。她是我在美因认识的一名年轻的环境策划人员,而她的父亲恰好是柏克德公司的首席建筑师。保拉那时候正与一名哥伦比亚记者交往,但我们仍然是朋友。

我在新的工作岗位上有些挣扎,特别是评估西布鲁克核能电厂的工作使我身心俱疲。我感觉又像是在出卖自己,回到了那曾经为了赚钱而忙碌的日子。在这段艰难的日子里,威妮弗蕾德给予了我很大的支持。她虽然是一名环境专家,但是她对保持电力系统持续供电有很独到的见解。她在旧金山伯克利的东湾区长大,毕业于加州大学伯克利分校(University of California, Berkeley)。她是一名理性主义者,对生活的理解与我父母秉持的清教徒式的生活态度明显不同,与安的看法也相异。

我们的关系进一步深入,威妮弗蕾德向美因请了假,陪我开始了海上旅行。我们乘坐小船由大西洋西岸向佛罗里达州漂流,一路上随心所欲,走走停停。由于我的工作需要,我们经常把船停泊在不知名的港口，然后我上岸搭乘飞机飞往各地工作。最后，我们在佛罗里达州的西棕榈滩（West Palm Beach）停泊上岸，在那里租了一套房子结了婚。1982年5月17日，我们的女儿杰西卡出生。那时候我已经36岁了，和其他与我一样经常出入心理助产法学习班的父亲们相比，我的年纪确实偏大了点。

在西布鲁克公司，我的主要职责是让新罕布什尔州公共服务委员会相信，对该州来说，核电才是最适用、最经济的发电方式。然而不幸的是，研究得越深入，我就越怀疑这一观点的正确性。越来越多的证据表明，有很多新型能源比核能更具有技术优势，也更经济。

我开始怀疑"核电是安全可靠的能源"这种观点。一系列更深层次的问题相继浮出水面：如何保证后备系统的良好运行，如何有效地对设备操作人员进行培训，采用何种机制来减少员工的犯错行为，如何解决设施老化问题，如何有效地处理核废料……我对自己的立场感到不安，然而我在这家公司领取高薪俸禄，就必须对自己的言行负责。与此同时，我开始相信现代新兴技术能提供一种更环保的发电方式，尤其是当新技术能变废为宝，将有些废弃物转化成有用的物品时。

在这种情况下，我向新罕布什尔州公用事业服务公司的雇主表明，我无法再继续为他们服务。就这样，我放弃了这份报酬优厚的工作，着手创立自己的能源公司，计划将一些新研发的科学技术运用到现实生活中。这种做法风险颇高，而且那时我刚成家不久，所幸初为人母的威妮弗蕾德对我的决定给予了百分之百的支持。

1982年，在杰西卡出世的几个月后，我成立了一家公司，名为"独立电力系统公司"（Independent Power Systems，IPS）。公司的主要业务是开发环保型发电系统，并且希望借此带动和吸引更多人参与开发环保型发电技术。这是一项高风险投资，我们的许多竞争者都以失败告终。然而，这时候"偶然"出手相救了。事实上，每次有贵人相助

第四部分
风暴过后（1981—2004年）

的时候，我都认为这是对于我过去工作以及我信守承诺、保持缄默的回报。

布鲁诺·扎姆波蒂当时在美洲开发银行担任高层管理人员。他同意加入独立电力系统公司董事会，资助这家羽翼未丰的公司。另外，我们还得到不少公司和机构的帮助，包括信孚银行（Bankers Trust）、ESI能源公司（ESI Energy）、保诚保险公司（Prudential Insurance Company）、乍得-伯恩&柏克事务所（Chad-Bourne and Parke）[华尔街一家著名律师事务所，前美国参议院议员、前总统候选人和前国务卿埃德蒙·马斯基（Edmund Muskie）曾是该事务所的合伙人]以及莱利锅炉公司（Riley Stoker Corporation）[一家由阿什兰石油公司（Ashland Oil and Refinery Company）控股的工程公司，专业设计、生产高精密、新型的发电站专用锅炉等]。我们甚至得到了美国国会的支持，他们免除了独立电力系统公司的某些特殊税收，并提供了一系列优惠待遇。

1986年，独立电力系统公司和柏克德公司分别开始建设发电厂。两家发电厂都采用最尖端的新技术燃烧废弃煤来发电，发电的同时并不会产生酸雨。到了20世纪80年代末期，这两家发电厂证明了所谓的废弃物品也是可以转化为电力的，彻底革新了电力公用事业的面貌，同时也证明了燃烧煤可以不生成酸雨，为新的国家反污染法的制定铺平了道路。独立电力系统公司的成功向外界证明，通过华尔街及其他常规的途径，此类未经证实的尖端技术也能运用于小型独资企业。独立电力系统公司的发电厂还有一个与众不同的措施：将发电过程中排放的热气输送给3.5英亩液体培植温室，而不是按常规送去冷却池或冷却塔。

担任独立电力系统公司的总裁让我在能源行业地位显赫。我和一些最有影响力的业界人士打交道，如律师、说客、银行家和大公司的高层管理人员。我还有另外一个有利条件，我的岳父在柏克德公司干了30多年，现在是公司的首席建筑师。他目前负责在沙特阿拉伯兴建一座城市。这个项目是我在20世纪70年代早期在沙特阿拉伯工作时努力的成果，也是"沙特阿拉伯洗钱事件"的直接产物。威妮弗蕾德在旧金山长大，她的家就在柏克德公司全球总部附近，她从加州大学伯克利分校毕业后的第一份工作就在柏克德公司。

那时候，美国的能源产业经历着大规模的结构调整。大型工程公司想方设法从共用事业公司手中抢夺能源的区域垄断权，他们之间的竞争非常激烈。打破常规是人们常讨论的话题，旧有的规则可能一夜间发生改变。法院和国会对此一筹莫展，野心勃勃的人则希望借此机会大发横财。业界学者戏称这段时间为"能源的西部大开发"时代。

美因公司在这次能源产业的结构调整中遭受重挫。正如布鲁诺所言，马克·霍尔已经与现实脱节，但其他人不敢向他明言，而保罗·普里迪则从未掌权。在这种形势下，美因不仅没能在这场席卷业界的变革中获利，反而犯下了很多致命错误。在布鲁诺离开美因后仅几年时间里，美因在经济杀手中的地位就一落千丈，并且陷入了严重的财政危机。后来，公司的合伙人把美因卖给了一家在变革中把握住了时机的大型工程建筑公司。

1980年，我持有的美因股票价格接近每股30美元。大约4年后，股价跌幅超过50%。美因公司近百年的光辉历程最终以耻辱收场。美因溃败使我黯然，但却证明了我及时抽身的决定是明智的。美因的名号在新东家手下沿用了不久就被弃用，这家曾经在全球无数个国家名堂响当当的企业最终销声匿迹。

美因是在这场能源产业变革中掉队的典型，与之相对的是一家我们能源行业的人都很关注的公司——安然（Enron）。安然是业界发展速度最快的公司之一，它似乎是突然从某个角落冒出，但短期内就达成了数笔巨额交易。但令人感到惊讶的是，在安然公司的会议中，与会人员看上去总像在闲聊。他们悠闲地靠在座椅里，喝着咖啡，偶尔翻阅一下文件。外人无法理解安然为何能瞬间崛起，创造业界奇迹，对我们外人提出的疑问，安然人总是微笑不语。有的时候被逼问得紧了，他们会提到一些新式的管理办法，如"开创性融资"（Creative Financing），聘请的高层执行人员要懂得与世界各国政要打交道等。

在我看来，这些都是经济杀手的新伎俩。全球帝国正加快脚步向前迈进。

对于我们这些关注石油和世界局势的人来说，另一个话题中心是副总统的儿子乔治·W. 布什（George W. Bush）。他的第一家能源公司阿尔布斯托（Arbusto，"布什"对应的西班牙文）原本濒临倒闭，在1984 年与光谱 7 公司（Spectrum 7）合并后，它起死回生。而光谱 7 公司在 1986 年面临破产的时候被哈肯能源（Harken Energy）收购，同样是丝毫无损。乔治·W. 布什则在哈肯保留董事会成员及顾问的身份，年薪 12 万美元。

我们都猜想，哈肯决定聘请乔治·W. 布什是因为他是副总统的儿子。因为尽管小布什曾经担任石油公司管理人员，可是他的成绩还远不够资格坐上那个位置。无独有偶，当时哈肯公司决定在世界上几个大型油田设立分支机构，并在中东地区开展积极的石油勘测投资。《名利场》中写道："自布什在董事会任职以来，哈肯就一帆风顺——新投资的项目、突如其来的融资、石油开采特许权等都从天而降。"

1989 年，阿莫科公司（Amoco）正在与巴林政府就海底石油开采权的问题展开谈判。这时，副总统布什当选新一任总统。随即国务院顾问迈克尔·阿曼（Michael Ameen）被委派前往巴林，下达新任美国驻巴林大使查尔斯·奥斯勒（Charles Hostler）的任命书。迈克尔·阿曼此行的另一个任务就是安排巴林政府与哈肯能源公司会面。很快，阿莫科公司换成了哈肯。此前哈肯从未在美国东南部以外的地区开采过石油，更从未尝试过海底钻探，却赢得了在巴林的独家石油开采权，这是阿拉伯世界从未发生过的怪事。数周后，哈肯能源的股票上涨了 20 多个百分点，由原来的 4.50 美元涨至 5.50 美元。

即使是经验丰富的能源专家也对这个消息感到震惊。"希望小布什不是在通过他父亲获得什么好处。"一名专门负责能源行业事务的律师朋友告诉我。他是一个忠实的共和党拥护者，而我们当时正在华尔街街角的世界贸易中心顶楼一家酒吧喝酒。他沮丧地说："我怀疑这样做是否值得。"他摇摇头继续说道，"为什么商业总得和政治扯上点关系？"

但对于我来说，这一切都是意料之中事。对这个问题，我自己有独特的看法。我曾经为科威特、沙特阿拉伯、埃及和伊朗的政府工作，很熟悉中东地区的政治。我十分肯定，布什家族和安然的执行人员也是经济杀手所创立的全球帝国网络的一员，他们扮演着地主和种植园主的角色。

第28章 再一次出卖灵魂

在这段日子里,我逐渐意识到全球经济已经进入了一个新纪元。事情开始发生变化,曾被我视为学习楷模的罗伯特·麦克纳马拉出任国防部长兼世界银行行长。这让我非常担心,麦克纳马拉奉行进攻型的领导作风——这种由凯恩斯经济理论衍生的经济手段已经渗透到经济领域的各个角落。经济杀手理念在四处蔓延,企业管理人员虽然不是由国家安全局聘用,也没有像我那样在测谎仪监控下接受测试,但他们所做的事却与经济杀手无异。

唯一不同的是,担任公司高层执行人员的经济杀手无需再借助国际银行系统提供资金。像我这种老一辈的经济杀手的队伍虽然仍在壮大,新一代经济杀手却更加邪恶。20世纪80年代,不少信奉"为达到目的不择手段"原则的年轻人晋升为企业中层管理人员。全球帝国仅仅是获得更大利润的一种方式而已。

这种新的趋势在能源产业,也就是我工作的领域尤其明显。1978年,美国国会通过了《公共事业规范法案》(*The Public Utility Regulatory Policy Act*)。该法案的合法性屡遭质疑,但还是在1982年正式成为法律。国会最初想借此法案鼓励独立的小型公司开发新型能源,开发有别于传统的发电方式。新法案要求几大主要的公共事业公司必须以合理、公平的价格购买小公司生产的能源。国会推出该政策，延续了卡特政府力求减轻美国对石油的依赖的原则。显而易见，此项立法目的就是鼓励开发可替代能源，鼓励那些体现着"美国企业家精神"的私人企业的发展。然而，形势的发展却背离了他们的初衷。

20世纪八九十年代，美国放松了对国内经济的宏观调控。米尔顿·弗里德曼（Milton Friedman）是芝加哥经济学派的代表人物之一，在1976年获得诺贝尔经济学奖。他主张商业的唯一目标是最大化利润，不用考虑为此付出的社会成本与环境成本，同时认为政府对经济的监管是不必要的。这种经济思想激励了那些大企业的领导者，他们更加无所忌惮地榨取利润。能源产业的大公司，将这种经济思想当做他们加强垄断、获取更大市场份额以赚取更多利润的许可证，再不理会《公共事业规范法案》所提到的开发新能源的要求。

在这期间，我亲眼目睹不少小型公司被大型工程与建筑公司及公共事业公司吞并。一些大型企业找到了法律漏洞，通过成立控股公司的方式，在拥有受管制的公共事业公司的同时，也拥有受管制的独立能源公司。大部分公司都是通过不正当手段迫使独立小公司破产，再实行并购。其他一些大型企业则更直接，由零开始自行设立独立公司。

于是，减轻对石油依赖的想法被搁置。里根得感谢这些石油公司。小布什是石油商人，自然也赚了不少钱。卡特和里根两任政府的多数内阁成员，要么与石油工业、工程建筑公司有密切的联系，要么就是其中的成员。此外，石油工业和工程建筑公司并不偏向某一党派，所以，不少从中获利的民主党人也对这些石油公司满怀感激。

在这种形势下，独立电力系统公司仍继续致力于开发环保型的能源，立志要实现《公共事业规范法案》的目标。冥冥中似乎有神灵护佑，独立电力系统公司是少数能存活并继续发展壮大的独立企业，我当然

第四部分
风暴过后（1981—2004年）

知道这都是因为我当年曾心甘情愿为公司王国卖力。

能源产业发生的一切是当时全球形势变化的一个缩影。人们对整个社会利益、环境，以及对生活质量的关注都在给贪念让步。这一段时期，人们对私营企业的发展表现出极大关注。一开始，人们还在为这种转变寻找理论依据，譬如资本主义优于且必定阻遏共产主义的理论，然而，事实证明这些依据都是不必要的。人们普遍认为，由实力雄厚的私人投资者负责的项目必然比政府来得更好。世界银行之类的国际组织也支持这一观点，他们建议对一些当时仍由政府控制的项目解除管制并且使之私有化，这包括供水及污水处理工程、通信网络、电力系统等。

结果，经济杀手的构想在更大范围内推广并且变得更加容易，只需将那些原先仅由少数老资格的经济杀手专门负责的任务，分配给不同领域的企业高层管理人员即可。这些人遍布全球各个角落，努力寻找最廉价的劳动力、最易获取的资源以及最广阔的市场。他们的行事方式非常残酷。正如那些老一辈的经济杀手（就像我当时在印度尼西亚、巴拿马、哥伦比亚的工作一样），他们找到了使罪行合理化的途径。像我们一样，他们在不同国家和地区设下圈套，许下动听的承诺，承诺给这些国家带来巨额财富，引导这些国家从国内私营部门寻求摆脱债务的途径。他们兴建了学校、高速公路，给这些国家捐赠电话、电视，提供医疗服务等。然而到最后，当他们发现别的地区能够提供更廉价的劳动力、更容易得到的资源时，便离弃了那些心中希望刚被点燃的民众。他们这样做给这些国家带来的后果通常是灾难性的，可是他们从不迟疑。

我很想知道，他们做这一切时，是否有感觉到良心不安，是否也曾像我那样极力挣扎？他们是否曾站在肮脏的河边，看到这样的画面：一个年轻妇女正欲以河水沐浴，而上游的一个老人却蹲在河边排泄？

难道像霍华德·帕克这样敢于提出尖锐质问的人再也找不到了？

虽然我自己的公司非常成功，家庭生活也非常幸福，但我却总在某些时刻感到极度沮丧。我现在是一个小女孩的父亲，我非常担心，她将来会生活在怎样一个残酷的世界里。我过去所做的一切，让我背上沉重的思想包袱。

回过头来看，历史的发展趋势实在让人担忧。二战后期，各国首脑齐聚在我的故乡新罕布什尔州的布雷顿森林（Bretton Woods）召开会议，现代国际金融系统就此形成。世界银行和国际货币基金组织成立，旨在协助一片废墟的欧洲重建，并取得了明显的成效。现代国际金融体系发展迅速，我们深信这个体系可以让我们避免与共产主义国家直接冲突。

可是如今，我不禁要怀疑这个体系会将我们领向何方。在20世纪80年代末期，随着苏联解体，以及国际共产主义活动的消退，遏制共产主义已不再是这个体系的目标。同时，建立在资本主义基础上的全球帝国开始畅通无阻。正如世界形势论坛主席吉姆·加里森（Jim Garrison）所说：

> 随着全球一体化的发展，尤其是经济全球化，以及以"自由市场"为特征的资本主义帝国的形成，没有任何国家能够抵制全球化，没有哪个国家能避开世界银行、国际货币基金组织的"结构调整"和"契约"，或者世界贸易组织的仲裁。无论那些国际金融机构如何地不能胜任，他们都是经济全球化的定义者和游戏规则的制定者，并有权决定服从者将获得赏赐、违抗者则被惩罚。这就是全球化的威力，相信在不久的将来，我们会看到一个一体化的、全球性的自由市场。

第四部分
风暴过后（1981—2004年）

1987年，我决定写一本名为《一个经济杀手的良知》的书，告诉大家所有我所知道的故事。我当时并不打算关起门来完成这本书。直至现在，我也不是那种习惯将自己"隔离"起来的作家。我一直认为与别人讨论，对我的写作有很大帮助。我可以从他们身上获得灵感，并请他们帮我回想过去的事情，给出评价。我还想在这本书中写进其他经济杀手和"豺狼"的故事，于是我开始联系过去结识的那些人。

不久，我接到了一个匿名电话，威胁要夺走我和我女儿的生命。随后，又一个同样的电话打来了。我害怕了，我知道那些"豺狼"能做出些什么，克罗汀的警告回荡在我的脑海里。我困惑不已，不知该如何抉择。

接到电话的第二天，美因的另一个前任合伙人和我联系，给我看了一份斯通-韦伯斯特（Stone & Webster Engineering Corporation, SWEC）公司的顾问合同，合同条款非常诱人。斯通-韦伯斯特是当时最著名的工程建筑公司之一，在能源产业风云突变的形势下，该公司成功地站稳了脚跟。斯通-韦伯斯特聘请我担任该公司下属的一家新分支机构的顾问。这是一家以我的独立电力系统公司为模型的独立能源公司。当知道我无须参与任何国际项目，也无须加入与经济杀手有牵连的项目时，我松了口气。

实际上，我在斯通-韦伯斯特公司需要做的事情并不多。我是少数创立并成功经营了一家独立能源公司的人，在业界享有盛名。斯通-韦伯斯特聘请我，主要是想利用我的工作经历，在他们公司的顾问名单上写下我的名字。这种做法合乎法律，是业界的一种常用做法。这份工作对于我来说很有诱惑力，那时由于种种原因，我正打算卖掉独立电力系统公司。加入斯通-韦伯斯特的行列，领取一份丰厚的收入，这对我来说是个不错的选择。

上班的第一天，斯通-韦伯斯特的首席执行官约我共进午餐。我们坐下闲聊了一会儿,在谈话过程中,我突然有了想重新从事顾问工作的冲动,不想再去经营一个复杂的能源公司。我不想为100多名员工负责任,也不想再去处理烦人的债务问题。我甚至已经计划好要利用斯通-韦伯斯特提供给我的顾问费及资源,继续写作,组建一个非营利性机构。

吃餐后甜点的时候,首席执行官提起我的写作。然后,他盯着我的眼睛问我:"你打算写一本和我们的工作有关的书吗?"

我心头一紧,突然间,我明白了所有的一切。我一刻也没有迟疑,"没有,"我回答道,"我正计划写一本帮助人们远离压力的书,但是没打算写任何与工作相关的书。"

"我很高兴你这样说,"他说,"和美因一样,我们也很重视隐私。"

"我明白。"

他微笑着坐了回去,背靠椅子,似乎完全放松了。"当然,写些关于远离压力的内容是很不错的,有时甚至能对事业有所帮助。作为斯通-韦伯斯特的顾问,你完全可以写那样的书。"他看着我,似乎在等待我的答复。

"很高兴听到你这样说。"

"但你不能在书中提及我们公司的名字,也不能提及我们公司的业务以及你在美因工作期间的工作性质。还有,你也不能在书中提及政治问题以及国际银行和我们公司之间的关系。"他看着我说,"这些都需要保密。"

"这是当然的。"我向他保证。那一刻,我的心跳几乎停止。那种久违的感觉又回来了,就像那时在印度尼西亚与霍华德·帕克共处,和菲德尔一起穿梭于巴拿马城,与保拉一起坐在哥伦比亚咖啡馆的感觉。我再一次出卖了自己。这不是法律意义上的受贿,而且对于一家公司来说,把我的名字列入员工花名册,要求我提供建议,以及让我时不时参与公司会议，这些都是光明正大、合乎法律规定的。但我明白我得到这份工作背后的真正原因。

- 他给我提供的顾问年薪，与一个企业总裁的薪水不相上下。

当天下午，我面无表情地坐在飞机场，等着飞回佛罗里达的那一班飞机。我觉得自己像是一个刚把自己卖给别人的妓女。更糟糕的是，我觉得我背叛了我的女儿、我的家庭和我的祖国。但我告诉自己，我别无选择。我很清楚如果这次我不接受贿赂的话，"豺狼"会毫不留情地杀了我和我的女儿，还有任何想要泄露经济杀手存在的人。

第29章　强占运河：美国入侵巴拿马

虽然托里霍斯已与世长辞，但巴拿马在我心目中仍占有很特别的位置。我住在佛罗里达州南部，可以通过不少途径获知中美洲的信息。虽然托里霍斯的继承者并不具备他富有同情心的个性和坚忍的性格，但他的精神仍得以传承。在他去世之后，仍然有很多人尝试解决南半球的分歧，巴拿马也决心迫使美国遵守《巴拿马运河条约》的规定。

托里霍斯的继任者曼纽尔·诺列加（Manuel Noriega）在刚上任的时候，也表现出追随前辈的决心。我从未与曼纽尔·诺列加有直接接触，但据大部分人所说，他在刚开始的时候，的确是不遗余力地继续为拉丁美洲贫穷和受压迫的人民而奋力斗争。他采取的最重要的举措就是继续研究修建新运河的可行性，该项目由日本资助并负责施工。毫无疑问，诺列加的举措遭到了华盛顿及美国私人企业的强烈抗议。诺列加在回忆录中写道：

> 美国国务卿乔治·舒尔茨曾是跨国工程与建筑公司柏克德的执行官；国防部长卡斯帕·温伯格曾任柏克德的副总裁。柏克德公司当然希望能赚取运河修建工程所能带来的数十

亿美元收入……里根政府和布什政府深恐日本会最终控制运河修建项目，因为这不仅涉及美国的安全问题，同时也涉及商业利益。美国的建筑工程公司很可能会失去这数十亿美元的收入。

然而诺列加并非托里霍斯，他并不具备托里霍斯那样的非凡魅力和魄力。不久，他便闹出贪污及毒品交易的丑闻，甚至被怀疑参与暗杀其政敌休戈·斯帕达福拉（Hugo Spadafora）。

诺列加曾担任巴拿马国防军军事情报司令部的陆军上校，他领导的 G-2 部队是该国与美国中央情报局的联络机构，在任期间，他为自己赢得了声望。他与中央情报局局长小威廉·凯西（William J.Casey）建立了密切关系。中央情报局利用这层关系，继续开展美军在加勒比海和中、南美洲地区的活动。譬如，在 1983 年美国入侵格林纳达前，里根政府希望预先给卡斯特罗一个警告，凯西则将这一任务交给了诺列加。此外，诺列加上校还协助中央情报局秘密潜入哥伦比亚，以及其他贩毒集团。

1984 年，诺列加被授予将军军衔，晋升为巴拿马国防军总司令。报纸曾报道，某年凯西到访巴拿马城时，在机场的时候他向前来接机的驻当地的中央情报局官员问道："我的孩子诺列加在哪儿呢？"而诺列加将军到访华盛顿时，两人曾在凯西的府邸私下见面。多年后，诺列加承认了他与凯西的密切关系，而且这段关系也让他感觉良好。在他看来，中央情报局和 G-2 部队一样都是最具实权的国家机构。他相信，不管他在巴拿马运河条约，以及美国驻巴拿马地区军事基地的立场如何，凯西都会为他提供庇护。

最终，托里霍斯在世界范围内被视为正义、平等的象征，诺列加则成为了腐败、堕落的代名词。1986 年 6 月 12 日，《纽约时报》头版报道《巴拿马强人涉嫌毒品及违法金钱交易》,他的恶名再次远播。曝光此事的是一名获得普利策新闻奖的记者,报道中称诺列加将军是拉丁美洲非法公司的幕后合伙人,并指责他是美国和古巴的双重间谍,G-2部队在他的命令下处死休戈·斯帕达福拉。此外,诺列加本人还亲自统领巴拿马最大的贩毒集团。报道旁边配有一幅诺列加的照片,次日的追踪报道披露了事件更为详尽的细节。

尽管诺列加的问题层出不穷,他却以强硬的态度拒绝了美国想将设在巴拿马的美洲学校的期限延长15年的要求。在他的回忆录中透露了此事的一些内幕:

> 我们坚定不移地继承托里霍斯的遗志,并引以为荣,但美国却不愿看到这一切发生。他们希望能够延长"美洲学校"在巴拿马的期限,或者就此问题重新展开谈判。但是这所学校的存在对于我们来说十分尴尬,没有人希望自己的国土成为敢死队和激进右翼势力的军事训练基地。

在这种情况下,似乎任何人都应该能预料到事态将如何发展,但是当1989年12月20日,美国对巴拿马发动大规模空袭的时候,依然震惊了全世界。巴拿马并未挑衅美国,却遭受了这样的灾难。很显然,巴拿马及其人民绝对没有对美国或其他国家构成威胁。而各国政府、政治学家和舆论界都称美国这次单方面的行动是对国际法的公然挑衅。

巴拿马并未犯下任何所谓的大规模屠杀或反人类罪行:她只不过是敢于反对美国那些大权在握的政客和企业高官,坚持双方要遵守已经签订的运河条约;她不过是与社会改革者探讨,与日本金融机构、建筑公司研究兴建新运河的可行性。但是,她却遭到了惨无人道的军事袭击。如诺列加所写的:

第四部分
风暴过后（1981—2004年）

我要明确地告诉各位：美国在 1986 年操纵的那场造成社会动荡的总统选举和 1989 年发动的入侵，全是因为美国拒绝接受即将丧失巴拿马运河控制权的事实。美国不愿意看到独立、自主的巴拿马人民在日本的支持下掌握运河管理权，损害他们在当地的利益。

华盛顿为发动此次战争找到的唯一理由，就是诺列加。诺列加被美国刻画成邪恶的化身、人民的敌人、魔鬼般的大毒枭。就这样，美国以他为由，大举出兵入侵一个只有 200 万居民的国家——这个坐落在巴拿马运河岸边，拥有全世界价值最高的土地资产之一的国家。他们派遣国内年轻的士兵，冒着生命的危险，背负良心的谴责，在巴拿马城中四处放火，杀害无辜的平民，其中包括不计其数的儿童。

美国入侵巴拿马的消息使我陷入了长时间的消沉状态。我知道诺列加有贴身警卫，但是我很清楚那些"豺狼"有办法除掉诺列加，就像他们之前对付罗尔多斯和托里霍斯那样。我怀疑诺列加大部分的警卫都是由美国军人训练出来的，他们甚至可能已经被收买。事发时，这些警卫要么冷眼旁观、坐视不理，要么可能会亲自参与暗杀诺列加。

我对此次美国入侵巴拿马的军事行动了解和思考得越多，越加相信，这场战争意味着美国倒退成旧式的帝国，我也更加确信布什政府比里根统治下的美国更为强硬。他们向世界宣告，美国为获取利益将不惜采取一切手段。入侵巴拿马，除了是要扶植一个听命于美国的傀儡政府，消除托里霍斯政策的后遗症外，还是为了向伊拉克等国家发出一个警告信号，使他们屈服于美国的威慑之下。

《纽约时报》资深编辑、畅销书作者大卫·哈里斯（David Harris）对美国入侵巴拿马的时间做出了独特的分析。他在 2001 年出版的《飞向月球》（*Shooting the Moon*）一书中写道：

世界上所有与美国打过交道的领导者当中，曼纽尔·安东尼奥·诺列加将军是绝无仅有的特例。因为诺列加，美国建国225年来，在兴师动众入侵他国后，首次将该国首脑带回美国进行审判，并最终以极其荒谬的理由——诺列加在巴拿马触犯了美国法律，将其关押在美国监狱中。

美国的这次军事袭击也给它自己带来了麻烦。布什政府要证明自己并不窝囊，但在外人看来，这次军事袭击完全是不人道的。有消息透漏，在轰炸结束后的3天内，美国军方禁止新闻媒体、红十字会以及其他外界观察员进入空袭重灾区，美军士兵则利用这段时间加紧焚烧、埋葬死难者尸体。媒体曾问及一些敏感问题，譬如这次军事袭击导致了多少人丧生，有多少人因为得不到及时的医疗救治而死亡等，但这类问题从未有人作出回答。

也许，我们将永远无法知道这次入侵背后的真实情况，也无法得知这次屠杀的实际规模。国防部长理查德·切尼宣布死亡人数在500～600人，但是根据独立人权组织估计，死亡人数为3 000～5 000，还有2.5万人沦为无家可归的难民。在此次行动中，诺列加被捕，并被押往迈阿密受审，最后被判处40年的有期徒刑。由此，他成了当时唯一一名美国官方宣布的战犯。

美国以全球最先进的军事武器对付一群手无寸铁的平民，公然破坏国际法规的卑劣行径，在国际社会掀起轩然大波。然而，在这种情况下，美国本土公民却对华盛顿所犯下的罪行和外界高昂的声讨声浑然不觉，媒体对此事也是遮遮掩掩。一系列的措施促成了这种情况，包括政府策略，白宫与报社、媒体的勾结，国会议员的刻意隐瞒，以及新闻记者认为公众对英雄的崇拜比他们对事实真相的追求更为重要。

唯一的例外是彼得·埃斯纳（Peter Eisner），《每日新闻》（Newsday）

编辑兼美联社记者,他跟进报道了美国入侵巴拿马事件,此后几年一直保持对事态的关注和研究分析。在1997年出版的《曼纽尔·诺列加回忆录》(*The Memoirs of Manuel Noriega*)一书中写道:

> 以诺列加的名义实行的屠杀、破坏、种种不人道的行为,以及围绕入侵巴拿马所找的种种托词,无一不是对美国民主准则的严重威胁……士兵被告知出兵的目的是为了从一个残暴、邪恶的独裁者手下拯救众生,他们接到命令对巴拿马进行轰炸。当他们开始行动,他们祖国(美国)的人民也紧随他们的步伐前进。

在经过长时间的调查,包括对关押在迈阿密监狱的诺列加本人进行采访后,埃斯纳写道:

> 总而言之,我认为已有的这些证据不足以证明诺列加的罪状成立。我也认为他作为一个主权国家政治领袖兼军事领袖的所作所为,不能够表明美国对巴拿马的入侵行为是正当的;同时,我也无法认同他对美国国家安全构成威胁的论调。

埃斯纳的结论是:

> 根据我对巴拿马政治局势的分析,以及我对美国出兵巴拿马前、入侵期间和战后在当地的采访报道研究,我得出的结论是:美国入侵巴拿马是一次强权国家滥用权力的无耻行径。傲慢自大的美国政客与他们在巴拿马的盟友为了满足自己的贪欲,不惜牺牲无数无辜的生命。

自巴拿马从哥伦比亚分离出来后，一直是阿里亚斯（Arias）家族和政治寡头统治这个国家。他们都是听命于美国的傀儡政府，直至托里霍斯从他们手中夺得统治权。现在，随着诺列加的被捕，一切又恢复到从前的状态。新的《巴拿马运河条约》名存实亡，不管官方文件上如何规定，华盛顿仍是这条运河的实际控制者。

当我细想这些事变和我在美因的经历，我不禁一遍遍问自己：当人们就某问题做决定——尤其是那些影响千百万民众生命安全的决定时，有多少人是从关心别人的角度出发的？而那些政府要员中，有多少人在做出决策之时，是出于对国家的一片赤诚之心，而不是为了一己私欲？尤其令人愤怒的是，竟然有一个国家的总统为了证明自己并不窝囊而对其他国家的人民实行军事打击。

尽管我曾经对斯通-韦伯斯特公司的总裁作出承诺，对我所知的内情保持沉默，然而美军入侵巴拿马给我带来的沮丧感，驱使我提笔继续写我的书。不同的是，这次我打算以托里霍斯为写作对象。我想，通过描写这位将军的个人经历，可以揭露许多影响世界秩序的不法行为。我希望通过讲述他的故事可以减轻自己的愧疚感。这一次，我决心闭门写作，不与任何朋友或同行商议。

当我开始写作时，我才惊讶地发现，经济杀手所完成的任务数量之巨、涉及区域之广，着实令人震惊。我尝试将写作重点集中到部分国家，发现那些我工作过的地方，在我离开之后情况异常糟糕。我对自己所作所为带来的后果感到十分震惊。以往，在我做这些违背良心的事情时，我常常很自责；然而当我身处其中时，我并未意识到自己所做的一切意味着什么。我被日常的琐碎细节吸引了注意力，没能思考潜在的本质。在印度尼西亚，与霍华德·帕克的讨论让我十分焦虑，雷西的印度尼西亚朋友提出的问题使我感到不安；在巴拿马，菲德尔向我介绍的贫民窟、运河区和歌舞厅,给我的灵魂带来极大震撼;在伊朗,亚明和博士的谈话也使我久久不能平静。现在写这本书使我有机会总结过去。我发现,当自己身处其中之时就有如井底之蛙,只能看到视线范围内的东西,看不到自己那些行为背后的本质。

道理听起来似乎很简单,不证自明。然而,这些经历背后却是一个潜移默化的过程。对此,我想到的是一个士兵到"职业军人"的心路历程:一开始,士兵很单纯,他对杀害别人是否道德表示质疑,但更多的时间里,他是在战胜自己的恐惧,想办法保住自己的性命。当他杀害第一个对手的时候,各种复杂的情绪将他包围起来,几近窒息。他或许会想到死者的家人,因而产生了深深的自责。但随着他参与的战争越来越多,死在他手下的人越来越多,他最终变得冷酷而麻木,成了一个"职业军人"。

在某种意义上,我早就转变为一个"职业军人"了。在承认这个事实的情况下,我们不难想象罪行是如何发生的,帝国霸权又是如何建成的。我现在能够理解,为什么有些人会做出令人发指的暴行,为什么心地善良的伊朗人愿为残忍的秘密警察(SAVAK)卖命,本性善良的德国人为何会追随希特勒,而那些善良的美国士兵又是为何对巴拿马城进行狂轰滥炸。

作为一个经济杀手,我从未从国家安全局或其他政府机构领过一分钱,给我报酬的是美因公司。我不过是一个受雇于私人企业的市民。认识到这一点,我更清楚地明白那些身为经济杀手的企业决策者所扮演的角色。他们就像那些被派往世界各地的士兵,逐渐对自己的所作所为麻木不仁。我写道:

> 如今,许多美国人纷纷涌向泰国、菲律宾、博茨瓦纳、玻利维亚等高失业率国家。这些美国人放弃他们在曼哈顿、

旧金山、芝加哥舒适的办公室，乘坐豪华邮轮，跨越大洲和海洋，入住一流的星级酒店，享受当地豪华餐馆的佳肴。他们的目的是寻找那些生活在社会最底层，为了生存拼命寻找工作机会的人——那些人的孩子严重营养不良，甚至随时可能饿死；他们住在临时搭建的矮棚里，已经丧失了对美好生活和未来的希望。

如今，我们的社会仍然有奴隶贩子的存在，但新奴隶贩子已经不再需要深入非洲丛林里寻找"猎物"——那些能在查尔斯顿（Charleston）、喀他赫纳（Cartagena），以及哈瓦那（Havana）的拍卖场卖得好价钱的奴隶。他们只需兴建一家工厂，然后聘用那些绝望的人们做工人，在流水线上生产外套、牛仔裤、运动鞋、汽车零部件、电脑元件以及其他各种各样可以在他们选定的目标市场出售的商品。他们甚至不需要亲自管理工厂，只需在当地聘请一名商人就可以替他们完成所有工作。

这些人不认为自己的行为有任何不妥之处。他们带着离奇有趣的风景照和历史悠久的古迹废墟的照片向孩子炫耀。他们积极参加交流会，在会上相互交流经验，分享在遥远的国度适应当地风俗的心得。公司的老板聘请律师做他们坚实的后盾，确保他们在当地的行为合乎法律要求。精神治疗师和其他人力资源专家也为他们所用，这些专家让他们更加坚信自己在第三世界的行为是为了救助那些绝望的人们。

旧时代的奴隶贩子认为，他们买卖的并不是完全意义上的人类。他们也明白，奴隶对于他们的社会至关紧要，是社会经济发展的动力。而新奴隶贩子则深信，对于那些徘徊在死亡边缘的人而言，每天只赚一块钱，也比一块钱也赚不到要好，而且他们得到进入更广阔的社会群体的机会。新奴隶贩子也很清楚地知道，这些绝望的人正是自己公司赖以生存的基础，也是维持自己生活方式的基础。他们从未认真想过自己的所作所为、自己的生活方式，以及所处的经济体系对这个世界更深层的含义，也没有想过这会对他们的子孙后代产生何种影响。

第30章 萨达姆不吃软的，那就来硬的

20世纪80年代，我是独立电力系统公司总裁。之后在80年代末至90年代的大部分时间里，我担任了斯通-韦伯斯特公司的顾问。这两份工作使我有机会了解伊拉克一些不为人知的内幕。在20世纪80年代，大部分美国人对这个国家几乎一无所知，它不在美国的雷达防线范围之内。可是我对伊拉克当时正在发生的一切非常感兴趣。

一直以来，我都与在世界银行、美国国际开发署、国际货币基金组织和其他国际金融机构工作的朋友保持着紧密联系，也一直和柏克德、哈里伯顿（Halliburton）及其他主要工程与建筑公司的人员（包括我岳父）有所接触。许多独立电力系统公司承包商聘请的工程师和一些独立能源公司都参与了中东国家的项目。因此，我很清楚经济杀手在伊拉克的任务非常艰巨。

里根和布什政府都立志要把伊拉克变成第二个沙特阿拉伯。对萨达姆·侯赛因（Saddam Hussein）而言，有太多因素驱使他模仿沙特王室，他只需看到他们在洗钱事件中获得的巨大利益就行了。协议达成之后，沙特阿拉伯的沙漠中兴起了现代化城市；在它的首都利雅得，处理垃圾的羊群已经换成了锃亮的垃圾回收卡车；最新式的海水淡化

第四部分
风暴过后（1981—2004年）

设备、污水处理系统、通信网络以及输电线路纷纷进入这个沙漠国家，人们尝到了现代社会最先进技术的甜头。

毋庸置疑，萨达姆·侯赛因十分清楚，沙特阿拉伯人在涉及国际法律的问题上享受着特殊待遇。他们在华盛顿的好朋友对他们的很多事情都是睁一只眼闭一只眼，甚至包括他们向各国流亡人员提供政治庇护，向那些与恐怖分子无异的激进组织提供资金援助的行为。事实上，是美国主动寻求沙特阿拉伯对奥萨马·本·拉登发动的旨在反抗苏联的阿富汗战争的资金支持。从这个意义上说，里根和布什政府不仅鼓励沙特阿拉伯人这样做，更对其他许多国家施加压力，迫使他们效仿自己，对沙特阿拉伯人的行为睁一只眼闭一只眼。

20世纪80年代在巴格达的经济杀手为数众多，他们坚信萨达姆最终会开窍，我也同意这种假设。毕竟，如果伊拉克与美国达成类似沙特阿拉伯与美国的协议，萨达姆就可以随心所欲地掌控他的国家，甚至可以扩大其在整个中东地区的影响力。

至于萨达姆是否是一个暴君，双手是否沾满了无数人的鲜血，甚至他怪异残忍的行为是否让人联想到阿道夫·希特勒丑恶的嘴脸，都已经不重要了。美国早已习惯容忍这样的人，甚至为他们提供援助。我们给他们提供美国政府债券，以换取石油美元、持续供应原油的保证。对于他们同意用债券的利息来请美国公司在伊拉克进行基础设施建设，兴建新的城市也感到非常高兴。同时，我们非常乐意向他们出售坦克、战斗机，帮他们建造核电站，就像我们对其他很多国家那样，哪怕这些技术完全可以用于制造大规模杀伤性武器。

伊拉克对于美国的意义非同小可，远远超过表面看起来的那种程度。伊拉克的重要性不仅仅在于其丰富的石油资源，还包括水资源和地理位置上的重要性。底格里斯河和幼发拉底河均流经伊拉克，这样一来，在整个中东地区的所有国家中，伊拉克就控制了最为重要、最为稀缺的水资源。在20世纪80年代，不管是在政治上还是经济上，水资源的重要性尤为明显。而对于在能源和工程领域工作的我们来说，水就是生命。在公用事业私有化的过程当中，许多吞并了一些小型独立发电厂的大公司开始把目光投向非洲、拉丁美洲和中东地区的供水系统。

除了丰富的石油资源和水资源之外，伊拉克的地理位置也具有非凡的战略意义。它毗邻伊朗、科威特、沙特阿拉伯、约旦、叙利亚和土耳其，并且拥有波斯湾的一段海岸线。以色列和苏联均在其导弹射程之内。军事战略家把伊拉克比作英法战争和美国独立战争中的哈得孙河谷（Hudson River）。18世纪，法国、英国和美国都知道，谁控制了哈得孙河谷，就相当于控制了整个北美大陆。而今天，谁控制了伊拉克，谁就能控制整个中东。

除此之外，伊拉克对美国专业的工程技术需求巨大。伊拉克拥有世界上最大的油田之一（某些评估结果显示，甚至比沙特阿拉伯更丰富），这就保证了伊拉克有能力为基础设施建设和产业化项目提供资金。所有的主要参与者，包括工程与建筑公司，计算机系统供应商，飞机、导弹、坦克制造商，医药化学制品公司，都盯上了伊拉克。

然而，直到20世纪80年代末期，萨达姆显然还不愿意买经济杀手的账。这对布什政府来讲是一大耻辱，让他们尴尬无比。像巴拿马一样，伊拉克也让布什出了丑。那时，布什正努力改善他在公众面前的形象，萨达姆正好给了他一个机会——1990年8月，萨达姆入侵了石油资源丰富的科威特。布什立刻强烈谴责萨达姆违反国际法，尽管那时候距离布什政府非法单方面入侵巴拿马还不到一年时间。

之后发生的事情完全在人们意料之中。布什总统最终下令对伊拉克实施全面的军事打击，50万美军被送往伊拉克参战。在1991年初期的几个月内，美国对伊拉克的军用和民用设施进行了空袭。紧随其后的是长达 100 多个小时的地面袭击,把武器装备落后的伊拉克军队打得落花流水,而科威特安然无恙。虽然没有受到法律的制裁,萨达姆这个暴君也总算受到了惩罚。此时,美国人民对布什的支持率狂升到了 90%。

伊拉克入侵科威特的时候,我正在波士顿开会,那是斯通-韦伯斯特公司要求我参与的为数不多的会议之一。直到现在,我仍然对于他们为布什的决定所表现出来的狂热拥护场面记忆犹新。斯通-韦伯斯特的所有员工显然是十分兴奋,这当然并不仅仅是因为美国决定对萨达姆这个独裁者实施军事打击,更重要的是,如果美国在伊拉克战争中获胜,他们就有可能获得巨大的利润,以及升职加薪的机会。

这种兴奋感并不仅仅体现在我们这些直接从战争中获益的商人身上,整个美国似乎都迫切希望能在军事上再次证明自己的实力。我相信这种态度背后有很多原因,包括里根击败卡特当选总统之后一些政治思想上的转变,伊朗释放了在美国驻伊朗领事馆劫持的人质,以及里根宣布将会就《巴拿马运河条约》重新展开谈判等。布什入侵巴拿马,恰恰点燃了酝酿已久的火焰。

在顶着爱国主义光环的辞令和军事行动的背后,美国的公司和绝大多数为他们工作的人,对整个世界的态度都发生了微妙的转变。全球帝国已经成为现实,而美国多数人都加入了这个行列。全球化和私有化的双重概念已不容否认地侵蚀了我们的心灵。

从最终的分析来看,不仅美国是如此,全球帝国的发展穿越了所有的边境线。从前的美国公司,现在都成为真正意义上的跨国企业,从法律的角度看也是如此。许多集团在世界多个国家成立了分公司,他们可以选择在那些对他们有利的法律下开展公司活动,而众多的国际贸易合作协议和组织使得事情变得更简单。民主、社会主义、资本主义这些词汇几乎完全退出了历史舞台。公司王国已是既成事实,而且成为影响世界政治和经济的主要因素。

形势的发展出人意料,在1990年11月,我向公司王国低头,卖掉了独立电力系统公司。虽然这笔交易对我和我的合伙人来说是有利的,但当时卖掉公司主要是迫于阿什兰石油公司(Ashland Oil Company)的压力。过去的经验告诉我,跟他们对着干会得不偿失,而卖掉公司则可以大赚一笔。让我觉得颇具讽刺意味的是,一个石油公司竟然会成为我的新能源公司的主人。我时常觉得自己像个叛徒。

斯通-韦伯斯特的工作只占用了我很少的时间。他们有时会要我到波士顿参加一些会议或者帮忙给些建议,偶尔会派我到像里约热内卢那样的地方去,与能够影响国家命运的民意领袖和权力人士亲密接触。有一次,我乘私人飞机到危地马拉,给当地的项目经理打了很多次电话,提醒他们我可以帮忙。拿那么高的薪水却只做一点点事,让我觉得良心颇为不安。我熟悉业务,也很想帮忙做些事情,但是他们一直没有安排我做什么。

夹在中间让我很不舒服,我需要做些事情来证明我的存在,不让我受到良心的谴责。虽然时断时续,但我一直在悄悄地写,不过当时我并没有想到这些文字会有结集出版的那一天。

1991年,我成立了一个非营利组织——"梦想改变联盟"(Dream Change Coalition)。这个组织的运营,是基于殊瓦人"梦想改变世界"的生活理念。我开始带领一些人到亚马孙河流域和殊瓦部族一起生活,向他们学习环境管理和原住居民的土法子。他们很愿意与我们分享。随后的几年间,这类行程的需求越来越大,"梦想改变联盟"也随之发展壮大。这个组织致力于改变工业化国家中人们对地球的认识,以及人与自然的关系,它的发展十分迅速,在很多国家都出现了追随者以及他们所创建的类似机构。

在整个20世纪90年代,我与非营利组织的关系越来越紧密,协助成立了几家非营利机构,并且在几家机构的董事会任职。这些机构很多都是由从"梦想改变联盟"出来的那些富有奉献精神的人所创办,向来自美国和欧洲的朋友教授当地的文化,并且都涉及与拉丁美洲土著居民的协作,譬如亚马孙流域的殊瓦人和阿舒瓦人、安第斯山脉的盖丘亚人、危地马拉的玛雅人(Mayas)。

斯通-韦伯斯特非常认同我在慈善行业的工作,因为这正好与他们对联合劝募会(United Way)所作的承诺相吻合。我也写了一些书,小心翼翼地将重点放在当地原住居民教我的东西,绝口不提自己作为经济杀手的过去。这样除了能够打发无聊,也让我得以与拉丁美洲保持联系,了解那些对我来说举足轻重的政治事件。

我一直试图说服自己,热心于非营利事业和写作是为了弥补自己以前所犯下的错误,但是在内心深处,我明白自己其实是在逃避。在我的女儿将来所要面对的世界中,有无数的孩子背负着永远无法偿清的债务降生到这个世界上,而我罪责难逃。

我的书越来越畅销,尤其是一本名为《世界如你所愿》(The World Is As You Dream It)的书。这本书的成功让越来越多人请我做培训、开讲座。有时,站在波士顿、纽约或者米兰的讲台上,面对听众,我会觉得这是一种讽刺。如果世界真能如你所梦想的那样,为什么我还要在书里写下一个梦想世界呢?

1997年,我受邀前往加勒比地区的欧米加学院(Omega Institute)进行为期一周的培训讲座,地点在圣约翰岛度假村。到那的时候已近午夜,第二天早晨醒来以后,我走到房间的小阳台上,看着外面的伦斯特海滩,想起了17年前我决定退出美因时的场景。然后,我倒在了椅子上,思绪万千。

在接下来的整整一个星期里,我在这个小阳台上度过了大部分空余时间,看着下面的伦斯特海滩,整理混乱的思绪。我意识到,虽然自己早已退出经济杀手的队伍,但并没有继续向前走,而徘徊不前会带来不可估量的损失。到那一周的培训课程结束时,我已经明白了,我现在所处的世界并不是我所梦想的,而我需要按照我教给学生的那样做:改变梦想,让梦想能够真实地反映出我真正想要的生活。

回到家之后,我决定放弃我的顾问工作。之前聘请我的斯通-韦伯斯特总裁已经退休。新任总裁是一个比我还年轻的人,他显然对我过去的经历毫不关心。他正发起一个节约成本的计划,所以很高兴再也不需要给我支付昂贵的顾问费用。

我决定写完这本已经写了很长时间的书——光是作出这个决定已经让我感到非常兴奋。我和一些好朋友分享了写书的想法,他们大部分都是致力于亚马孙地区本土文化和热带雨林的环境保护的公益事业者,其中很多人都曾经帮助亚马孙流域的部落保护土地,协助他们和石油公司抗争。让我感到意外的是,他们并不支持我的想法。他们担心把这些事说出来会影响我的教学工作,并影响我所支持的公益组织。他们还告诉我,这样做可能会使我声誉受损,而且会影响整个公益运动的发展。甚至还有人威胁我,如果我这样做,他们就不再支持我。

于是,我只好再次搁笔。我将我的精力完全投入到帮助人们去了解亚马孙流域这件事上,让他们去瞧一瞧那个几乎未受现代文明侵袭的地方。当2001年"9·11"事件发生的时候,我正在那里。

第 31 章 "9·11"以及我知道的一切

2001年9月10日,我与我的《殊瓦精神》(Spirit of the Shuars)的合著者沙凯姆·查姆比(Shakaim Chumpi)自厄瓜多尔境内的亚马孙河顺流而下。我们带着16名北美人,向沙凯姆在热带雨林深处的聚居处进发。这些人来到这里是为了了解当地人的习俗,并帮助当地人保护珍贵的亚马孙雨林。

沙凯姆是参加过最近一次厄瓜多尔与秘鲁的战争的一名士兵。石油消费大国的人大多对这次战争从未听闻,但战争爆发的原因正是给他们供应石油。这两个国家多年以来一直存在边界纷争,直到最近,解决这种纷争的需求才显得越加迫切。石油公司需要知道和哪个国家谈判,才可以获取在这片石油资源丰富的土地上的石油开采权。

殊瓦人结成了厄瓜多尔的第一道防守阵线。他们证明了自己是勇猛的斗士,经常以少胜多,以弱抑强。殊瓦人对战争背后的政治含义浑然无知,也不知道最后的结果将为石油公司大开方便之门。他们抗争,是因为他们历史悠久的尚武传统,他们不愿让外国士兵践踏他们的家园。

我们划着船桨顺流而下,看着一群唧唧喳喳的鹦鹉从头上飞过,我问沙凯姆休战协议是否仍具有效力。

"对,"他说,"但我还得告诉你,我们现在正准备与你们开战。"他接着解释说,他指的并不是我或者是我们这一队人之中的一个。

"你是我们的朋友。"他安慰我。他指的是我们的石油公司和即将派驻到他们丛林里的军队。

"他们是怎么对待奥拉尼族人的,有目共睹。他们破坏了奥拉尼人的森林,污染了他们的河流,杀死了许多人,包括小孩。奥拉尼人甚至不能再说是一个完整意义的民族。我们不会让这样的事情发生在自己身上,我们绝不会让石油公司侵占我们的领土,就如我们不会让秘鲁人入侵一样。我们会坚持抗争,直到最后一个人倒下为止。"

那一夜,我们的队伍在殊瓦人的房子环绕的火堆旁边扎营,房子是竹条搭起来的,房顶用茅草覆盖。我与他们谈起了和沙凯姆所说的话。我们真不知道,在这个世界上,还有多少人对我们的石油公司和美国有同样的看法。还有多少人,像殊瓦人那样,日夜提防我们侵入他们的生活,摧毁他们的文化,掠夺他们的土地?

第二天早上,我到放置了双频无线电对讲机的小办公室去。我需要安排飞行员在几天之后过来这里接我们。我和他们对话的时候,突然听到一声惊叫。

"天哪!"对讲机另一端的人喊道,"纽约被袭击了!"他调到商业电台,播音还伴有背景音乐。在接下来的半小时里,我听到了发生在美国的整个事件的实况追踪报道。就像所有的人一样,我永远难以忘记这一刻。

当回到佛罗里达家里时,我知道我必须到事件发生的"零地带"(Ground Zero)①——世贸中心大楼的原址去看看。我立刻订了前往纽约的机票,第二天下午,我就在纽约的酒店登记入住了。那是一个

---

①零地带(Ground Zero):原意为爆破目标,美国人已习惯把世贸中心废墟称为"零地带"。——译者注

晴朗的日子，气候温暖得有点反常。我沿着中央公园缓步前行，心潮澎湃地朝着那个我曾经去过无数次的地方走去。

离"零地带"越近，我感到越恐惧。这是一场惨绝人寰的毁灭，扑面而来的是铺天盖地的硝烟气味，曾经蔚然矗立的高楼变成了一座废墟，到处是扭曲和熔化的钢筋，空气里弥漫着烧焦气味。我在电视上看过这里的景象，可是在现场感受完全不同。

我对这一切毫无准备，尤其是对那些曾经在此工作的人们——两个月之前，他们还在我的身边，那些在附近工作和居住的人。一个埃及人在他的小小修鞋店外闲逛，摇着头似乎不相信眼前这一切。

"真是难以相信，"他嘟哝着说，"我失去了多少客户啊，还有许多朋友。我的外甥就死在那里。"他指着蓝天。"我想我看到他跳下来了。我不知道……很多人手牵着手从上面跳了下来，扇动手臂，好像会飞似的。"

这一切来得太突然，人们似乎无法接受发生在他们周围的这一切，他们的眼睛里充满了忧伤、悲痛。

可是这里还有点儿什么不太对劲。一开始我弄不清楚，后来我突然想到了：阳光下的曼哈顿区一直是个漆黑峡谷。回想起那些日子，我长途跋涉到这里为独立电力系统公司筹集资金，与投资银行家在"世界之窗"（Windows on the World）[①] 进餐，商量策略。过去，只有在世贸中心顶层的那种高度，才能看到阳光。现在，站在街道上就可以看到阳光。黑暗峡谷被完全劈开，站在街道上就可以感受到阳光照在身上的温暖，但是我不知道人们的心扉是否也能因此而敞开，我对自己有那样的想法而感到愧疚。

我从"三一教堂"（Trinity Church）[②] 拐角处转了过去，向华尔

[①]世界之窗（Windows on the World）：原世贸1号楼顶层的酒吧。——译者注
[②]三一教堂（Trinity Church）：建于1697年，位于百老汇街与华尔街交叉口，高达26米的尖塔是其最显著的特征。——译者注

街走去，重新回到被遮挡在阴影中的老纽约城。这里没有天空，没有阳光，街道上人人行色匆匆，无暇顾及旁人，一个警察正对着一辆抛锚的汽车吼叫。

我在一处阶梯上坐了下来，华尔街 14 号。不知从哪里传出来的风扇和鼓风机的轰响声，遮盖了街道上其他噪声。我想应该是从纽约证券交易所大楼那一堵巨大的石头墙里传出来的。我看着这里走过的人。他们离开办公室，穿过街道，或许赶回家中，又或是到餐厅、酒吧去谈生意，人来人往，却没有谁与我有目光交流。

一阵汽车报警声将我的思绪带回了街道旁，一个男人冲出了办公室，关闭了报警声。我静静地在那儿坐了一会儿，然后我把手伸到衣兜里，拿出一张折叠得很整齐的纸，上面写满了经济数据。

这时我留意到街上的一个男人。他低着头，拖着沉重的步子，脸上留着参差不齐的胡子，穿了一件与华尔街毫不相称的脏兮兮的外套。我觉得他应该是个阿富汗人。

他也看了看我。仅仅迟疑了片刻，他便踏上台阶，向我走了过来。他朝我点点头，然后坐在我旁边，我们之间只隔着一米左右的距离。他直直地盯着前方，我想应该由我来开始话题。

"下午天气不错啊。"

"很好。"他的口音很重，"这样的时候，我们需要阳光。"

"你的意思是……因为世贸中心？"

他点点头。

"你从阿富汗过来？"

他盯着我。"这你也看得出来吗？"

"我去过很多地方，最近我刚去了喜马拉雅山脉和克什米尔。"

"克什米尔，"他摸了摸他的胡子，"那里正发生战争啊。"

"是的，没错。印度和巴基斯坦、印度教徒与穆斯林。你，是不是对这种教派之间的斗争感到十分惊讶?"

我们的目光相触。他的眼睛是深褐色的,深得几乎像是黑色。从他的眼睛里我看到了智慧和悲伤。他转向着背后的纽约证券交易所大楼,用手指了指那栋楼。

"可能这与经济有关,而不是宗教。"我表示赞同。

"你当过兵?"

我忍不住笑了起来。"不,我是经济顾问。"我把那写满了数据的纸递给他,"这就是我的武器。"

他伸手接过去,"数字。"

"全球各国的数据。"他认真地看着那些列表,然后微微笑了笑。"我读不懂。"然后他把那些数据还给我。

"这些数字告诉我们,全球每天有 24 000 人死于饥饿。"

他低声地发出一声惊叹,思考了片刻,然后叹了一口气。"我差点儿就成了他们中的一个。我在阿富汗的坎大哈(Kandahar)有一个小石榴园。俄国人来了以后,有很多穆斯林游击队员就躲在我那个小石榴园里。"

他举起手,仿佛端起一支步枪一样。"埋伏。"他放下手,"我所有的树和水沟都被毁了。"

"后来呢,你怎么办?"

他朝着我手里拿的纸点了点头,"上面有说乞丐的数量吗?"

纸上没有,但是我记得,"全世界大概有 8 000 万。"

"我就是其中的一员。"他摇摇头,仿佛陷入沉思之中。我们坐在那里沉默了几分钟,然后他开口了:"我不喜欢做乞丐。我的孩子都死了,所以我种罂粟。"

"鸦片?"

他耸耸肩膀,"没有树,没有水,这是养家糊口的唯一方法。"

我觉得喉咙像被什么堵住了似的,一种混杂着悲伤的愧疚之感涌上心头。"我们把种鸦片的人叫做魔鬼,可是我们中的许多有钱人,就是靠毒品交易发家的。"

他看着我,眼睛像是要穿透我的灵魂。"你肯定是个军人。"他边说边点着头,似乎要再次确定他的结论。然后,他慢慢地站起来,蹒跚着走下台阶。我想叫他留下,可我连说话的力气也没有。我好不容易站起来跟着他,走到楼梯最下面一级的时候,我被旁边的一个标志吸引。这个标志上有一幅画像,画中正是我刚才坐过的那栋大楼,顶上一行文字说明,这个标志是由纽约遗产保护组织建造的。上面写着:

华尔街14号的设计理念来源于威尼斯圣马可教堂的钟楼和纽约证券交易大楼上的摩索拉斯陵墓(Mausoleum of Halicarnassus)雕塑。它曾经是全球最高的银行大厦,539英尺(约164.3米)高的摩天大楼原来是美国最有钱的金融机构之一——美国银行家信托公司的总部所在地。

我站在那里,满怀敬畏地抬头看着这座大厦。20世纪刚开始的时候,华尔街14号的角色与现在的世贸中心无异,是权力与经济控制的标志。这里也是美国银行家信托公司的所在地,是我曾经与之商量投资我的能源公司的机构之一。

这次与这位阿富汗老人的相遇和交谈,看起来像是一次偶然。偶然,这个词语让我停了下来。我不禁开始思考我们对于偶然的反应是怎样改变了我们的生活。我对这一次的偶然,又该作何反应?

我继续向前走,看着人头攒动,怎么也找不到他了。在一栋建筑物旁边,有一座蒙着蓝色塑料布的巨大雕像。大厦正面一块石墙上的雕刻告诉我,这是联邦大厅(Federal Hall),华尔街26号。1789年,

第四部分
风暴过后（1981—2004年）

乔治·华盛顿（George Washington）在此就任美国第一任总统，并宣誓他将维护全体民众的生命、自由，为全体民众谋取幸福的生活。这里与"零地带"比肩而立，与华尔街咫尺为邻。

我继续在这里兜兜转转，来到了潘街（Pine Street），与大通银行（Chase）迎面相对。大通银行由戴维·洛克菲勒（David Rockefeller）创立，这家银行在石油美元的滋养下发展壮大，是一个为经济杀手服务的机构，也是深谙推广全球帝国之术的大师。它在方方面面都可说是公司王国的象征。

世贸中心是戴维·洛克菲勒1960年开始筹建的一个项目。近年来，这座综合大厦被视为一个累赘。在外人看来，世贸中心大楼并不是真正的金融中心，这要归咎于它适应不了现代的光纤和互联网，其昂贵和低效率的电梯系统也是人们埋怨它的原因。现在，累赘消失了。

我在街上慢慢溜达，脚步沉重。尽管下午非常温暖，我却感觉到阵阵寒意。一种难以言状的焦虑和不祥之兆排山倒海地向我扑来，我无法分辨这种预感从何而来。我加快脚步，试图将它赶走，最后我发现自己又回到了那仍然冒着浓烟的大黑洞前。我倚在一座侥幸逃脱厄运的大楼墙边，两眼直愣愣地盯着那个深坑，想象当时的情景：人们惊慌失措地从快要倒塌的大楼里跑出来，消防员奋不顾身地冲进大楼里救人。我努力想象着那些万不得已跳下来的人，试图去体验他们那种绝望的感觉。可是我想象不到，更体验不了。

相反，我看到了奥萨马·本·拉登双手接过了由美国的咨询公司雇用的人送上来的钱，以及价值数百万美元的武器，这些钱和武器都来自从美国政府那里得到的合同。然后我看到自己坐在电脑面前，面对着一个空白无物的显示屏。

我的目光离开了"零地带"，环顾四周，看着纽约那些幸免于难、业已恢复常态的街道。我不知道今天走在这里的人是否会想到这些——

不仅仅是双子塔的毁灭，还有那些被毁坏的石榴园，以及地球上每天活活饿死的 24 000 人。我怀疑他们有没有想过这些事情，又能不能将自己与工作、耗油的汽车、利息支出剥离开来，又是不是可以想想他们对这个世界，这个即将属于他们子孙的世界的贡献。我想知道他们对阿富汗是否有一丝了解，不是电视上的阿富汗，不是那个遍布美军营帐与坦克的阿富汗，而是那位老人的阿富汗。我想知道，每天因饥饿而死去的那 24 000 人，他们究竟会怎么想。

我又看到了自己，坐在空白的电脑屏幕前面。

我强迫自己把注意力转回"零地带"。那一刻，只有一点是肯定的：我们的政府现在想的是如何采取报复行动，现在已经将焦点对准了阿富汗和伊拉克那样的国家。而我所想的是地球上那些贫困地区的人民，那里的人们憎恨我们的公司、军队，以及我们向全球帝国迫近的进程。

我想知道，巴拿马、厄瓜多尔、印度尼西亚、伊朗、危地马拉和大多数的非洲国家会怎样？

我挺直身体，背部离开了靠着的那堵墙，正要迈步离开。突然一个矮个子、皮肤黑黝黝的男人挥动着手中的报纸，讲着西班牙语。我停下了脚步。

"委内瑞拉革命即将爆发！"他的声音甚至盖过了街道上的噪音，盖过了汽车的喇叭声，也盖过了熙熙攘攘的人流声。

我从他那买了一份报纸，站在原地迅速浏览了一遍头条的文章。文章是关于委内瑞拉民主选举产生的反美总统乌戈·查韦斯（Hugo Chávez），以及美国政策在拉美地区引起的仇恨暗流。

委内瑞拉又会怎样呢？

第32章 委内瑞拉，被萨达姆救了一命

我注意委内瑞拉已经很多年。委内瑞拉原来是一个很贫穷的国家，后来因为发现了石油而一夜暴富。但是，石油也导致这个国家成为被公司王国无耻剥削，贫富差距不断拉大的典型案例。

那天我在"零地带"读到的报纸上刊登的是1998年委内瑞拉选举的结果。委内瑞拉的穷苦大众和被剥削的人以压倒性的投票选举了查韦斯为他们的总统。查韦斯立刻实施激进的措施，控制了法庭和其他机构，解散委内瑞拉议会。他谴责美国实行"毫无廉耻的帝国主义"，发表了大量反对全球化的言论。他还提出了一项能源法案，该法案无论是名称上还是内容上都与罹难前的海梅·罗尔多斯在厄瓜多尔实行的法案相仿，此项法案将外国石油公司的特许开采权利金翻倍。同时，查韦斯将委内瑞拉国有石油公司的高管人员换成了对其效忠的人。

委内瑞拉的石油对全球各地的经济发展至关紧要。2002年，该国成为全球第四大石油输出国，也是美国的第三大石油供应国。委内瑞拉国有石油公司有雇员4万，年销售额达500亿美元，占该国出口总额的80%。该公司是目前委内瑞拉经济最重要的支柱。接管该公司后，查韦斯成功地跻身世界舞台。

1922年12月14日，一股巨大的石油从马拉开波湾（Maracaibo）附近的泥土里喷出，许多委内瑞拉人都认为这是上天安排的。接下来3天里，每天都有数十万桶的原油不断涌出，这彻底改变了委内瑞拉的历史。到1930年，这个国家成了全球最大的石油输出国。委内瑞拉人将石油看做解决所有问题的良方。

接下来的40年里，石油收入让贫穷的委内瑞拉一跃成为拉丁美洲最富裕的国家之一。所有关乎国计民生的统计指数都有所提高，包括医疗卫生、教育、就业、国民寿命和婴儿存活率等，商业也蓬勃发展。

1973年欧佩克石油禁运期间，原油价格暴涨，委内瑞拉趁机大捞了一笔。于是，经济杀手转战委内瑞拉，国际银行蜂拥而至，为委内瑞拉提供大笔基础设施建设、工业项目及摩天大楼建设贷款。20世纪80年代初，以公司形象出现的经济杀手"杀"到委内瑞拉。委内瑞拉的中产阶级队伍迅速发展壮大，为各种产品提供了成熟的市场，同时这里还有着大量的廉价劳动力，这对他们来说是个千载难逢的良机。

随后，石油价格暴跌，委内瑞拉无力偿还外债。1989年，国际货币基金组织向委内瑞拉施加压力，责令其实行严厉的财政紧缩政策，逼迫它以其他方式支持公司王国。这引起了委内瑞拉人强烈的反抗，在后来发生的暴乱中，死亡人数达200多人。1978—2003年，委内瑞拉的人均收入下降40%以上。

贫困的加剧导致民怨高涨，不断扩大的贫富差距使得中产阶级与贫苦大众之间的矛盾逐渐加深。就如所有经济发展依赖原油生产的国家一样，社会阶层分布也在不断发生变化。不断下滑的经济让许多中产阶级跌进底层的群体中，为查韦斯的上台提供契机，也为随后委内瑞拉与美国的冲突埋下了伏笔。"9·11"事件之前，华盛顿已经在考虑对委内瑞拉动手了——经济杀手失败了，是时候让"豺狼"出动了。

"9·11"事件改变了所有行动的次序。布什总统及其顾问将重心

第四部分
风暴过后（1981—2004年）

放在获得国际社会舆论支持其在阿富汗和伊拉克的行动上面。紧接着，美国经济又陷入衰退之中，解决与委内瑞拉的冲突问题已经退居次席。可是，布什与查韦斯的冲突已近白热化了。由于伊拉克和其他中东地区的石油来源受到威胁，华盛顿不会让委内瑞拉轻松太久。

看到"零地带"的景象，遇到阿富汗的老人，读到查韦斯的新闻，所有的这些让我不得不直面一个多年以来我极力回避的问题上来。我不得不好好想想，过去30多年来，我的所作所为造成了什么样的后果。我不可能否认我作为一名经济杀手，给我女儿这一代人带来的严重的负面影响。我知道不能再继续拖延，必须采取措施弥补我的过失。我得将真相和盘托出，帮助人们清醒地认识公司王国的真面目，明白为什么世界上有如此多的人憎恨我们。

我再一次提起了笔。当前看来，我的故事显得太过陈旧和遥远了。我得让我的故事贴近当今时势，于是打算到阿富汗、伊拉克和委内瑞拉走一趟。这三个国家似乎是对当今世界的一大讽刺：每个国家都经历了政治动荡，最后都由不尽如人意的领导人执政（残酷暴虐的塔利班、疯狂的萨达姆，以及外交上无所建树的查韦斯）。然而，美国却绝不会尝试为这些国家寻找解决深层问题的方法。相反，它只想将这些阻挡美国获取石油的国家领导人铲除。在许多方面，委内瑞拉的情况最为复杂。当军事干涉已经出现在阿富汗和不可避免地将要出现在伊拉克的时候，布什政府对查韦斯的反应仍难以琢磨。就我个人的看法，最后的结果与查韦斯是否是一位合格的领导人无关，而与华盛顿政府对一位阻挠帝国前进的领导人作出怎样的反应有关。

可是我还没来得及去开始我的行程，情况又有了改变。2002年，因为非营利性组织的工作，我不得不连续去了几次南美洲。我和一个委内瑞拉人一起到亚马孙河去，他的生意因为查韦斯的政策即将破产。后来，我也遇到过社会底层的拉美人，他们大多认为查韦斯是个救世主。

委内瑞拉发生的一切,是所有被经济杀手盯上的国家的一个缩影。

2002年12月,委内瑞拉与伊拉克的局势都变得危机四伏,两国分别朝着相似的方向前进。在伊拉克,经济杀手与"豺狼"的努力都徒劳无功,他们都无法迫使萨达姆屈服,现在美国已准备好使用最后一招——军事入侵。在委内瑞拉,布什政府运用了克米特·罗斯福的伊朗模式。如《纽约时报》报道:

> 成千上万名委内瑞拉人今日走上街头,表达他们坚持罢工的决心,强烈要求总统乌戈·查韦斯下台。目前罢工已经进入到第28天。
>
> 约3万名石油公司工人参与了罢工,这给这个国家——全球第5大石油出口国,带来了一场大灾难。
>
> 近日,罢工已经陷入了僵局。查韦斯使用不参与罢工的工人,试图让国营石油公司的运作正常化。由工商业精英和劳工领袖组成的反对者,声称他们的罢工将使石油公司倒闭,继而让查韦斯政府倒台。

这和当年中央情报局让摩萨台下台、伊朗国王上台使用的手段如出一辙。历史像是不可思议地重演了。50年后,一切爆发的原因还是石油。

2003年1月4日,反对查尔斯的人与他的支持者发生了冲突。据报道,有几人在事件中中弹身亡,另有数十人受伤。第二天,我与一位数十年来与"豺狼"为伍的老朋友交谈。像我一样,他从未直接为政府工作,可他也在不少国家进行了秘密的活动。他告诉我,一个承包商与他商议共同在委内瑞拉煽动罢工游行,并且贿赂军队官员(其中不少军官在美洲学校接受过训练),说服这些军官反对他们的总统。

第四部分
风暴过后（1981—2004年）

他拒绝了那个承包商的请求，但是有其他人接了这份工作。

石油公司高层人员和华尔街害怕石油价格猛涨，以及美国石油库存量下降。考虑到中东局势已经到了这个地步，我知道布什总统将不惜一切代价来推翻查韦斯。后来果然传来了查韦斯被驱逐的消息。《纽约时报》称这是一个历史性的转折，接下来的工作就是要确定谁将在现代委内瑞拉社会中扮演克米特·罗斯福的角色：

> 美国……在整个冷战期间及冷战之后的时期，为维护自己的经济和政治利益，支持中美洲和南美洲独裁主义政权。
>
> 1954 年，在弹丸之国危地马拉，中央情报局发动政变推翻了民主选举的政府，扶植右翼政府镇压左翼反对者近 40 年，接近 200 000 人死于动乱。
>
> 1973—1990 年，在智利，由中央情报局支持的奥古斯托·皮诺切克（Augusto Pinochet）大权独揽。
>
> 在秘鲁，一个软弱无力的民主政府显示了中央情报局 10 多年来对现在已被免职的前总统艾伯特·K. 藤森（Alberto K. Fujimori），以及其声名狼藉的间谍头子弗拉蒂米洛·L. 蒙特西诺斯（Vladimiro L. Montesinos）的支持。
>
> 1989 年，巴拿马的独裁者兼毒枭——曼纽尔·A. 诺列加倒台。20 多年来，诺列加一直为美国情报机关服务。
>
> 20 世纪 80 年代，美国发起一场对抗尼加拉瓜左翼人员的非武装斗争，包括向伊朗出售武器。里根政府的那些高级官员因此而受到指控，包括在反抗查韦斯的过程中起着重要作用的奥特·瑞切（Otto J. Reich），但最终他并没有受到任何指控。他后来成为美国驻委内瑞拉大使，现在是总统特派的美洲事务助理国务卿。查韦斯的倒台是他的卓越成就之一。

但是，随后发生了一件令人意想不到的事情。在一次反击战中，查韦斯再次占了上风。政变不到72小时，他重新执政。不像伊朗的摩萨台，尽管查韦斯身边的政府官员都被美国笼络，但他还是成功保住了军权。此外，他还保住了一个实力强大的国营石油企业。

随后，查韦斯政府加紧了对石油公司雇员的控制，肃清了几个背叛查韦斯的军队军官，并将那些反对他的人驱逐出境。他要求将两位著名的反对派领袖关押20年，这两个人与华盛顿政府一起煽动了这次全国性罢工。

这件事对布什政府来说是一场灾难。《洛杉矶时报》报道：

> 布什政府于星期二宣布，政府曾经讨论数月，试图用委内瑞拉当地军队和民间组织的力量除掉总统乌戈·查韦斯……但最终还是失败了，而布什政府也因为此事而受到调查。

很明显，在委内瑞拉经济杀手失败了，"豺狼"也失败了。事实证明，2003年的委内瑞拉与1953年的伊朗不可相提并论。我怀疑，这是不是一个预兆，或者仅是一个反常现象。我很好奇华盛顿政府的下一步棋会怎样走。

至少目前来说，一场重大的危机已经从委内瑞拉转移。查韦斯得救了，被萨达姆所救。布什政府无法同时兼顾阿富汗、伊拉克和委内瑞拉。此时此刻，美国既没有足够的军事力量，也没有充分的政治支持。可是我知道，形势随时会改变，查韦斯总统也许将遭到更加强烈的反抗。虽然查韦斯得以重新上台，但委内瑞拉国内发生的一切，说明50年来情况仍然没有改变。

当我在本书的首版中写下上述文字时，我对于之后发生的事情一无所知：查韦斯在数年之后去世；美国陷入中东战争泥潭；俄罗斯重新出现在世界舞台；公司王国成为历史上首个真正的全球帝国。事实上，在那之后的12年中所发生的事，与之前截然不同。

第五部分
新一轮"死亡经济"风暴
（2004年至今）

如今，"经济杀手"已不再满足于为发展中国家设下巨额债务圈套，他们进入了国会、华尔街、跨国企业的办公室，将"死亡经济"的触角延伸到世界各个角落，即便超级大国也难以幸免……

第33章 有人想让我消失

自从《一个经济杀手的自白》出版后,形势变得愈发恶劣。12年前,我期望那本书能像一颗炸弹,惊醒世人,激励他们改变局面扭转乾坤。事实显而易见。我和其他与我类似的人一起创建了一个由公司王国支持的经济杀手系统。经济杀手、公司王国巨头、华尔街大亨、政府和"豺狼",以及他们遍布全球的网络,共同建立了让所有人失望的全球经济体系。它以债务、实际的战争或战争的威胁等为基础,奉行极端的物质主义,掠夺全球资源。最终,即使是极其富有的人也将成为这场"死亡经济"(death economy)的牺牲品。

大多数人在他们自己没有察觉的时候,成为了通敌者。现在是时候改变了。我曾希望通过揭露这些事实,让人们了解真相,激励人们做出改变,希望到2016年的时候,世界能有截然不同的面貌。

人们确实被摇醒了。世界上许多活动,包括本土化的"占领运动",冰岛、厄瓜多尔、希腊等国际地区的活动,以及"美洲玻利瓦尔联盟"(Bolivarian Alliance for the People of Our America,ALBA)① 等,都证明我们所了解的那个世界正在崩塌。

---

①美洲玻利瓦尔联盟(Bolivarian Alliance for the People of Our America):是一个以拉丁美洲及加勒比地区政治、经济、社会一体化为宗旨的地区性合作组织。——译者注

第五部分
新一轮"死亡经济"风暴(2004年至今)

可是,我没有预料到的是,经济杀手系统居然如此灵活,在推动和捍卫"死亡经济"上如此坚决。我也没有预料到,居然出现了新型的经济杀手和"豺狼"。

在首版书里,我说得很清楚了:

> 我从不认为经济杀手系统是由一小群企图掌控世界的人所设计的一些恶意的、非法的秘密计划所推动的。换句话说,我不相信所谓的"阴谋论"。

然后,奇怪的事情发生了。

2005年3月下旬,在那本书出版不到5个月的一个星期一,我搭乘飞机前往纽约。我原本的计划是第二天在联合国大厦发表演讲。我当时的身体状况非常良好。有一个自称是自由撰稿人的男人一直追着我的公关人员,要求她安排一次对我的采访。但是他的证书非常简略,而且我当时需要参加的采访非常多,于是我的公关人员就拒绝了他的要求。不过,当他提议说到拉瓜迪亚机场(LaGuardia Airport)接我,和我一起吃午餐,然后开车送我去一个朋友的公寓时,我勉强答应了。

当我走出机场时,他正在那里等着我。他带我去了一家小咖啡厅,表示非常钦佩我写的那本书。然后他问了几个与我当经济杀手的经历有关的常规性问题,之后便开车送我到了上西城区,我朋友的公寓就在那里。

打那以后,我再也没见过那个男人了。如果不是在会面的几个小时后,我出现了严重的内出血,我可能早就忘了他。我失去了体内差不多一半的血液,陷入了休克,被火速送到了勒诺克斯山医院(Lenox Hill Hospital)。结果,我在医院待了两个星期,有超过70%的大肠被切除了。

当我躺在病床上等待康复的时候,我想,这场病也许是一个提示我的信号,告诉我身体的负担太重了,需要减少写作的时间和巡回演讲的次数。

纽约的肠胃科医师告诉我,我患的是严重憩室病(diverticulosis)①。听到这的时候我十分震惊,因为我最近才刚做了结肠镜检查。我在佛罗里达的医生确信我没有任何患癌症的迹象。他提到我有些憩室,"常见于你这个年纪的人",然后建议我5年之内再回去做检查。

毫无疑问,我在联合国大厦的演讲连同其他许多媒体活动都取消了。我动手术的消息传得非常快,很快我就收到了大量的电子邮件。大多数人都是在关心我的身体状况,而有一些人却指控我叛国,还有人确信我是被别人下毒了。

于是我询问了我的肠胃病医师,他表示自己"非常确定"没有下毒迹象,但是他也说了"永远不能把话说得太死"。无论如何,这件事让我更多地去思考和研究阴谋。

我现在依然不相信"阴谋论"。根据我的经验判断,世上根本没有任何秘密俱乐部可以聚在一起,谋划主宰世界的策略。不过我知道,经济杀手系统的势力能挑起不少小阴谋。这里所说的"小",是指这些阴谋都有着特定目标。

在我刚开始上学的时候,这些以秘密行动来达成非法目标的阴谋就已经存在了:1953年,中央情报局发动政变,推翻民主选举出来的伊朗总理摩萨台和伊朗国王;1963年,中央情报局策划"猪湾事件",入侵了古巴,那时我还在上高中。直到我成为经济杀手之后,中央情报局在1981年派人暗杀了我的两名客户——厄瓜多尔的罗尔多斯和巴拿马的托里霍斯,我才察觉到这些阴谋。2002年,我着手写第一本书

---

① 憩室病(diverticulosis):指胃肠道任何一部分向外的囊状突起,常发生在大肠,数个憩室同时存在,称为憩室病。——译者注

的时候，美国为首的阴谋集团想要推翻委内瑞拉总统乌戈·查韦斯，紧接着又传出了伊拉克具有大规模杀伤性武器的谎言。后来又是一系列针对中东和非洲政府及其领导人的阴谋。

当我还是经济杀手的时候，大部分阴谋都是为了增加美国在发展中国家的利益，即使是推翻或谋杀政府领导人，也是为了确保美国的公司能掠夺那里的资源。当我做完手术，在家浏览各种报道时发现，当初我在印度尼西亚、巴拿马、埃及、伊朗、沙特阿拉伯等国家用过的工具都被运用于欧洲和美国了。经过"9·11"等恐怖事件后，这些阴谋赋予了那些掌控跨国企业的有钱人太多权力。

最引人注目的阴谋是推广了"自由"贸易协定，如北美自由贸易协定（NAFTA）和最近的跨太平洋伙伴关系协议（TPP）和跨大西洋贸易与投资伙伴协议（TTIP）等，其目的就是为了强化他们在世界上其他国家的权力；他们还说服政客通过允许富人避税的法规，控制了媒体，还用媒体来影响政治；还鼓动美国公民进行永不休止的战斗。

早在20世纪70年代经济杀手系统兴起的时候，类似的阴谋就已经出现了。虽然我写了那么多，但我必须承认：我忽视了不少发生在表面之下的暗涌。旧工具已然尖锐，新工具已渐渐成型。

不过，这个系统的核心依然没有发生变化，即通过债务奴役人们，通过恐惧强化控制。当我还是经济杀手的时候，这个系统让大多数美国和其他国家的人相信：所有行动都是为了对抗共产主义；现在则换成了恐怖分子、新移民和任何可能拖慢公司发展的人。原理是相似的，不过现在的影响比以前更大了。

在手术后调养时，我陷入了无边的罪恶感。我总是在夜里惊醒，曾经贿赂和威胁领导者的记忆一直在脑海里盘桓。不过，我没有被作为经济杀手的过去打败。

我问自己：为什么我能坚持做那份工作达10年之久？后来，我意识到，逃离那个系统是一件多么艰难的事情。不仅是金钱的诱惑、坐头等舱的优待、住高档酒店的舒适和其他特权，也不仅是上司和同事给我的压力，还有这份职业本身的光环。我接受过的教育告诉，这就是正确的事，这就是我应该做的。

一天，一位朋友寄给我一张海报照片，看起来就像是高中男生贴在浴室墙上的海报。上面有个面相凶狠的男人，似乎在问："你的浴室里有布尔什维克吗？"这张海报是斯科特纸业（Scott paper）的广告，上面写着："如果一家公司不能为员工提供体面的设施，就不值得员工尊重。"这句话传递出了强烈的信息：如果不买美国货，就形同叛国。

这张照片让我开始回想我的性格形成时期。在苏联发射了人类第一颗人造卫星"伴侣号"（Sputnik）后，我们一直担心核弹头早晚会从自己头顶飞过。每周演习时，都会响起的刺耳警报声，我们躲到自己的桌子底下，试图躲过想象中的苏联导弹。电影和电视节目，如根据联邦调查局特工渗入美共产党团队的回忆录而改编的惊险戏剧《我的三生三世》（*I Led Three Lives*），都在提醒我们要时刻警醒。

当我进入经济杀手系统时，形势看起来似乎很明显，我们就要失去越南。我们被告知，这将会造成"多米诺效应"，越南之后就是印度尼西亚，接着就是泰国、韩国、菲律宾等国家。用不了多久，红色潮水就将席卷欧洲，然后吞没美国。如果我们不挡住进攻的话，民主和资本主义都将终结于此。这就意味着，我们必须不择手段地推动斯科特纸业这类企业的发展等。

深入地了解内心的愧疚感，帮我认清了多年来我用来欺骗自己的错觉。这让我想到，这个世界上有成千上万的人像我一样。他们或许不再被教导害怕共产主义了，但他们现在害怕俄罗斯、朝鲜、基地组织和其他恐怖分子。他们可能不会去到国外，面对面地感受他们的伙伴曾经的遭遇；他们也许不会站在亚马孙河边上的石油泄漏点旁或者去看看"血汗工厂"(Sweatshop)的工人居住的地方。相反,他们通过电视来麻痹自己,对学校、银行、人际关系专家和政府官员的言论深信不疑,并积极参与其中。但他们心里都很清楚,这些故事是歪曲的,不真实的。现在,是时候承认我们每个人都以某种方式参与了歪曲事实的活动。

手术后不久,我便前往波士顿。在旅途中,我碰到了我在波士顿大学的教授,即《美国人民史》(*A People's History of the United States*)的作者霍华德·津恩(Howard Zinn)。他现在已经80多岁了,当时他在积极地推进一项试验性系统的改革,不过没有起到效果。当我提及罪恶感让我快喘不过气来的时候,他告诉我要保持开放的态度。

"不要害怕,"他说道,"你有罪,我们所有人都有罪。我们必须承认,尽管大公司掌控了宣传工具,但更重要的是,我们允许自己被骗。你能树立一个榜样,向人们展示如何走出骗局,得到救赎,改变世界。"

我告诉他,我觉得美国的中产阶级就像中世纪的资产阶级,居住在城堡外的小镇里。"我们缴税,这样士兵和'豺狼'才会保护我们,免受隔壁城堡武士攻击。"

"确实是这样,"他说道,脸上带着鼓舞了无数学生的微笑,"我们会想尽一切办法保全一个系统,即使这个系统让我们失望过。"

做完手术休养时的思考,以及与霍华德的多次讨论,让我明白了《一个经济杀手的自白》的出版对我而言,意义重大,就像我当时以和平队志愿者的身份与安第斯山脉的工人共事时所学到的一样。这两件事都是在告诉我,经济杀手系统之所以能起作用,是因为我们允许它起作用。有时候,我们会假装没看见,更糟的是,我们经常主动地支持这个系统。最困扰我的是,我必须向自己坦白:我不仅假装没看见,还说服了许多人支持这个系统。我立志一定要比其他人更用心,更为认真地观察发生在我所在的群体、我的国家和全世界的事情。

虽然我下定决心要遵循霍华德的建议，但我依然很羡慕另一个不用受到良心谴责的人。这个人是我的一个朋友，当我在佛罗里达州接受理疗时，他给了我很大的支持。他看起来完全不想为自己的暴力行为辩护。他是一名"豺狼"，刚从中东地区回来。

第 34 章 "豺狼"与塞舌尔阴谋

我在成年之后便开始学习武术，并在南佛罗里达州老家的附近拜韩国武术大师李青龙（Chung-Young Lee）为师。到 1999 年，我已经学习 15 年了。有一天，我刚准备去上下午的课，一个陌生人走进我们的训练厅。他身高大约 1.8 米，动作敏捷，像一名运动员。他脸上带着和善的笑容，身上却散发出一股阴沉沉的气息。他自称杰克，是黑带级选手，想要报名参加我们的学习。李师傅便请他换上制服，加入了课堂。

作为高级黑带，我需要在课堂结束前跟他对打，估量他的实力。当他在穿衣服时，李师傅走上前，拍了拍我的肩膀，对我说："小心点，注意防守。"

常规操练开始后，大家一眼便能看出杰克的技巧娴熟，而且速度非常快。拳斗开始前，我们面对面站着，相互鞠了个躬。随后，李师傅发出开始的信号。杰克立即给了我一个回旋踢。我挡住了，并回以一个后踢。他横跨一步，躲了过去，并朝我的胸口来了一记前踢，把我踢趴在地板上。

我和李师傅的直觉是对的，杰克不是我能挑战的对手。

课程结束后，我们三个人聚在一起聊天。杰克说他曾经在多个国家当过"安全顾问"，而且每个国家都是政治上的焦点。虽然他略过了细节，但是我和李师傅还是暗暗地交换了眼神。聊天结束后，他便签约，加入了武馆。

在接下来的几个月里，我特意跟杰克拉近距离。有时我们会一起吃午饭，喝啤酒。毫无疑问，我确信他就是"豺狼"，正在等待下一个任务。越了解他，我就越激动。有一天，他不经意地提起，大概在20世纪70年代，他曾经在塞舌尔（Seychelles）待过一段时间。我简直不敢相信，竟然有这么巧的事。

在20世纪70年代末，退役的美国将军，美因公司高级副总裁查克·诺贝尔（Chuck Noble）曾通知我做好准备，前往塞舌尔。塞舌尔是印度洋的一个岛国，毗邻的迪戈加西亚岛（Diego Garcia）是五角大楼最具战略意义的一个军事基地所在的地方。塞舌尔前总统弗朗斯·阿尔贝·勒内（France Albert René）威胁称要把华盛顿藏在迪戈加西亚岛的秘密公之于众，一旦这个秘密被揭露，美国就必须关闭其在岛上的设施，这势必影响其在中东、非洲和亚洲部分地区的行动。我的任务就是收买并威胁勒内，让他改变主意。然而，不久之后，形势发生了重大变化。

勒内身边的一名卧底称，这位总统与罗尔德和托里霍斯一样，不接受贿赂，于是我的任务取消了。1981年，一队"豺狼"被派去暗杀勒内。当包机在塞舌尔降落时，他们便被发现了。双方发生了交火，火力不足的"豺狼"被包围了。他们趁乱劫持了一架印度航空707客机，其中6个人认为飞机一旦落地，他们就会被击杀，于是选择留下来，试图混进当地人群，以逃脱追捕。剩下的"豺狼"则强迫客机上的工作人员飞往南非。

留下来的6个人很快被抓了，并被囚禁起来。其中4名被判死刑，另外 2 名面临长期监禁。707 客机落地后，南非的安全部队一拥而上，逮捕并监禁了全部"豺狼"。

我疑惑地盯着杰克……

"我差点也在 70 年代末去了那里，"我说道，"去和总统交涉。"

他盯着我的眼睛，"阿尔贝·勒内？"

"你听过他？"

"我试过谋杀他。"他笑了笑，想要缓解紧张的气氛。"不过，我不想谈这件事。"

我理解他的缄默。确认他曾经是"豺狼"，这就够了。那天晚些时候，我回去翻了文件，上面有他的名字！他是 707 客机的劫持者之一，在南非受审时出了不少新闻。

我后来再没问杰克关于塞舌尔的事情，我知道窥探只会让我失去他的信任。所以，我们经常谈论他更遥远的过去。他在暴力盛行的贝鲁特（Beirut）长大，父亲是一名企业老总。虽然他也是美国公民，但是他的人生与 20 世纪六七十年代在美国各个城市街道里晃荡的少年截然不同。杰克没有坐在喷泉旁边看着花花公子跳舞，而是亲眼看着一位母亲在儿子面前被强奸，看着城市的街道被机枪扫射一空。刚过完 18 岁生日，杰克就被巴勒斯坦解放组织（Palestine Liberation Organization）绑架，被指控是以色列的间谍，惨遭虐待，差点被处决。虽然最后他们放了杰克，但是杰克的人生却因此而发生了巨大的改变。

"这些王八蛋没有吓倒我，"他说道，"他们把我惹毛了，我决心要成为一名战士。"

他前往罗德西亚（Rhodesia）(现为津巴布韦)。该国的军队因行动高效、残酷无情而闻名，因此成了雇佣兵的最佳训练场地。杰克的表现非常优秀，被选中加入南非特种部队（South African Special Forces Brigade）。该部队又名"侦察突击队"(Recces)，从这里出来的战士是世界上最有杀伤力的人。杰克从南非特种部队毕业后，凭借显赫的名声进入了中央情报局。

杰克经常会从训练馆消失一段时间。他是冲浪运动的狂热爱好者，经常给我们看他冲浪的照片。我和李师傅留意到，他去冲浪的地方都会发生暴力事件，印度尼西亚的爆炸案、黎巴嫩的暴乱、南非的暗杀。

接下来，就是"9·11"事件和2003年美军入侵伊拉克。杰克接到任务，前往中东。对此，他说："我的工作就是这样。这次是去跟老朋友聚一聚，就像当年一起去塞舌尔一样。"

他消失了很长一段时间。直到2005年，我动完手术之后，才再次见到了他。他回到美国休了一个月假。那段时间，他几乎每天都来拜访我，强迫我增加步行的时间。

"你得赶紧恢复，像当年那样，狠狠地揍李师傅。"他如此说道。

他很少提及自己的工作，不过他会经常拿些照片给我看：在田间劳作的伊拉克人民，骑在骆驼背上的孩子，夕阳的余晖，还有遭受轰炸后的建筑、破破烂烂的军用车辆，正在逃离汽车爆炸的人群。

我送了一本《一个经济杀手的自白》给他。24小时后，他便全部读完了。"你写的是真实的故事，"他说，"我希望你能写得更多、更深入。"我为他的坦诚惊讶不已。他说："我们没什么需要隐藏的。"

就在那时，我提出了长久以来我一直回避的问题："如果成功地杀了勒内，下一步你们会做什么？"

他停顿了一下，很快回答我："尽快离开那里，然后销声匿迹。"话音一落，他大笑起来。他解释说，肯尼亚军方在内罗毕（Nairobi）安排了空降兵，随时听候命令。一旦"豺狼"成功刺杀勒内，肯尼亚军方就会立即出现，接过政变的旗帜。杰克和他的队友就会搭乘商务班机去其他国家。

"所以，"我问道，"没有人会知道是白人雇佣兵挑起了政变？"

第五部分
新一轮"死亡经济"风暴（2004年至今）

他点了点头。

"你们就那样消失在高空中，那样整个世界都会认为是非洲人入侵了这片土地，杀了勒内，推翻了他的政府？"

"原本的计划的确是这样。"

"这样一来，中央情报局、南非、迪戈加西亚岛，这些都不会出现在新闻报道里。这真是绝了！""很聪明吧？"

"是的，"我没有说他们这么做是在破坏美国政治制度的基础，没有说这是欺瞒选民的一场闹剧。"但是，你们被抓住了。"

"没错，"他若有所思地往外看，接着眼睛里闪现了光亮。"但是你知道吗？结果证明，这次行动并没有失败。南非政府和他们的安全部队是我们这一边的。当印度航空的客机着陆后，我们接受了审讯，并且被判有罪。不过，几个月之后，他们就悄悄放了我们。"他给了我一个狡黠的微笑。"所谓的失败，实际上是一次成功。南非政府用300万美元收买了勒内，让他把6个被关起来的人都放了。没有人被处死，没有人在监狱里孤老终身。而且在那之后，勒内成为美国的朋友，答应永远都不会曝光迪戈加西亚岛的事。"

事实证明，当初那个认为勒内不会接受贿赂的卧底看走眼了。

"或许，"杰克继续说，"勒内醒悟了。要知道，他差点死了。"他把双手举起来，同时晃了晃。"这次暗杀让他明白了，中央情报局是认真的。"

我开始仔细思考他说的话，并想到了罗尔多斯和托里霍斯。"在你们前去暗杀勒内的几个月前，中央情报局杀了厄瓜多尔和巴拿马的总统，是因为他们不配合？"

"正是，"他笑了笑。"别以为这两个人的死对勒内先生没有一丁点影响。"

"他现在在哪？"

"勒内？他刚刚从总统位上退休。在暗杀事件后的20年才退休！这些年来，迪戈加西亚一直是美国向中东、非洲和亚洲发起攻击的基地。"

塞舌尔"豺狼"的故事就是这样。表面看来，那次行动失败了，但最后华盛顿得到了一切想要的结果。比起杀了那位总统，通过威胁和收买让他与美国合作显然更好。他成了一名温顺的仆人。关键的执行者被捕了，但是很快又重新开展活动。如果你碰巧看到了有关塞舌尔袭击事件或劫持印度航空707客机的新闻报道，可能只会认为这是恐怖分子采取的行动，绝对不会和一个合法的政府联系在一起。公众可能永远都不会知道，这不过是中央情报局惯用的手段而已。

第 35 章　丛林中的萨满与反叛者

在手术后康复期间，我一直在怀疑，自己是不是被别人下毒了。

我不愿意相信国家安全局和中央情报局想杀我，这光是想想就让人背脊发凉。我试着说服自己，政府足够明智，一旦他们杀了我，我的书就会大卖，而这正是他们最不愿意看到的结果。我告诉自己，即使我是被那名"记者"下毒了，也肯定是出于私人恩怨。他的想法可能与那些发邮件骂我是叛国者的人类似。不管怎么说，那些邮件让我意识到，我曾经的经历让自己成了人们憎恨的对象。我如何还能心安理得？

内心的罪恶感与日俱增，我突然回想起曾经在厄瓜多尔亚马孙雨林与舒阿尔族一起生活的日子。当时，我病得很重，吃不下东西，体重在短时间内锐减。在那里寻医是一件非常困难的事，即使是健康的人都需要在茂密的丛林里走上两天，再搭两天颠簸的巴士才能找到一名医生，更何况我还是一个站都站不直的重病号。看起来，我只能听天由命了。就在这时，一位传统的舒阿尔医术师，人称通杜姆（Tunduam）的萨满治好了我的病。

在一次通宵的萨满之旅中，我看到自己吃着乏味的新罕布什尔的食物长大,而现在我需要和这些饮食习惯与常人不同的人一起生活。这里的河里布满了有机物,他们还会把饮用水与人类唾液发酵而成的啤酒混合在一起,做成一种饮品。

我没有其他选择,只能吃他们的食物,喝他们的啤酒。每当我咽下食物、喝下啤酒时,都会听到一个声音说"你会死的"。不过,我也看到舒阿尔族人都非常强壮,非常健康。我渐渐明白,真正置我于死地的不是食物或饮品,而是我的思维定式。后来,我依然活蹦乱跳。

几天之后,通杜姆告诉我说,他治好了我的病,我欠了他一个很大的人情,所以我得做他的学徒来回报。我很不情愿,我读过商学院,认为在萨满教里没有未来。但是他救了我,我欠他一条命。

与通杜姆共处的日子里,我学会了心态的重要,他告诉我:"只要你想,就一定能实现。"

我的内心充满了偏执与愧疚,我需要改变这种状态。

在动完手术后不久的一天,我走进了家附近的树林里,靠在一棵高大的橡树上,闭上双眼。我想着通杜姆,感受与大自然的联系。舒阿尔族和许多其他土著族群一样,深信改变一个人的思维定式的关键在这个人的心里。我把双手放在胸口心脏处。

静静坐在那里待了一会,我意识到:要想获得救赎,我必须奉献自己,做一切能让世界更加美好的事。我曾经以为写一本书,进行自我忏悔就足够了。但是现在我明白了,只有恪守承诺,持续行动,才可能得到救赎。在切除大肠之后,我误以为这是一个让我降低工作强度的信号。霍华德·津恩说得没错,我必须重新振作起来,继续做一名作家和演讲家。我需要成为一名积极的行动者。对我来说,要做到这些,最好的办法就是多参加我自己创立或与他人联合创立的非营利组织所进行的活动。

"梦想改变联盟"在成立的15年里取得了许多成就。我们带领人们前往亚马孙、安第斯、亚洲草原、非洲和中美洲，与当地人一起居住、学习；在美国和欧洲组织了讲习班；与欧米茄研究院一起开设了年度萨满聚会，让来自全球各地的土著萨满与美国数百名参与者近距离接触。然而，在我动完手术后，"梦想改变联盟"董事丽茵·罗伯茨（Llyn Roberts）和我决定缩减这些活动。丽茵忙着写《萨满灵气疗法》（*Shamanic Reiki*）和《进入高层意识》（*Shapeshifting into Higher Consciousness*）等作品，我则全身心地投入到《一个经济杀手的自白》的相关活动中。

另一方面，帕恰玛玛①联盟（The Pachamama Alliance）则显得非常活跃。它的历史与我的经历相互交织在一起。

1994 年，我的朋友丹尼尔·库佩尔曼（Daniel Koupermann）坚持要我见一见隐藏在厄瓜多尔亚马孙雨林深处的阿丘雅族（Achuar）首领。阿丘雅族、通杜姆和舒阿尔族都认为，你希望世界是什么样子，它就是什么样子。而且，他们的族人都有共同梦想。他们希望我能帮忙与其他国家的人交涉，那些国家的石油公司和其他公司几乎要毁了阿丘雅的土地和文化。他们说，地球是属于全人类的。

我把这个消息告诉了琳恩·特威斯特（Lynne Twist），她是我前不久刚结识的一位很有影响力的活动家。1995 年，我和她的丈夫比尔带领一小队人走进了丛林，前往阿丘雅。那次旅程结束后，那队人捐赠了 10 多万美元，成立了非营利组织帕恰玛玛联盟。

在那之后，我几乎就没有再参与该组织的活动了，但是比尔和琳恩坚持下去了。这两位是我认识的人当中最无私、最实在、最有奉献精神的。他们的梦想成真了。2005 年，当我处于手术后康复期时，帕恰玛玛联盟的宗旨已不再局限于帮助阿丘雅了。他们后来又在厄瓜多尔成立了非营利的帕恰玛玛基金会（Fundación Pachamama），目的是

---

① 帕恰玛玛：克丘亚语，是安第斯土著人崇敬的女神，也称为大地／时间母亲，故该组织又称"地球母亲联盟"。——译者注

阻止石油公司踏足土著人居住的土地。

我打电话给比尔和琳恩,告诉他们我想参与这个组织的更多活动。他们非常热情地欢迎我。

很快,我回到了厄瓜多尔。帕恰玛基金会在基多的办公室非常嘈杂。在过去10年里,这个国家经历了许多场政治动荡——10年里换了8个总统。而且,一个与过去截然不同的政治家出现了。

他的名字叫拉斐尔·科雷亚(Rafael Correa)。拉斐尔·科雷亚出生于一个中下层家庭,其父亲在他5岁时因毒品走私而锒铛入狱。他表示,他很清楚这种不法行为不可饶恕,但是他很理解这些人。他们都像他的父亲一样,"不顾一切地想要养活自己的家庭"。

他获得了厄瓜多尔天主教大学的奖学金,随后前往比利时进修,获经济学硕士学位。此后,他又进入伊利诺伊州大学(University of Illinois),获得了经济学博士学位。

这位新总统候选人是个见多识广的人。他英俊潇洒、聪明伶俐、魅力十足,除了母语西班牙语之外,他还会英语、法语和克丘亚语等语言。他的妻子是比利时人,而且他对欧洲和美国的政治了如指掌。他很清楚,当他试图改革,约束石油巨头,保护雨林时,需要面对多么危险的系统。

我在阅读科雷亚在2006年选举之前写的施政纲领时,不禁想起厄瓜多尔前总统海梅·罗尔多斯。我曾经向他保证,石油能够帮他还清在他之前的独裁者给这个国家留下的债务;我还担保说,拖欠世界银行的贷款不是办法,他必须与德士古公司达成交易。每当回想起这些,我的内心都会充满悔恨。不过,他那时没有听从我的建议。相反,他向德士古公司征税,并坚持让该公司实施与美国相同的环境保护措施。

坐在基多的酒店房间里,我观看了1981年5月罗尔多斯在基多体育场所发表的慷慨激昂的演讲。他向他的人民呼吁,应该把他们的国家视为"英雄",他们的国家是为摆脱压制,争取自由而奋斗的领导者。在演讲的最后,也是他在公众面前发出的最后几个词——"祖国万岁!"让我的心久久不能平静。当我看到他的私人飞机坠落的照片,得知他去世的消息时,悲恸和内疚让我喘不过气来。

罗尔多斯去世不到3个月,我的另一位客户,奥马尔·托里霍斯也被人用同一种方式谋杀。

现在,这位候选人科雷亚公开唤起人们对海梅·罗尔多斯的记忆。科雷亚引用《一个经济杀手的自白》的内容,说曾经有经济杀手接近过他,而且他感觉到了"豺狼"的杀气。

比尔、琳恩、丹尼尔和我决定,为帕恰玛玛联盟的主要支持者组织一年一次的活动。我们将带他们去卡帕威(Kapawi)——阿丘雅族在他们的热带雨林里建造的生态旅馆,是他们与我们合作的成果之一。

抵达阿丘雅地区的行程中,我们从基多驱车前往壳牌公司的停机坪,看到了这家石油公司在丛林外设置的警戒部队和军事基地。沿途的道路蜿蜒崎岖,非常惊险。从安第斯山到雨林,海拔差不多相差2438米。在这条路的一边,悬崖峭壁耸入云霄,奔流的瀑布映入眼帘,菠萝从山路的一边伸展出来;另一边,石块不时落入深渊下的河流中。那条河就是亚马孙河的源头——帕斯塔萨河(Pastaza River),它沿着亚马孙河岸注入4 800多千米外的大西洋。

行驶在这段路上,我一直回想自己第一次来这里的情景,观察这里发生了哪些变化。1968年,德士古公司在厄瓜多尔的雨林带发现了石油。如今,石油收入占这个国家出口总值的一半以上。当时,我踏上这片土地不久,一条横跨安第斯山脉的输油管道便建成了,向脆弱的雨林泄露了50多万桶石油——这比当年埃克森公司的"埃克森·尔迪兹号"(Exxon Valdez)[①] 事故泄露的原油多了一倍还多。

[①] 1989年3月24日,埃克森·瓦尔迪兹号油轮搁浅并泄漏出26.7万桶共1100万加仑的原油,油污进入阿拉斯加威廉王子海峡,对环境造成了严重破坏。——译者注

美国为了让厄瓜多尔成为其十大石油供应国之一，让经济杀手们出门，斥资13亿美元建了一条近500千米长的新输油管道。大片热带雨林倒下，稀有的金刚鹦鹉和美洲豹消失了，厄瓜多尔三个土著部落的文明快要瓦解了，昔日清澈的河流已经变成了泛着红光的污水沟。

近年来，当地居民在帕恰玛玛基金会的支持下开始反击。2003年5月7日，一个美国律师团在我的朋友斯蒂文·唐齐格（Steven Donziger）的带领下，代表3万多名厄瓜多尔人，对德士古公司提出诉讼，要求其对亚马孙流域造成的破坏赔偿10亿美元。诉讼称，在1971—1992年，美国石油巨头德士古公司陆续向裸井和河流排放了400万加仑含有石油、重金属和致癌物质的废水。此外，德士古公司还遗留了将近350个未掩埋的垃圾场，继续毒害这里的居民和动物。

在基多到壳牌公司的路上，即帕斯塔萨河岸，突然出现了一堵庞大的灰墙。那湿漉漉的混凝土看起来非常扎眼，与周边风景格格不入。它是阿格杨水力发电站的产物。这个发电站是厄瓜多尔极少数家族的暴利来源。

每次我开车经过阿格杨时，都不得不正视一个事实，这个项目是我一手促成的。因为这类项目耗资巨大，所以在科雷亚决定竞选总统前，厄瓜多尔大部分国家预算都被用来偿还该项目的债务。国际货币基金组织曾向厄瓜多尔建议，终结这一恶性循环的唯一办法就是把雨林下方的大片油田卖给石油公司。

拉斐尔·科雷亚承诺，如果他当选，一定会改变一切。

最后，他赢得了将近60%的选票。

2007年，刚就任总统职位的科雷亚开始兑现自己的竞选诺言。他拒绝偿还大部分的债务，宣称这些债务是中央情报局支持的军事独裁者签下的，而这些独裁者早就被经济杀手收买（这是事实，我太了解了）。他关掉了美国设置在拉丁美洲的最大军事基地，撤回了支持中央情报局策反哥伦比亚的决定，下令厄瓜多尔中央银行转移投给国内美方项目的资金。他监督修订宪法，使厄瓜多尔成为世界上第一个将不可剥夺的大自然权利写入宪法的国家（触及大财团的底线）。他加入针对美国为扩张霸权而极力推动的美洲自由贸易区（FFTAA）而提出的美洲玻利瓦尔替代计划（ALBA）。

科雷亚最具勇气的举动是与石油公司重新商定了合同。他坚持要求，石油公司不能再以厄瓜多尔的石油收入份额为基础来赚取"利润"，这是石油巨头与发展中国家签订的协议中常见的一条。石油巨头经常伪造账目来欺骗这些国家。相反，他认为石油属于厄瓜多尔，石油公司只能从每一桶生产出来的石油中抽取一部分费用。

这时，经济杀手出动了。他们为这位总统及其亲信送上了合法和违法的贿赂，希望他能有所让步。但是他拒绝了。

接着，洪都拉斯总统曼努埃尔·塞拉亚（Manuel Zelaya）被"豺狼"策划的政变推翻了。

那次政变对整个拉丁美洲都造成了巨大影响，尤其是科雷亚总统。

第36章　民主国家后院里的专制傀儡

2009年,民主选举出来的洪都拉斯总统曼努埃尔·塞拉亚在政变中被罢黜。我即刻飞往巴拿马,想见一见巴拿马的权贵,以及那些对拉丁美洲政治有实践经验的人。

我与来自阿根廷、哥伦比亚、危地马拉、巴拿马和美国等国家的商业、政府及非政府组织领导人进行了沟通,我还与教师、出租车司机、服务员、店铺老板和工会积极分子深入交谈。大多数人认为,洪都拉斯之所以爆发政变,是因为塞拉亚主张将最低工资上调60%,激怒了两家美国公司——金吉达牌国际公司(Chiquita Brands International)和都乐食品公司。

夕阳西下,船只抛锚停泊在巴拿马运河边上,我与一个化名乔尔的巴拿马商人一起坐在咖啡厅外面。他想听我与奥马尔·托里霍斯相处的经历。这位在他5年级时便逝世的领袖是他心目中的英雄。那个下午,内疚感如同一把尖刀,狠狠地插在我心上。乔尔说,他和朋友与拉丁美洲的大多数人一样,深信托里霍斯是遭到中央情报局的暗杀才坠机身亡,所以他们十分憎恨美国。

"但世事变迁,"他说,"就像你们原谅日本和德国一样,我们也原谅了你们。"随后,他垂下双眼,看着啤酒杯。"现在,洪都拉斯发生的事情……呃,它触动了回忆,激起了过去的怨愤。"他接着解释道,他有一个在国际货币基金组织的朋友被派遣到洪都拉斯,试图说服塞拉亚改变政策。"完全没辙,"他说,"他试了各种方法。他试着向塞拉亚提供更多世界银行的贷款,让这个国家背上更多债务以开工更多项目,从而让塞拉亚和他的朋友赚更多钱。但这些方法都不起作用,这时候就轮到了恐吓手段……"他玩弄着玻璃杯。

"塞拉亚应该听从他的建议,可惜他没有。你们所谓的'豺狼'便上场了。"他双眼盯着我的眼睛,"但这不仅仅是洪都拉斯的问题。美国公司的老板都清楚,一旦洪都拉斯的时薪提高了,拉丁美洲其他国家的时薪也需要跟着提高。一旦洪都拉斯与海地都设置了最低工资标准,没有人会愿意拿低于那个标准的工资。"

我们还讨论了塞拉亚在位的 3 年半里为洪都拉斯制定的许多政策,包括为小农场主提供补助、为贫困儿童提供免费教育和食物、降低房产所有者和本地商人的银行贷款利率、免费为贫困家庭供应电力,以及提高最低工资标准等。这些政策收到了成效,洪都拉斯的贫困率降低了近 10 个百分点。

乔尔看着那些停靠在岸边的船只。"也许对美国来说,那段时间很短,"他说,"但是,对拉丁美洲的人来说并非如此。我们一直记得,你们的西奥多·罗斯福总统偷了……"他伸出手指了指,"这片土地,在 1903 年才归还,所以他才能在这里建造运河。我们一直记得,华盛顿和你们的公司操控了这个大洲的政治。你们的政府、你们的前国务卿亨利·基辛格在多年后,终于承认自己曾策划了政变和暗杀活动。1945 年,危地马拉民选总统哈科沃·阿本斯被推翻。虽然现在真相已经公布了,但其实当初我们就知道。他是因为反对联合果品公司而被中央情报局扳倒。1973 年,推翻了智利民选总统萨尔瓦多·阿连德的政变是由美国国际电话电信公司发起,并由中央情报局实施的。"他对着船挥了挥手。

"我们还知道,中央情报局在格林纳达、海地、阿根廷、巴西、危地马拉、厄加拉瓜和萨尔瓦多等地都安插了独裁者。我们没有忘记托里霍斯,没有忘记罗尔多斯,也没有忘记在2002年差点被你们夺去性命的查韦斯总统。"他盯着我说,"我还需要继续说下去吗?"

我告诉他说我知道这些事情,并表示:"这就是为什么我要写下我过去经历,也是为什么我现在会来到巴拿马的原因。"

"还有一件事,"他说道,"当然,你早就知道了,洪都拉斯政变是罗密欧·巴斯克斯(Romeo Vásquez)将军主导的,他也是你们中央情报局开设的那所臭名昭著的学校的毕业生。"

"美洲学校。"

"是的,或许正如托里霍斯所说的,刺客学院。"他指着运河说,"这个学校之前就在运河区附近,直到托里霍斯把它赶走了。现在它应该在美国的某个地方吧?"

"在佐治亚州的本宁堡。"我回答道。

那天晚上我在酒店的房间里上网,找到了一系列的西班牙语报道,证实了那个巴拿马商人告诉我的一切。洪都拉斯那项将最低工资上调60%的政策的确影响巨大,整个国家里所有经营矿场、酒店、商场、餐馆、加工厂和"血汗工厂"的公司都会受到冲击。这些报道让我想起1968年的一件事。当时我刚加入和平队做志愿者才一周,一位地震学家在和我共进晚餐时说:"这个国家归我们所有。"这句话一直在我脑海里徘徊。

公司王国旗下的美国主流媒体,限制对洪都拉斯的报道,指控塞拉亚试图修改宪法,以确保自己能连任总统,从而导致政变。他的确发起了宪法公投,但根据我在巴拿马的所见所闻和网上西班牙语媒体的新闻报道，政变的起因是这位总统试图提高最低工资标准，与宪法改革没有任何关系。

离开巴拿马回到美国后，我发现，虽然主流媒体都不顾事实真相，但还是有英文报道。英国的《卫报》(Guardian) 称：

> 参与洪都拉斯政变的两名高级顾问与美国国务卿关系密切。一名是极具影响力的说客拉尼·戴维斯 (Lanny Davis)，他曾是比尔·克林顿总统的私人律师，也曾是希拉里竞选阵营的一员。另一名顾问班尼特·拉特克利夫 (Bennett Ratcliff) 也与克林顿一家有着密切关系。

《现在民主！》(Democracy Now!) 在报道中指出，金吉达公司聘用华盛顿的科文顿·柏灵律师事务所 (Covington & Burling LLP)) 作为法律代表。奥巴马的司法部长埃里克·霍尔德 (Eric Holder) 曾是科文顿·柏灵律师事务所的合伙人之一，并在金吉达被指控在哥伦比亚组建"暗杀小队"时为其辩护。而且，在审判过程中，金吉达承认曾雇用被美国政府列为恐怖组织的组织和机构。金吉达最终被判有罪，并支付了 2 500 万美元罚款。2011 年 5 月 21 日，《现在民主！》采访了曼努埃尔·塞拉亚，这位前总统在采访中说道：

> 在我加入美洲玻利瓦尔联盟时，一场针对我的肮脏的战争开始了。前美国驻委内瑞拉大使和拉丁美洲事务国务秘书助理奥托·赖克 (Otto Reich) 制订了这项计划。美国前任外交官，小布什时期主管拉美事务的助理国务卿罗杰·诺列加 (Roger Noriega)、罗伯特·卡莫纳 (Robert Carmona) 和中央情报局创立的阿卡迪亚基金会 (Arcadia

Foundation）协同右翼和军事组织，共同策划了此次阴谋。他们指责我是共产党，威胁了这里的安全。

2009年12月，我问霍华德·津恩："你认为针对塞拉亚的政变对厄瓜多尔会有什么影响？"

"呃……"他沉思了一会，说道，"如果我是科雷亚，那我肯定会担心自己是不是下一个。"

一语成谶。

2010年1月27日，霍华德死于心脏病突发，享年87岁，没能亲眼看到2010年9月30日针对厄瓜多尔总统拉斐尔·科雷亚的政变。这次政变是一名来自美洲学校的毕业生所主导，处处都有中央情报局的影子。不过，这次政变与拉丁美洲的其他政变不同，煽动者不是军方，而是警方。在基多街头的警方与军方的争斗中，军方获得了胜利，科雷亚保住了权势。

许多观察者都认为，这次政变并不是想要推翻总统，而是一个对他的警告。无论真相如何，科雷亚都立即更改了针对石油巨头的政策，并宣称自己准备将雨林里的大块土地卖给石油公司。

那段时间，我一直在想霍华德。我想听到他对厄瓜多尔的事件的看法。他的智慧和幽默经常让坏消息听起来不那么惨。他的逝去让世界少了一位卓越的思想家，一位贤明的观察者和一位精准的历史解读者。而我，失去了一位曾给我极大鼓舞的良师益友。我会恪守承诺，践行他给我指引的道路。

第 37 章　经济杀手反噬美利坚

接下来一年，在厄瓜多尔准备将其珍贵的雨林卖给石油公司时，我写了好几篇博文谴责科雷亚的决定。2011 年底，我收到了一条来自大通银行高管的回复，他工作的地方离我在南佛罗里达州的住所很近。

"你为发生在厄瓜多尔等地的灾祸而咆哮、发怒，"他写道，"那么，你自己国家发生的事呢？"在邮件末尾，他邀请我共进晚餐。

于是我便去了棕榈滩花园，在河畔酒店的阳台上见到了他。我们的餐桌正对着近岸内航道，可以看到豪华游艇成群结队向南驶去，前往佛罗里达群岛过冬。

"我读了《一个经济杀手的自白》，也看了你的博客，"当服务员小心地往他酒杯里倒酒时，这位银行家说道，"而且我一直在想，对于我们这些银行家在你自己家乡的所作所为，你为什么无动于衷呢？我们在自己人身上，用了与你们经济杀手一样的工具。"

他告诉我，近年来，银行家一直说服客户购买超出自己能力范围的房子。"一对年轻的夫妇走进来，想要贷款买一套价值 30 万美元的房子。"他说，"最终我们说服他们买下一套价值 50 万美元的房子。"他摇了摇玻璃杯，看着里面的残酒说，"我们告诉他们，你们可能需要稍微勒紧裤腰带,但是很快你们的房子就会涨到100万美元。"

他面带悲伤,摇了摇头。"他们被教导要信任他们的银行家。过去那些坐在我这个位子的人,都会想办法驳回借款人,而不是让他们增加贷款数额。我们应该避免止赎(Foreclosure)[①]的发生。但是一切都变了。"

"为什么会变?"

"我也一直在问自己这个问题,可是找不到答案。新千禧年到来的时候就变了,可能跟'9·11'事件有关,又或者是跟海平面上升、冰川融化,还可能和人对死亡的恐惧有关。以最快的速度大赚一笔,让别人都没得赚。"

他举起酒杯。"喝酒、跳舞、挥霍、嬉戏。而对于我们银行家来说,就是钱、钱、钱。我们尝试给客户灌输'没有明天'的理念,本·拉登随时可能杀了我们所有人,所以放心大胆地贷款吧,去买豪宅大院、宝马香车……"他喝了一口酒,继续说道,"当市场降到最低点,银行开始取消抵押品赎回权、重新打包贷款,获取巨额收益,而那对年轻夫妇,以及成千上万跟他们一样的人,就只能申请破产。"他望着近岸内航道,指了指河面。

一艘游艇刚好经过。游艇上除了两个身着迷你比基尼、晒得黝黑的漂亮金发女人和两名体形壮硕的男人外,还有一辆亮红色的迷你库珀(Mini Cooper)。

"我这么说没错吧?"他问道。"我敢打赌,这艘游艇的主人一定是靠剥夺他人才那么有钱。这一切,都是建立在债务上的。"他从公文包里拿出一个文件夹,"这是一篇关于我同事的文章。我想你会觉得它很有趣。"

他递给我《纽约时报》的一篇专题报道,题目是《一个银行家的忏悔》

---

① 止赎(Foreclosure):指因贷款人无力还款,贷款机构强行收回其房子。——译者注

(*A Banker speaks, with Regret*)。这篇文章提到，大通家庭金融服务公司副总裁詹姆士·特克逊（James Theckston）表示，他和他的团队发放了 20 亿美元的房屋抵押贷款。他承认，其中一些是不需要提供任何文件证明的贷款，"在申请贷款时，不用填写你的工作职位、收入、资产……这太疯狂了！但银行家还是一直批准这类贷款。"

说话间，正餐上桌了。于是我们边吃边谈论了最近席卷美国和世界大多数国家的经济危机。他说道："整个系统都散发着恶臭。从膨胀的住房抵押贷款到助学贷款，让所有人都卷入债务之中。房屋和大学教育并没有错，真正的问题在于是为了'美好生活'，为了美国梦，我们应该不惜一切代价，哪怕是背上还不清的债务。"

我提到了一个最近加入我的工作室的女士。她刚从法学院毕业，打算用自己的学识帮助无家可归的人和遭受虐待的儿童。但是当她发现自己的助学贷款已经累积到 20 多万美元时，她意识到自己必须先到律师事务所找一份工作。"她打算先花上几年还清债务之后，"我补充道，"再追求自己的梦想。"

"打算……"他讥笑道，"事实上，一旦她进入了那个系统，她就逃不掉了。她要结婚，和丈夫一起按揭买一套他们负担不起的房子，生个孩子，然后背上更多的贷款……她一旦陷进去，就相当于把灵魂卖给了银行。"

我们告别的时候夜色已深。站在停车场的灯光下，他伸出手，说："听着，你所写的关于厄瓜多尔的一切，我非常同情。我曾是清理被英国石油公司的石油泄漏所污染的海滩的志愿者。所以，请别误会我。我也认为科雷亚将亚马孙雨林的土地出售给石油公司是一个天大的错误，是犯罪。在我看来，这是一种疾病，感染了他们，也感染了身在美国的我们。我希望你能把我的这番话写在你的书里。"

这次会面让我感觉伤感、心烦意乱，虽然不愿意承认，但听完那些话，我的确有点泄气。我驱车到附近的海滩，水面反射的月光照亮了一条通往大海的路。我就站在那里，看着浪花翻涌。

我突然想起了祖母的弟弟，我的叔叔欧内斯特（Ernest）。他曾经是佛蒙特州沃特伯里一家银行的总裁。20世纪50年代，每到夏天，我的母亲、父亲和祖母就会带着我一起去拜访欧内斯特叔叔和他的妻子梅布尔（Mabel）。欧内斯特叔叔会开车带我们到城里，并自豪地表示，他们所有房子和业务都靠贷款支撑。

读完五年级的那个夏天，我看了一本关于股市的书。下一次去沃特伯里的时候，我问欧内斯特叔叔一些股市的问题。

"那是一个赌场，"他轻蔑地哼了一声，"投机的地方。我可不想跟它有任何牵扯。我们所有的钱都来自本地人，最终每一分钱都会回到本地经济中。"他告诉我，他把每一个向他的银行贷款的人都当成合伙人。"我尽可能为他们提供最好的建议。如果他们当中的任何一个人有还款困难，我都会认为那是我的原因。我会尽我最大的可能，帮他们解决问题。我们共同努力。"

我坐在沙滩上，看着月光随着水面的波纹荡漾。对我叔叔来说，发放贷款绝不是为了取消抵押品赎回权。他坚信自己的工作驱动本地经济的发展，这也是他生活的乐趣。

我的叔叔和刚刚在河畔酒店的那个银行家都是人，都是美国人，但是他们代表了两种截然不同的价值体系。欧内斯特叔叔认为，债务是达到目的一种方法，债务人和债权方是合伙关系。而对现代银行家来说，债务铺平了获取财富的道路，逼着人们走进经济杀手系统。

想到自己曾经带领现代银行家前进，我就浑身发凉。我可以感觉到我的叔叔正鄙视地看着我……

在那晚与银行家会面后不久，2012年伦敦银行同业拆借利率

(LIBOR)^①操纵案爆出，仿佛在强调，为了从其他人身上获取利益，现代银行家如何不择手段。巴克莱银行（Barclays Bank）、瑞士银行、荷兰银行、苏格兰皇家银行，以及其他国际银行背叛了公众对他们的信任。

伦敦银行同业拆借利率作为经过数学推导得出的基准利率，被用于计算数百万亿美元贷款和其他投资的利息。可是，事实表明，1991—2012年，各大银行非法操纵了LIBOR，银行家们因此获取了无法估量的非法利润。按理说，一旦发现这种行为，银行将面临超过90亿美元的罚款。可是到本书截稿为止，除了瑞士银行的一名操盘手被起诉，没有一名银行官员受到起诉。

---

① 伦敦银行同业拆借利率（LIBOR）：是英国银行家协会根据其选定的银行在伦敦市场报出的银行同业拆借利率，进行取样并平均计算成为基准利率。——译者注

第38章 见证罪恶发生之地

2012年,我受邀前往东南亚地区,参与救助因地雷和其他未引爆战争武器而受害的人。在那之前,我都拒绝参加类似活动,因为帕恰玛玛联盟、"梦想改变联盟"的工作和其他的演讲活动已经够多了。不过,我感觉这次活动是一次为我的过去赎罪的机会。

那些武器是越南战争的遗留物。如果没有这场战争,我不会花八年时间躲避兵役,可能也就读不完大学,不会被国家安全局招募或加入和平队,不会在亚马孙雨林和安第斯山脉住那么久,更别提成为经济杀手了。越南是经济杀手和"豺狼"失败的地方,最后由美国军队接手,这看起来和现在中东地区的局势有点类似。不过,虽然它极大地改变了我的人生轨迹,但之前我从没去过越南。所以,在2013年3月接到邀请时,我怀着激动的心情接受了。

在河内(Hanoi)的最后一天下午,在所有会议结束后,我决定参观华卢监狱(Hòa Lò Prison)博物馆。这个地方专门关押美军战俘,曾一度被称为"河内希尔顿"(Hanoi Hilton)。一同出席会议的一名女士朱迪决定和我一起参观,她年纪与我相仿,生活也受到越战的影响。

到华卢监狱的时候,我们失望地发现,那天它刚好关门了。一位不会说英语的人通过手势告诉我们,先回去吧,下次再来。

在那之前,我的膝盖扭了一下,需要拄手杖。这时,我的膝盖开始痛起来。我在附近的长凳上坐下,把手杖放在大腿上。

朱迪坐在我旁边。"对不起,"她说,"我知道你很想进里面看看。"然后,她振作起来,说:"我们可以在明天飞往曼谷的航班起飞之前再来。"

"明天是星期天,"我回答道,"它应该不会开门吧。"

就在那时,一个身着卡其色制服的男人缓步走到入口附近的拱门下,在一个桌子旁坐了下来。

"我来问问吧。"我把手杖竖在地面上,慢慢地站起来,费力地走近他。

"打扰一下。"我说道。

他瞪着我说:"不说英语!"

不想因他粗暴的举动而放弃,于是我笑了笑,对着门做了做手势,挥舞着手杖指着朱迪,说:"明天,星期天……"

他推开椅子,迅速地站起来,然后向我敬了个礼。他指了指我的手杖,又指了指走到我身后的朱迪。"太太。"他走到朱迪面前,鞠了个躬。然后他抓住自己的腿,脸上做出一副疼痛难忍的表情,悲伤地摇了摇头。接着他放开腿,示意我们跟他走。

我看着朱迪。然后,我们耸了耸肩。

他又大力地挥了挥手,还说了几句越南话。于是,我们跟着他穿过一座窄小明亮的院子,来到一扇巨大的金属门前。他开了锁,做手势让我们进去。

里面光线不足,非常昏暗。当我的眼睛适应之后,我发现我们正站在走廊上,两侧是黑暗的牢房。他摸了摸口袋,拿出一张大概值10美元的越南钞票。他指了指钞票,又指了指我和朱迪,伸出两根手指。

我不知道入场券费用是多少,但是我们两个人付20美元还挺合理。

"我猜他一定认为你是之前在这待过的囚犯,"朱迪说,"而我是你的妻子。"

这句话让我怔住了。"我想你是对的。"这是一种出于同情的行为。他以为我想让我的妻子看看这个囚禁我多年,导致我残废的地方。

在我付钱之后,他引我们穿过走廊,进入一个大房间。从阴影中隐约能看见一个巨大的设备,有点像史前怪物。我以为是某种起重机,不过很快发现自己想错了。这个黑乎乎的东西是一个断头台,另一种怪物。我站在那里,不敢相信自己的眼睛。

"天呐!"朱迪尖叫了一声,手指着墙上的题词。

题词的英文部分解释说,华卢监狱始建于19世纪后期,原本是一所法国监狱。法国人曾用这的断头台处决了成百上千名越南人。我在房间里转了一圈,读完了墙上所有文字。监狱的一部分曾经用来囚禁越南女性,许多女人在这里被虐待、强奸。其中一面墙缺了一个口,露出一个狗屋大小的禁闭室。一个真人大小的模型戴着枷锁,坐在地板上,就像一个玩具娃娃蜷缩在盒子里一样。

我僵在那个地方,盯着那个人体模型,想知道到底是什么驱使着人类对彼此做出这些可怕的事情。那些为自己的文学、艺术和人性自豪不已的法国人,怎么会这么残忍?是什么驱使他们竖起断头台、强奸和虐待越南妇女?我想起他们曾用传播天主教来为这些行为辩解。但很明显,他们真正的目标是商业,就像现代的经济杀手一样。富有的法国上层阶级把贫穷的年轻人送到印度支那的杀戮地,这样他们的企业就能从鸦片、茶、咖啡和燃料中获利。那些年轻的法国人自己也成了战争的受害者。他们不仅变成杀人犯,还是施虐者和强奸犯。我环顾四周,朱迪和那个侍者已经不见了。

我连忙拖着受伤的膝盖,一瘸一拐地走出了斩首间,沿着走廊往回走，走廊尽头就是那座明亮的院子。在我右手的墙面上有一个黑黝黝的洞口。我拿出手机，打开手电筒，朝里面望去。那是一个像洞穴一样的牢房，虽然房间里空空的，但我依然能感觉到里面仿佛挤满了惊恐的妇女，等着或已经被虐待和强奸。我关掉手机的灯光，望着通往院子的走廊。

一个阴影遮住了门口的光线。"我已经看够了，"朱迪的声音在墙壁间回响起来，"这个地方吓死我了。我要回酒店。"

"好的。我还想再看一会儿，晚餐时见。"

她的影子移开了。我又回头盯着那些黑漆漆的牢房，忽然打了个冷战。我转向门口，长吁一口气，拿手杖敲打着地板，朝门口走去。

回到洒满阳光的庭院时，我改变主意了——我也看够了。我向出口走去，这时，那个穿着制服的侍者出现了。他表情严肃地示意我走另外一条路。我犹豫了一会儿，他再次招呼我，比之前更加坚定。所以，我就顺从地跟着他走了。

走到一间昏暗的房间后，我很震惊地看到这个房间两侧有两排人，面对面坐着。我意识到，这些也是人体模型——越南男子的复制品。他们的腿被铐在地板上。我走在这两排人的中间，每个人体模型都与旁边的模型不一样，栩栩如生，十分逼真。有些人虽然被铐着，却用一种同情的姿势拉着别人，显然是在安慰陷入绝望的同伴，其中有一个人正在照顾一个手臂受伤的人。他们都非常憔悴，突出的肋骨昭示着这些人极度饥饿的状态。

两排人的尾端是一个站台，地面上有两个洞，下面是水桶，这应该就是厕所。我想知道，这里的人多久才能解开脚铐，或者是戴着镣铐上厕所？

我感到沮丧和孤独。我向进来的门口望了一眼，没有看到侍者的身影。我确实是一个人，突然有一股强烈冲动，催促我离开这个地方。

但我强迫自己最后再看看这两排人体模型。他们好像还活着一样，我可以感觉到他们的孤寂和求生的决心。我举起手杖，向他们致敬，然后慢慢走开。

侍者站在院子里等我，旁边是一座金属楼梯，从建筑物的外面通向斩首间上面的房间。虽然受伤的膝盖在隐隐作痛，但我还是跟着他爬上了楼梯。他打开一扇门，点亮一盏昏黄的灯。我走了进去。

这是一个照片陈列室，照片都是在法国人离开之后很久才拍的。在朦胧的灯光里，依稀可以看到照片上都是美国军人。大部分都是飞行员，有些人用军姿站成一排，还有些人在监狱周边做杂活。其中有一系列的照片特别感人，照片上的人正在准备感恩节晚餐，他们把食物摆在一张长桌上与别人分享。旁边是战争结束时的照片，美军战俘出去接受美国官员的祝贺，重新拥抱自由。任何照片都没有掩盖一个事实，监狱里的每一个人都很不快乐，但是这些照片与下面摆放了断头台和人体模型的房间相比，透露出一个十分明确的信息，那就是越南人对待美国囚犯比法国人对待越南囚犯更加人道。我不知道这是不是真的。但我知道，美国士兵也曾被折磨，承认他们和他们国家的所作所为是犯罪。

看着这些照片，我脑海里闪过了几张著名的照片：一名赤身裸体的越南儿童正在逃离被凝固汽油弹进攻的村子；一个戴着头巾的男子在伊拉克的阿布格莱布监狱（Abu Ghraib Prison），双手被铐住，浑身是血，被拴上皮带在地板上拖拽，被凶残的恶狗攻击。这一切都是美国士兵和中央情报局做的。我赶忙走进了下一个房间。

这个房间的墙壁上，贴满了美军撤离越南之前肆虐河内的照片。政府大楼、学校，甚至连佛教寺庙都变成了废墟。我记得，尼克松那个时候宣称，这次攻击是最后的胜利，他对着电视机挥舞双手，扬言我们要把"他们炸回石器时代"。不过，从我的所见所闻看来，美国那个时候已经知道自己输了。这些照片讲述的是一个报复的故事，而不是一次胜利游行。

我回头看了看佛教寺庙的瓦砾，心想我们的领导人在做这些事情的时候，都是怎么想的？他们难道不知道，如此漠视生命和文化的残忍行径，会让自己在二战中赢得的声誉都毁掉吗？

我离开了那个房间，离开那些记录了河内被毁的照片，走向下一个房间。这个房间一片漆黑，我打开手机上的手电筒，走了进去。这是个空房间，可能是囚禁过许多人的牢房。我靠在冰冷的墙上，瘫坐在地板上。我就那么坐在那里，沉浸在侵袭而来的情绪中。是的，我感到羞愧、悲伤和愤怒，还有一些我说不清的东西。

我为那些在战争和监狱里遭受苦难的人，越南妇女和男子、美国士兵感到难过，为所有被监禁、被施以酷刑，最终残废或被杀害的人及其家属惋惜。我也很同情那些实施酷刑的狱警和不得杀害别人的士兵。他们必须面对难以承受的现实：他们曾经夺取别人的性命，同时给那些死者的父母带去了人间最悲惨的遭遇。我体谅那些进了精神病院的幸存者，他们的伤痛难以承受，很多人都自杀了。

手机散发出来的光沿着我伸直的腿，沿着坚硬的地板，照射到了对面的墙壁上。最终，我弄清楚了那种说不清的情绪是什么。是庆幸。我心怀感激，因为我设法躲过了那场战争。我没有轰炸任何城市，没有投放过橙剂（Agent Orange）①，也没有埋过一个地雷。

紧接着，我的内心又泛起一阵内疚。被我毁掉的那些人呢？那些威胁和贿赂呢？那些我借着促进发展的名义所掠夺的资源呢？这些与杀戮、虐待和强奸有什么不同？被抢夺和破坏的热带雨林，与地雷、被炸平的寺庙、赤裸着逃离火海中的村庄的孩子相比，又有哪不一样？

---

①橙剂（Agent Orange）：一种含有微量毒药戴奥辛的除草剂，在越南战争中被用来使林区的树木落叶。——译者注

我止不住思考这些问题，感受着不断袭来的恐慌和内疚。这时，响起了一阵噪音，让我感觉更加心烦意乱。

一扇门被关上，声音响彻整个"河内希尔顿"，那是金属门的声音。我跳了起来，害怕自己会被关在这里，独自过夜。接着，我让自己冷静下来。靠在冰冷的水泥墙上，我告诉自己，侍者不会丢下我一个人不管。毕竟，我是一个美国人。

我意识到自己是美国人，就觉得肯定不会被关在这个地方。这让我的内心又是一阵翻涌。为什么美国人会有这种优越感？我们曾经试图毁灭这个国家，现在居然会心安理得地认为自己不会被抛弃，不会被留在一所变成了博物馆的监狱里过夜。这合理吗？而且我还曾经是一个通过债务来奴役其他国家的人，一个曾经威胁、贿赂过国家总统的人……为什么我在哪里都有安全感？

冰冷的水泥墙让我不禁又打了个冷战。我怎么能把自己作为经济杀手时的事与军队和施虐者的行为相比？然后我意识到，问题不在于比较，我们是相互补充的。经济杀手做下标记，通知那些整装待发的军队。最终，唯一重要的就是，我们必须改变，找到更好的方法。人类必须找到其他方法来应对恐惧，应对想要拥有更多领土、更多资源的欲望。我们需摆脱机能失调的剥削和伤害模式，从昏迷中清醒过来。

我关掉手机，在黑暗中，坐在曾经让那么多人受苦的监狱中，想起了那些经济杀手和"豺狼"使用的手段，想到了从越南战争结束、我的经济杀手生涯开始，一直到现在这段时间内的变化。

第 39 章　债务与贸易：比军队更强大的征服者

20 世纪 70 年代，经济杀手只是在少数的跨国企业和咨询公司里担任执行人员和咨询师。如今，经济杀手已经出现在众多跨国企业、咨询公司、投资基金、实业集团和协会组织。

2013 年 4 月，我开始意识到了现在的经济杀手与过去的经济杀手之间的相似与不同。那时候，我刚结束越南之行不到一个月。站在伊斯坦布尔的酒店窗前，我望着这座城市的古老建筑和塔尖。几个世纪以来，伊斯坦布尔曾是帝国中心，也为此而历经磨难。在出版《一个经济杀手的自白》之后，我曾多次受邀前往伊斯坦布尔，在企业管理人员的会议上发言。这座历史悠久的城市现在已经成了国际会议中心。

我仔细地回想了我当经济杀手时所使用的核心手段：歪曲财务分析、夸大经济预测、作假财务账本、欺骗、威胁、贿赂和勒索，从来没有打算过兑现的虚假承诺，通过债务和恐惧实现的奴役等。如今的经济杀手依然在玩弄这些手段。和过去一样，每一次经济冲击中都会涉及多种因素，只有愿意深入了解真相的人才能发现其中的相似之处；和过去一样，这些手段之所以能起作用，是因为人们认为只要实现期望的目标，任何手段都是合理的。

如今的经济杀手系统发生了一个重大改变,那就是它开始作用于在美国和其他经济发达国家。它的踪影已遍布全世界,它所使用的工具也改变了很多。全世界有成千上万名经济杀手,他们创造了一个真正意义上的全球帝国。他们在阳光下出现,也在阴影中活动。这个系统已然根深蒂固,而且触及的范围非常广,它看起来像是正常的商业活动,以至于大多数人都习以为常了。

这些人说服政府官员给他们提供优惠的税收政策和宽松的监管环境。他们迫使国家为了吸引他们的生产设备而相互竞争。他们最擅长在一个国家建立生产基地,其次是避税,然后是他们的电话中心,而总部排在第四,这四项合在一起发挥了巨大的影响力。各个国家必须相互竞争,提供最宽松的环境和社会监管,以及最低的工资和税率。多数情况下,政府不得不背上债务,这样才能来补贴那些公司。在过去数十年里,这样的情况已经不仅出现在发展中国家,冰岛、西班牙、爱尔兰和希腊等发达国家也饱受其害。如果这种狡猾的手段不起作用,政府官员就会发现,那些被他们当成秘密的不良记录被公之于众。哪怕没有秘密,也会被杜撰出来。

除此之外,经济杀手维护正当性的借口也有所改变。过去,他们宣称是为了从共产主义占领中,从越共和其他革命团体的手上,或影响美国富裕生活的威胁中拯救这个世界。如今,他们的理由换成了制止恐怖分子、打击伊斯兰极端分子、促进经济增长或保卫我们的富裕生活。

那天晚些时候,我离开酒店去见土耳其驻利比亚前大使乌卢斯·奥祖克(Uluç Özülker),他是土耳其在欧盟和经合组织(OECD)[①] 的代表,是一位备受赞誉的外交官和学者。

[①] 经合组织(OECD): Organisation for Economic Co-Operation and Development,全称经济合作与发展组织,成立于1961年,是由35个市场经济国家组成的政府间国际经济组织,总部设在巴黎。——译者注

第五部分
新一轮"死亡经济"风暴（**2004年至今**）

我们在一家小酒馆的户外露台上会面，点了土耳其咖啡。不远处就是博斯普鲁斯海峡（Bosporus）的壮丽景色。这条水路连通了地中海和黑海，将亚洲和欧洲分隔在两岸。我们一起谈论了博斯普鲁斯海峡的重要性。它是古希腊、波斯和罗马进行商业贸易的重要渠道。

"你在你的书里说过，"乌卢斯说，"经济是国力的关键。"

我指着一艘擦身而过的货船。"更准确地说，是贸易。"

"没错，"他笑着说，"还有债务。"他喝了一口浓浓的黑咖啡，那是服务员在我们聊天时送过来的。"你说你的工作是把国家和债务绑在一起。"他盯着咖啡杯的边缘，这样说道，"恐惧和债务，是帝国最有效的工具。"

他将杯子放在桌上说："大多数人都认为，军队才是帝国的开拓者，但军队之所以重要，是因为战争和即将爆发战争的威胁可以让恐惧深入人心。人们害怕失去金钱，所以他们背上更多债务。"他笑了笑，继续说："不管我们拥有金钱还是恩宠，债务都会给我们加上镣铐。这就是为什么经济杀手的方法总是如此高效，比战争都更有效。"

当我问及他在利比亚的经历时，他说穆卡扎菲为建立现代帝国提供了绝好案例。"他是一名苛刻的独裁者，但在我看来，他让大部分子民过得比以前好。和你笔下的印度尼西亚、厄瓜多尔，以及其他地方的领导人不一样，他利用利比亚的石油收入改善这个国家的境况。但他亲近苏联，这让美国非常恼火。"乌卢斯继续解释道，苏联解体后，卡扎菲发现自己站在一个非常危险的位置。因此，他决定调和他与西方国家的关系。"当他承认利比亚在'洛克比空难'（The Lockerbie bombing）① 中扮演的角色时，便意味着他投靠了美国和英国。他还向华盛顿和伦敦保证，他们的石油公司将会得到利比亚的石油。这一举

---

① 洛克比空难（The Lockerbie bombing）：1988年12月22日，泛美航空公司PA103航班在英国边境小镇洛克比上空爆炸解体，机上人员无一幸存。这次空难被视为是利比亚针对美国的一次报复性恐怖袭击。——译者注

措解除了大多数针对他的经济制裁。"

"为什么后来美国和英国会支持他的反对者呢？"

"这件事非常复杂。"乌卢斯又喝了一口咖啡，"简单来说，是因为法国对新的英美—利比亚关系非常愤怒，再加上巴黎没有在石油交易中获益。"

他接着描述了萨科齐（Sarkozy）总统向利比亚境内试图废黜卡扎菲的反对派提供支持，甚至还支持埃及和其他阿拉伯国家内对政府不满的部落领导人和派别。最终，英国和美国都认为，支持他们曾强烈谴责的卡扎菲政权会让全世界谴责他们。

"就像萨达姆·侯赛因和现在的伊朗一样。"

"没错。你知道的，华盛顿和华尔街都认为，攻击美元和联邦储备系统就是一种战争行为。所以，美国和英国联合法国和其他北约国家，导演了一场'内战'，最终推翻并刺杀了卡扎菲。珀金斯先生，这不就是你笔下的经典案例吗？经济杀手、'豺狼'和军队三管齐下，刚开始不易察觉，到了后面便成为了公开的。"

他看着一艘驶过的货船。"我想你应该知道，这里也发生过同样事情。1980年，我的国家发生政变，美国在其中起了决定性作用。"后来，我们谈到卡特总统派了3 000名士兵支持政变，还提供了40亿美元援助。这是典型的经济杀手作风，其中一部分钱已经进了北约和经合组织的口袋。在那次政变之后，国际货币基金组织也开始支持私营化，并由大公司收购。"土耳其，"乌卢斯说，"加入了你所说的公司王国的游戏。"

我指出，全球化公司网络破坏了世界经济的稳定性，建立在战争或战争的威胁、债务、滥用自然资源上的经济是"死亡经济"。"美国人口占世界人口的比例不到5%，"我说，"但是我们消耗了全球25%以上的资源，而世界上有一半的人正处于令人绝望的贫困之中。

这并不是好的榜样。不管中国、印度、巴西、土耳其和其他所有国家多么努力,都无法复制美国。"

"是的,"他说道,"恐惧、债务和另一个非常重要的策略:分而治之。"接着他说到了逊尼派和什叶派的分裂,谈论了内战和部落纷争如何制造了权力真空,打开了剥削的大门。他继续说:"这些争斗,会让双方都背上更多债务。他们购买更多武器,摧毁资源和基础设施,然后再背上更多债务,筹集重建资金。我们已经在整个中东地区看到过这样的情景,叙利亚、伊拉克、埃及、阿富汗……而其中很多国家都是亿万富翁出现的地方。"

我问他,怎么样才能把死亡经济搞活?"你必须紧跟那些控制了跨国企业的 CEO 和主要股东。他们才是问题的根源。"

第二天,我从伊斯坦布尔搭乘飞机回家,看着下面的地中海,我发现自己内心除了内疚,还有一丝愤怒。现在商业和政府领导者使用的经济杀手系统,是我那个年代无法想象的,也不是中世纪时统治下面这片土地的君主所能理解的。

我不禁怀疑,未来的历史学家会不会把后"9·11"时代视为更黑暗的时代?

让我愤怒的是,在美国,我们一直被教导必须担心稀缺,所以我们必须购买更多东西,更努力地工作,同时把自己淹没在越来越多的债务里。这种理念超越了个人,成为爱国主义的一部分。我们相信,国家必须积累更多资源,用于军事支出的债务也是为了我们自己的利益。这种论点在封建君主身上也出现过。

尤其令人愤怒的是,当我们表示军事支出降低了我们的福利时,政府会告诉我们,社会鼓励好逸恶劳,支持军队正是谋取暴利的绝佳方案。另外,政府还鼓励大公司用我们的税收推动经济发展。虽然过去数十年里有不少反面证据,但这种自上而下的经济学依然在起作用。

经过英吉利海峡时,我往下看了一眼曾经作为崇尚新教的英国和推行天主教的法国之间的分界线,我突然意识到,现在的经济杀手系统比起我当经济杀手时变得更强大了,而在"9·11"事件后,经济杀手系统开始席卷美国。通过债务和恐惧、爱国者法案、警察部队的军事化、大量新监视技术、大规模扩展的私有化监狱,美国政府镇压反对者的能力大大加强。由大型公司资助的政治活动委员会(PACs),在公民联合会(Citizens United)和其他法院判决,以及为美国立法交流委员会(American Legislative Exchange Council,ALEC)提供资金的亿万富翁科赫兄弟(Koch brothers)的支持下,试图颠覆民主进程,用铺天盖地的媒体宣传赢得选举。他们雇用律师团、说客和战略家,影响各级政府,让堕落合法化。

我回到美国,发现了一些让我更加愤怒的东西。虽然拉斐尔·科雷亚在政变中幸存下来,并宣布拍卖厄瓜多尔在亚马孙地区的石油开采权,但他再次遭到了通缉。他正被乌卢斯所说的"问题的根源",即控制了大型企业的人所扼制。

第40章 从十年八任总统到八年一任总统

虽然政变未能扳倒科雷亚,但从某种意义上来说,它是成功的。我觉得,"豺狼"从塞舌尔的"失败"政变中学到了一点,有时候最好还是让总统们生存下去。他或她经历过足够的恐惧之后,便会加入游戏,和其他国家元首一样,明白抵抗是徒劳无功的。不管怎么说,科雷亚转变了他先前的态度,宣布即将拍卖总面积超过 24 000 平方千米的亚马孙雨林的 13 个区块。

然而,还是出了岔子。反对拍卖的声音减弱了科雷亚的决心,至少迫使他改变了计划。他一直犹豫不决。自从 2012 年 11 月起,他已经两次宣布推迟拍卖了。

我从越南和伊斯坦布尔回来的时候,石油公司和他们的公关人员已经开始采取行动了。我从网上读了西班牙语报纸和博客文章,里面的内容让我心惊肉跳。我不禁想起罗尔多斯总统在位时铺天盖地的新闻报道。这些文章试图说服居住在安第斯山和沿海地区的厄瓜多尔人民相信,摆脱贫困的唯一办法是建立更好的学校、医院,建设发展能源、交通、饮用水和下水道等所需的基础设施,而这一切的前提是开采亚马孙油田。报道一再强调,虽然厄瓜多尔是这个半球最贫穷、人口最密集的国家之一，但是大约它的三分之一的土地上人口稀少，而这三分之一的土地刚好是石油遍地的雨林。

2013年夏天，我领略了从基多到壳牌公司的沿途风光，在那里搭乘小型飞机和独木舟，深入阿丘雅地区。我发现阿丘雅人民与他们的邻居华欧拉尼族人（Huaorani）、克秋亚人（Kichwa）、萨帕拉人（Sápara）和舒阿尔族人都非常害怕，也非常愤怒。他们决意要保护自己的土地。他们深知雨林的意义重大，不仅对他们自己，对这个星球上的其他生命来说也一样重要。他们将森林称为地球的心脏和肺。他们指出，除了本身具有保护价值外，雨林能从大气中吸收大量二氧化碳，是地球上最具有生物多样性的地方之一，其中有一些未知物种的植物能治疗癌症和其他疾病。

比尔与帕恰玛玛联盟和帕恰玛玛基金会的工作人员花了大量时间、精力和金钱支持该地区的土著居民。他们还尝试说服美国人和欧洲人尽可能减少石油的消耗，迫使石油公司离开亚马孙地区。

对我来说，这是另一次机会，让我能弥补过去犯下的罪。20世纪60年代，我就听闻德士古公司捏造了许多虚假新闻，表明他们将有益于这个国家。20世纪70年代，我曾经作为经济杀手，怂恿军事独裁者将这个国家推入债务泥潭。我还试过把海梅·罗尔多斯拉入伙。我对这一切感到深深愧疚，决心用行动弥补自己的过失。其中一项行动就是多参加帕恰玛玛联盟的活动。

于是，我加入了比尔、琳恩和其他一些重要的支持者制订的一个计划，准备帮助科雷亚。我们都明白，他现在处境非常艰难。我们希望这位总统能够组织一次会议，向世人展示他是一个理智人，想要找到免于拍卖油田的替代方案。

与此同时，原著居民也开始行动了。在帕恰玛玛基金会支持下，他们从安第斯一路步行，横跨雨林区走到首都，围住总统府，要求科雷亚取消油田拍卖。世界各地媒体也纷纷报道了这次抗议活动。但这些都没能阻止科雷亚，他在2013年11月举行了拍卖。

然而，奇迹发生了。大多数石油公司都没有出席拍卖会，甚至连一个美国公司都没出现。最终，13个区块仅拍卖出4个。有个石油公司高管跟我说："所有宣传都是负面的，不值得冒这个险。"

有一些生活在人口密集的海岸和安第斯山附近的厄瓜多尔人相信石油是经济增长的催化剂，他们对这个结果感到非常失望和愤怒，经济杀手和中央情报局也是如此。世界各地的大公司都在驻足观察。发生在厄瓜多尔的事情是觉醒信号，边缘化的穷人团结在一起了。他们掌握了力量。

科雷亚身处困境，他的总统职位和生命长短都不定。2013年12月，需要替罪羊的他派了警察到帕恰玛玛基金会的办公室。15名穿着便服，看起来就像普通民众的警察突然出现在办公室门口，在执行董事贝伦·帕兹（Belén Paez）面前晃了晃徽章，下令解散组织，将所有人驱逐出办公室。他们锁上门，贴上封条，指控基金会企图破坏政府的稳定。接着，警察要求帕恰玛玛基金会将电脑、办公桌等所有的财产捐献给其他组织。虽然他们没有逮捕我们任何一名工作人员，但是他们经常会跟踪、骚扰贝伦和其他人员。

在办公室被关闭之后，我去了趟厄瓜多尔。我见到了帕恰玛玛基金会的支持者，以及来自其他非营利机构和非政府机构的代表。不用说，我们都对科雷亚极度不满，曾经支持他的组织和个人现在都公开谴责他的行为。我同意他们的观点，但还有别的事情在困扰着我。

我一直在想，是谁说服了他？他遭遇过什么？我知道，事情远远不像我们耳听口传的那么简单。

某天下午，我独自坐在基多酒店（原来的洲际酒店）顶楼的餐厅里。大约是40年前，我第一次来这个国家的时候，德士古公司的地震学家曾经邀请我在这里吃晚餐。现在,我再次来到这里,眺望这座城市的上空,欣赏皮钦查火山的壮丽风光。最后一抹余晖洒在火山上时,我想到石油曾在1968年为这个国家带来希望。我忽然理解了科雷亚。

我厌恶他的转变以及对帕恰玛基金会做的事,但我明白,他深知自己无法击败石油大亨,所以他选择妥协,先保住自己的工作,或许以后还有机会。不然,他将会像洪都拉斯总统塞拉亚一样被推翻,或者像经常在他嘴上挂着的海梅·罗尔多斯总统一样被暗杀。科雷亚很聪明,他知道如果自己被推翻,接替他的肯定是中央情报局的傀儡。

事实上,科雷亚后来在总统之位上待了8年,对于一个10年里换了8位总统的国家,这算得上是一个里程碑。他在公共项目中投入了许多钱,建立了名为"美好生活"(Buen Vivir)的政府机构,确保每个政府部门的举措都能有助于改善厄瓜多尔人的生活。

科雷亚极具勇气,他关闭了美国在拉丁美洲最大的军事基地,与石油公司就合同重新谈判。在他的任期内,3万名厄瓜多尔原告在针对雪佛龙(Chevron,现为德士古石油公司的所有者)的诉讼案件中胜诉。厄瓜多尔法院判决该公司有罪,责令其赔偿95亿美元。此外,他主张的新宪法获得了批准,厄瓜多尔成为世界上第一个保护自然不可剥夺权利的国家。根据世界银行提供的数据,厄瓜多尔的贫困率从2010年的32.8%下降至2014年的22.5%。

令我印象最深刻的一件事是,他设立了债务审计委员会,审查前任国家元首,尤其是在我刚担任经济杀手那段时间掌权并有中央情报局在背后支持的独裁者所遗留的贷款是否合法。该委员会发现厄瓜多尔的外债中存在许多非法的痕迹,科雷亚因此拒绝偿还债务。这招来了世界银行、国际货币基金组织和华尔街的一致愤怒。

事实证明,受害的不仅限于厄瓜多尔,美国和世界上其他国家一样,都被世界上那些"广受尊敬"的金融机构所实施的犯罪活动谋害过。

第 41 章　由银行家组成的"强盗俱乐部"

2014年,金融界的另一个重大丑闻震惊了全世界。这次丑闻涉及一些曾经参与伦敦银行间同业拆借利率操纵案的银行,剩下一些则是新面孔。巴克莱银行、花旗银行、摩根大通和苏格兰皇家银行均承认曾操纵市场汇率,因而被处以25亿美元以上的罚款。一年时间不到,这4家银行加上瑞士银行又被追加16亿美元罚款,巴克莱银行还单独被罚了13亿美元,以解决相关索赔问题。

自2007年起,这些银行就一直被内部成员称为"卡特尔"(The Cartel)的方式运作。他们在秘密聊天室和沟通邮件里,称自己为"强盗俱乐部"(The Bandits' Club)和"黑手党"(The Mafia)。

美国司法部长洛蕾塔·林奇(Loretta Lynch)用"串通操纵外汇汇率"等字样描述这些银行的行为,称其为"令人叹为观止的阴谋"。这位司法部长所说的"串通"和"阴谋"特别贴切,因为实施这些阴谋的银行都是多年来被公认为值得信赖的企业。可他们的行为却充满阴谋、串通、欺诈和不公平竞争。这一切都被公司王国视为合理手段,用来获取巨额利润。

这次丑闻再次点燃了我的内疚感。由于40年前的经历,我无法不怀疑他们。是我帮助他们打开了闸门，释放了毫无止境的腐败潮水。读了更多报道之后，我的内疚变成了满腔怒火。

虽然我不得不承认，是我所做的事情拉开了序幕，但现代银行家的无情还是让我十分震惊。在我那个时候，我们拼尽全力使债务合理化。为此，我们构建花哨的计量经济学模型，以证明我们的项目能给目标国家带来经济增长。除了说服这些国家的人民，我们还要说服自己。然而，现在的经济杀手觉得完全没有必要证明自己行为的合理性。他们厚颜无耻、肆无忌惮、冷酷无情，喜欢扮演土匪和黑手党的角色，吹嘘自己是卡特尔的一部分。这种新型的经济杀手竟然以剥削他人为傲，这让我非常震惊和愤怒。

我慢慢意识到，我的愤怒不限于那些银行家，还包括监管机构。这类串通阴谋的罪行依法最少需要判处5年监禁，可是有谁管呢？政府机构普遍存在缺乏监督的现象，且大多抱着"坏事不看、坏事不听、坏事不说"的态度。这是经济杀手系统的另一面。掌权之人认为自己有权做任何事情，来帮助银行和其他企业实现利润最大化，不需要考虑给社会或环境带来的后果。

惩罚的轻重程度，揭示了企业与政府关系的亲密程度。虽然操纵伦敦同业银行拆借利率和外汇汇率的罚款总额达到了140亿美元，看起来是一个很大的数字，但是进一步调查之后，我发现，这笔罚款与银行的资产相比简直是小巫见大巫。更糟糕的是，没有一个涉事银行的高管被起诉。一个都没有。

美国人已经习惯于被剥削，这让我震惊不已。我们甘愿戴上眼罩，这种态度与我在20世纪70年代所剥削的国家的民众几乎一致。除了银行家相对隐蔽的计划之外，一些公共措施也在对我们进行剥削，而我们已经将其视为常规，默默地接受了。其中包括：削减联邦和州的公共教育经费造成的助学贷款飙涨；缺乏健全的国家保健和保险政策

第五部分
新一轮"死亡经济"风暴（2004年至今）

导致的医疗债务与日俱增；掠夺性的发薪日贷款（Payday Loan）[①]；牺牲多数人福利，补贴工作外包给其他国家的少数巨富的税法。

从银行会议室到国会大厅，到处都回荡着"我们会竭尽所能"的声音。这句话源自2015年国际足联（Federation Internationale de Football Association，FIFA）的贪腐丑闻。经济杀手无孔不入，它已经渗透到了社会的每一个领域，甚至包括体育运动。根据美国司法部对国际足球监管领导人所提出的指控，涉案人运用了我曾经使用过的多种经济杀手工具，包括贿赂、欺诈、洗钱。这一切都有大银行参与其中。这起贪污案在20年里一直无人过问。少部分人富裕起来了，多数国家和地区的纳税者为此付出了沉重代价。

起初，看到司法部展开调查，我心里松了一口气。事情看似朝着正确的方向走去，监管者终于采取行动。然而，随即我意识到，事情并非我想象的那么好。

这次的足球丑闻不过是转移注意力的幌子而已。媒体注意力全部集中在体育上，真正的罪犯却逍遥法外。个别国际足联官员被逮捕，而银行高管拿到了数百万美元奖金。银行官员的罪行伤害了所有人，为什么他们没有被起诉？

答案很明显，银行家是公司王国成员，而国际足联的官员不是。司法部发现了国际足联官员身上的不法行为，积极发起诉讼，转移了公众的注意力。银行业的游说集团极大地影响了司法部。银行非常富有，富有到能收买民主选举出来的官员、为人民服务的监管者、本应报道事实真相的媒体。

我又想起了霍华德·津恩。他曾经和我说过，说客的力量日益强大了。"我们是投票了，"他说，"但我们选出来的人并不会听取我

---

① 发薪日贷款（Payday Loan）：是一种短期贷款，专门贷给依赖薪水活命的低薪人士，帮助他们弥补两个发薪日之间的现金短缺。——译者注

们的意见。他们只听从资助他们竞选的人和公司说客的指示。"他还说我也做过类似事情。"你遵守世界银行的指令,"他停顿了一会,接着说道,"你有没有想过,世界银行真的愿意终结贫困吗?"

1967年还在商学院读书的时候,我曾在世界银行的入口,看到了那句宣言——"为一个没有贫困的世界而努力"。那时候我对这句话深信不疑。然而这种信任并没有持续太久。几年后,我就发现这句宣言完全是个谎言,用于掩饰世界银行的真正工作。

《一个经济杀手的自白》首版书上市时,我参加过几次讨论会,会上许多专家都试图为世界银行辩护。他们称,我的工作和世界银行所做的一切,对终结贫困有很大帮助。然而,真相却完全相反。

乐施会(Oxfam)[①] 最近的一项报告显示,世界上将近50%的财富掌握在1%的人手中,70%的人都生活在贫富差距巨大的国家里。在过去30年,贫富差距越来越大。在我参与推进了世界银行项目的国家,如阿根廷、哥伦比亚、埃及和印度尼西亚等,那些居住在贫民窟的人现在可能有手机用了,但这并不意味着他们已经脱离了贫困。事实上,他们的处境比我当经济杀手时更糟糕。据世界银行统计,2011年,有22亿人还处于每天生活费不足2美元的贫困水平。虽然跨国企业投入了数十亿美元"消除世界贫困",但贫困人口太多了。官方的"贫困"百分比已经下降了,但由于人口增长和生活成本的高涨,真实的贫困人口其实是增加了。

在过去30年里,世界上60个最贫困的国家已经为5 400亿美元的贷款,支付了5 500亿美元本金和利息。可在这同一批贷款中,仍然还有5 230亿美元等他们偿还。这些国家用于偿还债务上的开支远高于花在健康和教育上面的费用,是它们每年收到的国外援助的20倍。此外,

---

[①] 乐施会(Oxfam):是一个具有国际影响力的发展和救援组织的联盟,由13个独立运作的乐施会成员组成,1942年在伦敦牛津镇成立。——译者注

世界银行的项目给一些地球上最贫穷的人带来了无法估量的痛苦。在过去10年里，这些项目迫使将近340万人不得不离开家园，反对这些项目的人会被这些国家的政府殴打、折磨，甚至杀害。

我和我的同事，做了一切我们认为可以促进企业和资本主义帝国扩张的事情。这才是真正的目标。世界银行的宣言不过是一个幌子。我们说服政府领导者，让他们相信只有接受我们的贷款，雇我们训练他们的军队、由我们帮他们建设基础设施，他们的城市才能免受独裁者的统治。资本主义将会帮他们摆脱封建的黑暗时代，进入美国所驱动的繁荣的现代。

自《一个经济杀手的自白》出版以来，这个系统正日渐猖獗。如今，除了世界银行，私人银行中那些采用了这个系统，承认了自己犯罪行为的人并没有受到处罚，而是获得了几百万美元的奖金。他们和他们的同事说服世界各地的人相信：成功不取决于个人对社会的贡献，而是取决于个人的资产；私有化和放宽管制可以保护公众；政府对有需要的人施以援助是在浪费资源，而且适得其反；个人贷款比政府对社会服务的投入更好；那些住豪宅、开私人飞机和豪华游艇的人是人们应该效仿的榜样。

霍华德·津恩明白，为什么大多数人会接受这些陈词滥调。他说，中产阶级对物质上的富有完全没有控制力，他们拥有了自己垂涎的事物，自然不想失去它们。而那些生活在贫困中的人也觉得很满足，因为他们投入了全部的精力，只是为了生存。

所有这一切，新生代的经济杀手早已了然于心。

第42章 "经济杀手"的新变体

早在20世纪70年代,发展中国家就被视为腐败的巢穴。虽然像我一样的人都是秘密做交易,但大家都认为拉丁美洲、非洲和亚洲的政府官员依靠受贿发家致富。一方面,香蕉共和国的政客为他人提供便利,以换取塞满美元的信封的这种形象,常见于好莱坞电影和媒体报道;另一方面,总体而言,美国已被认为远离了这种大规模腐败。

如今,这一情况完全改变了。与我当经济杀手的时候相比,很多在美国被认为是不道德、不可接受的非法行为,如今却变成了惯例。表面上,他们可能有一个委婉的修辞来遮掩,但实际上,我们曾用过的手段,包括威胁、贿赂、伪造报告、勒索、性、暴力,正被用于高层的商业管理者和政府官员身上。经济杀手无处不在。白宫走廊上,美国国会大厅里,华尔街街头,甚至大公司董事会会议室都有他们的踪影。更令人心惊的是,高层腐败已经日渐合法化。现代经济杀手起草了法律,再给政治家塞钱,让他们通过这些法律。

最后一次见到霍华德·津恩的时候,我问他,他怎么会知道关于现代经济杀手如此多的消息。"研究政治家,如汤姆·达施勒(Tom Daschle)和克里斯多夫·杜德(Christopher Dodd)。"他回答道。

第五部分
新一轮"死亡经济"风暴（2004年至今）

直到霍华德去世后，我动手写这本书的时候，我才明白他说的那句话。然后，我意识到，他早就知道从何处着手了。

达施勒和杜德有很多相似之处。他们都是美国参议院常驻成员，达施勒从1987年待到2005年，而杜德从1981年待到2011年。两位政治家都是民主党的后起之秀。达施勒是参议院多数党领袖，杜德是民主党全国委员会委员兼参议院银行委员会主席，还参加过总统竞选。他们的影响力都非常大，可以直接接触到美国总统、各国元首和跨国企业的领导者。

达施勒和杜德将自己塑造成人民公仆，而非华盛顿圈内人。达施勒在早期参加竞选时，都开着他那辆破旧的庞蒂克（Pontiac）车，而杜德承诺自己永远都不会屈从于游说者的贪婪机会主义。然而，达施勒和杜德最终都背弃了自己塑造的形象和对选民许下的承诺。他们代表的是全新、极度危险的群体——现代经济杀手。

离开参议院后，达施勒进入一家律师事务所，通过参与医疗和其他企业相关政策的游说，获得了几百万美元的净收益。据报道，他的工资加分红，总额超过200万美元。此外，他还投资了一家私人股权公司。他用"政治顾问"等模棱两可的头衔，避免自己被归类到"游说者"，可他的工作就是游说，促成有利于他的客户的暴利交易。

2013年，出现了一个非常有说服力的例子。当时，孟加拉国的一家制衣厂坍塌，造成1 100余人死亡。坍塌事件发生后，虽然没有迹象表明达施勒参与此事，但他所在的欧华律师事务所（DLA Piper），竭尽全力反对孟加拉国为保障低收入人群的权益而即将实施的一项具有法律效力的安全改革。欧华律师事务所这样做，是为了推卸美国零售商应当承担的责任。在退休民主党参议员乔治·米切尔(George Mitchell)和前参议院助理查理·席勒(Charlie Scheeler)的协助下，欧华律师事务所竭力维护客户利益，包括坍塌制衣厂的所有者——零售商盖璞（GAP）[①]，哪怕是牺牲孟加拉国的人民和经济。

杜德和达施勒一样，努力将自己塑造成正直的政治家。他坚持说不会把自己出卖给美国的企业，不会像其他政治家一样成为游说者。然而，当他竞选美国总统时，他的竞选团队接受了金融服务行业提供的赞助，那正是他担任参议院银行委员会主席时所监管的领域。这种利益冲突远远超过了他2010年从参议院退休后的作为。尽管他反复声称自己不会成为游说者，但他在2011年取代丹·格里克曼(Dan Glickman)成为美国电影协会主席和首席说客。

霍华德给我指明了道路。当我沿路走下去时，发现这种变化绝不仅限于民主党，有不少知名共和党人从参议院跳到游说俱乐部，包括约翰·戴维·阿什克罗夫特（John David Ashcroft）、鲍勃·多尔(Bob Dole)、纽特·金瑞奇（Newt Gingrich）、菲尔·格兰姆(Phil Gramm)、查克·哈格尔（Chuck Hagel）、特伦特·洛特(Trent Lott)、沃伦·拉德曼(Warren Rudman)……不管是民主党还是共和党，还有很多人可以被列在这个名单上。而且，除了他们，美国众议院也有大把人变成了经济杀手。

这些政客中的大多数人，与无数通过了"旋转门"的男男女女一样，都不会称自己为游说者。他们为律师事务所工作，给自己冠上"咨询员""顾问""政府顾问"等委婉的头衔。这些头衔，和我的官方身份——著名咨询公司的"首席经济学家"是一样的。不管头衔如何，他们的真实工作和我一样，是欺骗政府和公众，让他们实施使富人更富、穷人更穷的政策。他们就是现代经济杀手，收钱支持公司王国、扩张全球帝国，将"死亡经济"的触角延伸到世界各个角落。他们隐身暗处，但他们的影响力不可估量。

[①] 盖璞（GAP）：创建于1969年，是和Zara、H&M并肩的服装零售商，现有4 200多家连锁店。——译者注

第五部分
新一轮"死亡经济"风暴（2004年至今）

值得注意的是，2013年，游说行业的协会美国游说联盟（American League of Lobbyists）改名为"政府关系专业人员协会"（Association of Government Relations Professionals）。尽管注册在案的游说者在这一年下降到10多年来的最低水平，但其总人数依然达到了12 281，相当于每位众议员和参议员身边都有23名游说者，这个比例是我当经济杀手时的好几倍。然而，即使这个数字和比例让人震惊，它依然只是非常保守的估计。美利坚大学（American University）教授詹姆斯·瑟伯（James Thurber）是一位研究游说达30年的专家。他的研究表明，真正以游说为职业的人接近10万。官方数据显示，2013年，用于游说的经费超过了30亿美元，而瑟伯估计其真实经费应该将近90亿美元。

游说者的权钱交易透明度不足，保密性十分强，导致人们很难准确估量其影响力。不管怎样，在美国发展业务的每家大型企业都有100多名说客。工会和公共利益团体每投入1美元，用于工人权利、环境改善、医疗保健、教育和其他社会服务相关活动，这些公司和他们的说客就会针锋相对地花上30多美元。

负责执行法律的官员都不敢违背说客和这些说客所代表的公司。下面这段声明，起初是"共同梦想"（Common Dreams）针对军火工业而说，现在发现可以用来描述大多数的国际企业：

> 在十大国际武器制造商中，有8家来自美国。军火工业花费数百万美元来游说国会和州立法机构，可是它们的产品在战场上却总是不起作用。例如，美国历史上最昂贵的武器F-35战斗轰炸机花费了1.5万亿美元，远超预算，却浑身都是缺陷，安全性十分低。然而，几乎没有立法者敢挑战这些在他们喉咙里塞柠檬的强大企业。（几乎没有立法者敢向这些让他们如鲠在喉的强大企业发起挑战。）

最大的武器制造商之一波音公司在我居住的这个州惹出了一个大新闻。它的最大雇主是华盛顿，旗下有 8 万名员工，是世界上最大的三家国防承包商之一。另外两家是洛克希德·马丁（Lockheed Martin）公司和诺斯洛普·格鲁门（Northrop Grumman）公司。他们都位于美国。波音公司的说客每天都勤奋地工作，努力地说服华盛顿的官员给他们公司提供巨额的减税优惠，并威胁这些政治家称，如果他们不同意，波音 777X 系列飞机的生产设施就会搬去其他州。

我听过不少我觉得十分熟悉的"合法"贿赂事件，包括向政府官员的亲戚或朋友提供顾问金或工作，用性或毒品引诱官员妥协等。虽然这些指控从来都没有得到证实，但这些故事确实产生了影响。那些存在婚姻问题、使用非法药物、认为自己容易被构陷的人都担心自己会被揭露，因而屈服于压力之下。

最后，华盛顿特区立法委员会对波音公司通过了一项高达 87 亿美元的税收减免决议，这是这个国家有史以来最大的一次企业税收减免。该决议的出台，确保了航空航天巨头成为美国企业及地方补贴的首选。波音公司的经济杀手取得了令人瞩目的胜利。而对民主来说，对我这样的华盛顿州的纳税人来说，这是一次巨大的损失。

有一类经济杀手，他们被称为"选址顾问"（Site Location Consultants），虽然他们在技术上可以被归类为游说者，但他们是高度专业化的，多年来主要在发展中国家活动。如今，正如波音公司的案例所展现出来的一样，他们已经成了影响美国的一个主要因素。

商学院和规划者声称，企业选址，取决于供应商与消费者需求、劳动力市场、交通、能源价格等客观因素。但实际上，多数情况下，最重要的因素是企业与当地政府之间的协议。选址顾问威胁称，除非提供最宽松环境和社会监管、最低税率，以及其他激励措施，否则他们不会将企业设在当地。政府官员通常渴望进行此类交易，却经常会

第五部分
新一轮"死亡经济"风暴（2004年至今）

忽视长期后果，如学校、道路、娱乐设施和自然资源的情况会恶化。讽刺的是，尽管如此，这些资产还是能给当地带来好处，包括企业本身的员工。

选址顾问通常从当地政府获取报酬，同时，如果他们说服当地政府为企业提供补助，他们还能从这笔钱中抽取30%作为佣金。

波音公司的这场交易，让我不禁想起自己在阿根廷、哥伦比亚、厄瓜多尔、埃及、印度尼西亚和巴拿马所做的事情。两者的主要区别在于，现代经济杀手不用借助世界银行的贷款，而是利用税收政策和补贴。这些策略比贷款更加有效。企业不需要做资金记录，也不需要签订合同并建立系统来确保及时收回贷款。从美国的案例中可以看到，没有人需要筹集资金。资金只是被从税基中挪出来，交给了企业而已。本质上来说，这些钱是从美国纳税人手里偷来的。那些本应该用在社会保障、教育和其他公共服务领域的资金，被经济杀手和腐败政治家当成礼物送给了贪婪的企业。

在研究过程中，我接触到了一个国家政策中心——"好工作优先"（Good Jobs First），该组织审查了自2000年以来联邦政府分配的赠款、贷款和其他补贴。其报告称，过去15年里，美国政府对国内企业提供了680亿美元补助和税收抵扣。这笔钱大概有三分之二转到了大公司账户里。

"好工作优先"指出了一些依靠说客，成功获得补贴的大公司，包括陶氏化学、福特汽车公司、通用电气、高盛、摩根大通、洛克希德·马丁公司、联合科技公司，以及近50家最赚钱的联邦承包商。总而言之，298家企业平均获得了6 000万美元甚至更多补贴。令人震惊！这些企业已经受益于港口、机场、公路、水电、学校、消防部门和其他公共服务领域，赚取了数十亿美元利润，而且他们还不需要与服务于他们的机构和员工分享这些利益。

化石燃料产业得到高额补贴，我一点也不惊讶。但这种补贴的规模最终还是远远超出了我的预期。《卫报》最近的一项调查显示，"煤气、石油和天然气产业获得了550亿美元补贴，是可再生能源产业的4倍。"在经济杀手的努力下，这些为政治家竞选提供了巨大帮助的化石燃料工业收到了来自政治家的巨额回报。下面是3个典型例子：

2012年，壳牌公司位于宾夕法尼亚州的石化炼油厂获得了16亿美元（10亿英镑）政府补贴，而其年利润为268亿美元。

2011年起，埃克森美孚公司获得了1.19亿美元政府补贴，因而得以升级位于路易斯安那州首府巴吞鲁日（Baton Rouge）的炼油厂。在此期间，该公司盈利达410亿美元。

2011年起，俄亥俄州的马拉松石油公司（Marathon Petroleum）获得了来自政府的就业补贴，总金额为7 800万美元。在此期间，该公司的盈利为24亿美元。

农业综合企业的经济杀手是最出名的，也可以说是最臭名昭著的。只需要举一个例子就能说明这一点：2015年7月，美国众议院通过HR 1599法案。该法案的官方名称为《安全、精准食品标签法案2015》(*Safe and Accurate Food Labeling Act of 2015*)，又被反对者称为"拒绝美国人民认知权"（Deny Americans the Right to Know，DARK），即"黑暗法令"（DARK ACT）。该法案旨在驳回各州对含有转基因或转基因生物的产品进行标记的要求。食品杂货制造商协会（The Grocery Manufacturers Association）和孟山都的经济杀手花费了数百万美元，力求让该法案获得批准。据《卫报》报道：

第五部分
新一轮"死亡经济"风暴（2004年至今）

"这项法案由孟山都公司及其农业企业的亲信促成通过，破坏了数千万美国人的民主决策权。企业赢得了这场战争，而人民的声音被忽略了。"美国食品安全中心执行董事安德鲁·坎布雷尔 (Andrew Kimbrell) 如是说。

美国环境工作组 (Environmental Working Group)① 也反对该法案，并因支持标记转基因食品获得了广泛支持。

美国环境工作组的政府事务高级副总裁斯科特·法伯尔 (Scott Faber) 说："令人愤怒的是，某些议会议员在投票的时候完全罔顾了90%以上美国人的意愿。"

这种从穷人手里抢东西，送给富人的手段，不只用于武器、能源和农业领域，它被广泛地用于经济领域的每一个角落。沃尔玛就是个典型的例子。

最近，一个来自舒阿尔的朋友到美国拜访我，让我带他参观"最有名的零售店"沃尔玛。我跟他说，虽然我不去那里购物，但是我很乐意带他逛逛。去沃尔玛之前，我跟他一起分享了美国税收公平组织 (Americans for Tax Fairness) 发布的一些信息。

报告详细地介绍了沃尔玛是如何从美国纳税人手里吸取了数十亿美元，其所使用的手段之一，就是在境外避税天堂设立的一系列空壳公司，放入了超过760亿美元的资产。根据该报告：

> （沃尔玛）在境外15个避税天堂成立的超过78家子公司，没有一个被公开报道过……
> 题为《沃尔玛网络：世界上最大的公司如何利用避税港

---

①美国环境工作组 (Environmental Working Group)：设在华盛顿的一个非营利、非党派的民间环保组织，成立于1993年。——译者注

避税》的分析报道显示，沃尔玛在卢森堡有不少于22家空壳公司，其中20家是在2009年之后成立的，仅在2015年成立的就有5家。据研究，自从2011年开始，沃尔玛将超过450亿美元的资产转移到位于卢森堡的22家空壳公司。2010—2013年，沃尔玛的卢森堡子公司利润达到13亿美元，但沃尔玛只在该国缴税不到1%。

我们漫步在看似没有尽头的商品走廊里，这位舒阿尔朋友指出，这里的人彼此都不说话。"在我们国家，"他说，"超市是我们了解朋友、邻居和其他事情的地方。但在这里，人们完全忽视其他人的存在，只是单纯购物。"此外，他还惊讶于这里不同品牌的同种产品的数量。他问道："你们是怎么决定的？选肥皂的时候拿蓝色盒子、红色盒子，还是黄色盒子？"

有报告估测，沃尔玛员工的公共营养、医疗保健和住房援助计划，每年会从美国纳税人手中拿走60多亿美元补贴。这棵摇钱树的所有者——沃尔玛家族的成员，被列入地球上最富有的亿万富翁名单中。他们和许多名单中的人一样，批评为所有人制定的社会项目，但他们是有史以来从这些社会项目中获利最多的人。

秃鹫基金（Vulture funds）[①]是经济杀手的另一个变体。当一个国家违约，经济陷入混乱时，这些基金就以几美分的价格买入该国的国债。当这个国家的经济开始复苏时，该基金就要求其偿还债务，并加上利息以及其他额外的费用。很多基金还会更进一步，起诉那些试图与他们的目标国家合作的企业，从而吓跑潜在投资者，让目标国家的损失更加严重。

[①] 秃鹫基金（Vulture funds）：通常是指那些通过收购违约债券，通过恶意诉讼，谋求高额利润的基金，他们通常喜欢购买陷入困境的公司债券。等公司无法偿付的时候，打官司索取巨额赔偿。——译者注

26个最大的秃鹫基金，从世界上最贫穷的国家聚敛了10亿美元，还有另外13亿美元等待被收取。10亿美元超过了国际红十字会非洲分支2011年全年预算的两倍，也可以满足联合国解决索马里饥荒问题的全部资金需求。

秃鹫基金已经将触手伸向了阿根廷、巴西、刚果共和国、厄瓜多尔、希腊、冰岛和爱尔兰等国家和地区。他们还时刻关注着每一个有债务和经济问题的国家，包括意大利和其他欧洲国家。这类例子不胜枚举，其中，秘鲁是一个典型案例。

> 1983年，秘鲁经济下滑，社会陷入动荡。恐怖组织活动和难以处理的外部贷款，使情况进一步恶化。经过长时间谈判，其债务于1996年重组。艾略特合伙公司（Elliott Associates）是秘鲁一家对冲基金公司，经营者是政治活动的主要支持者保罗·辛格(Paul Singer)。该公司花大约1 100万美元，购入了价值近2 000万美元的秘鲁违约贷款。随后，这家公司在纽约一家法院起诉秘鲁政府及其中央银行，要求这些债务以原始价格偿付，并加上利息。最终，艾略特公司得到了秘鲁支付的5 800万美元，净利润4 700万美元，投资回报率超过了400%！但这一暴利，让秘鲁的环境和社会项目遭受了巨大损失。

最近一次全球性经济衰退，以及随之而来的世界性危机，让秃鹫基金加大了剥削力度。除了像秘鲁这样的国家和其他经济"发达"的欧洲国家，还有符合世界银行"重债穷国减债计划"的39个国家（主要是非洲国家）中，超过三分之一都是秃鹫基金的目标。

在《一个经济杀手的自白》中，我将世界银行及其附属机构描述成了"运用债务来奴役国家"的组织，这一论述直到现在依然准确。然而，秃鹫基金将债务奴役提高到了新水平。就像经济杀手从事的很多活动一样，秃鹫基金不仅破坏了目标国家的经济，还破坏了世界经济稳定。诺贝尔经济学奖得主约瑟夫·斯蒂格利茨（Joseph Stiglitz）曾任世界银行高级总裁兼首席经济学家。他说：

> 在阿根廷，当局与少数"投资者"（所谓的秃鹫基金）的争斗，妨碍了该国大多数债权人都自愿支持的债务重组。在希腊，该国被迫制定了紧缩政策，使其国内生产总值下降了20%，无疑让其人民更加贫困。在乌克兰，主权债务对政治的潜在干扰不可估量。

当我回想过去几十年发生的事情，再把20世纪70年代发生的一切和现代经济杀手及公司王国的所作所为对比发现，现在的不法活动比过去更加普遍。而且，掌管了强大企业的管理人员、制定标准的商学院教育者和公众也都接受了这些活动。也许，这才最可怕。

一小撮强盗大亨和他们的党羽——现代经济杀手用债务和恐惧开路，试图让人们接受这样的观点：你有权不择手段得到任何东西。通过引用美国最高法院与狭隘的资本主义相关的说辞，他们想要说服我们授予他们权力，让他们变得更加富有。从官方宣布经济陷入低迷，到2009年危机结束时，90%的人变得更加穷了，而1%的美国人获得了在此期间产生的95%的财富。而在全球范围内，85个人占有的资源，比全球一半人占有的还多。

现代经济杀手对美国和全球经济、政治、社会和环境问题造成了非常大的影响。这里的几个例子只是冰山一角而已。与此同时，"豺狼"们也做出了一些相当可怕的事情。

第43章 "豺狼"正在头顶看着你

有一次,我去伊斯坦布尔参加一个商务会议并发表演讲。在那里,我碰到了一名学生贾法尔(Jafar),他告诉我:"我的祖父母都居住在巴基斯坦的一个村子里。有一天,我沿着街道走,旁边建筑突然爆炸了。那是无人机投下的炸弹,一个抱着婴儿的女人身上着火了。我赶紧跑到她面前,抱过她手中婴儿,告诉这个女人在地上打滚。"他双眼噙着泪水,继续说:"她活下来了,但很多人丧生了。很多人!"

那架无人机由新生代"豺狼"操控。很多像贾法尔一样的人曾向我控诉,我也读到了很多无人机发起攻击的报道,我内心的感受难以描述。在我成长的过程中,听说过许多二战的英雄故事,比如美国步兵冲进火苗肆虐的建筑拯救孩子、攻陷诺曼底海滩、解放纳粹集中营的受害者等。我还看到过中央情报局探员秘密潜入苏联的网络,看到了飞往塞舌尔的"豺狼",甚至看到了那些做着我极力反对的事情的人,如在罗尔多斯和托里霍斯的飞机里放置炸弹。无论如何,这些人都承担着巨大风险。

但是无人机操作者?他们不需要冒生命危险,看不到无辜受害者遭受的苦难,也听不到受伤之人和死者临终前的惨叫。他们只是坐在电脑显示屏前面。他们不勇敢，他们做的工作一点也没有英雄气概。不过，袭击一个国家，给那个国家的人民带去如此痛苦，哪里会有什么英雄气概可言。

我为我们如今的所作所为感到羞愧。但困惑是所有感受中最强烈的一种。我反复问自己，我们的领导人到底在想什么？难道他们看不到，这种无视生命的残忍举动，正在消磨他们千辛万苦从二战中赢得的尊重？

新闻中经常出现基地组织和其他恐怖组织领导人被无人机暗杀的报道，而五角大楼将其过程中发生的大量无辜平民的被杀称为"附带损失"，具体数字无法完全统计出来，只能够粗略估算。即使如此，也足以让人震惊。

2015年6月，数十名美国老兵发表了一封公开信，信中提到："美国无人机袭击了阿富汗、巴基斯坦、也门、索马里、伊拉克、菲律宾、利比亚和叙利亚等地，至少6 000人因此丧命。"他们在信中呼吁无人机操作员拒绝飞行任务，或以其他类似方式提供支持。这些老兵表示，用无人机滥杀无辜，被世界大多数人认定为恐怖主义行为。

许多老兵亲眼目睹了无人机操作员和其他现代"豺狼"，用自己的行动填满了那些依靠战争、破坏、重建、油田和其他资源来获利的公司巨头的口袋。与此同时，这些行动还损害了美国信誉，违背了美国公民的利益，促进了"恐惧经济"（Fear-based Economy）增长。

奥巴马总统的前高级军事情报官员，退休的美国中将迈克尔·弗林（Michael Flynn）称使用无人机是一个"失败的策略"，只会助长暴力和恐怖主义。"当你用无人机投下炸弹……你造成的伤害要远远多于促成的好事。"弗林如此说道。在2014年夏天以前，弗林是五角大楼国防情报局的管事者。

如今的"豺狼"披上伪装，执行起当初被我们认为不当、懦弱，甚至适得其反的任务。维基解密（WikiLeaks）和爱德华·斯诺登（Edward Snowden）最近公布的文件显示，中央情报局使用酷刑和非常规引渡的次数、政府和跨国企业招募的军事力量、中央情报局和特种部队"重要目标"暗杀计划都出现了惊人的增长。

他们不像独来独往的秘密特工，只能依靠自身智慧和力量，而是一群有空中打击、卫星和其他现代技术支持的全新"豺狼"。美国人一直都不太了解接受五角大楼特别训练的部队（主要是海豹特遣队和陆军三角洲部队）的内情，但被这些部队攻击过的地区对他们来说并不陌生。

2015年6月，《纽约时报》曾发表题为《海豹突击队第六小队：美国秘密战争的锦衣卫》的文章，感叹这些单位所披的神秘面纱，文中这样写道：

> 他们在世界各地经营着伪装成商业船只的间谍站，假装成皮包公司雇员，或者男女搭配假扮成夫妻在大使馆做卧底，跟着那些美国想要杀死或抓捕的人。
>
> 这些行动是海豹突击队第六小队隐秘历史的一部分。海豹六队是美国最神秘、受到最少审查的军事组织之一，经常被指派执行罕见的特殊任务，最终因为杀死奥萨马·本·拉登而举世闻名。

该文接下来还谴责了一个现象，即美国很多的现行政策都是秘密执行的。《时代》调查团队得出一个结论：

> 就像中央情报局的无人机行动一样，特种作战为政策制定者提供了替代昂贵的战争占领的办法。但是第六小队的秘

密壁垒太难攻克,我们无法完整评估这些行动带来的后果,包括平民伤亡、目标国家国民对美国的强烈怨恨等。

关注这些怨恨情绪的不止老兵和媒体,我曾经做过演讲的美国大学的学生也很关注。他们提到了从澳大利亚、美国、欧洲前往中东,加入伊斯兰激进组织的同龄男女。他们猜测,这些年轻人是在怨恨和绝望的驱使下,才采取了这样的行动。他们担心,美国的政策将刺激恐怖主义的发展。

学生经常提到,多数招募潜在恐怖分子的国家,长期都在公开鼓吹暴力,主张用暴力解决问题。美国政策制定者甚至在与暴力无关的项目中也会用到暴力词汇,如"战胜贫困""征服饥饿""毒品战争"等。他们指出,电影和电视节目中也经常出现拿枪,以及靠硬汉来解决困难的情节。

在我那个时候,"豺狼"经常被派到国外,偶尔才会被用于镇压国内的叛乱。如今,情况发生了变化。"9·11"事件之后,恐惧驱使美国人自愿放弃隐私和自由,给了国家安全局、中央情报局、联邦调查局和其他机构前所未有的权力。曾经用于海外的工具,包括无人机和侦察机等,现在统统用来监视美国人。

美国政府在回应涉及《信息自由法》的诉讼时发布的文件表明,在美国20个州,至少有63个无人机基地,均活跃于美国本土(截至2012年)。这些无人机基地大部分都由美国军方部署,由军人操作,剩下的由执法机构和美国边境巡防队负责,其中有一部分用于暗杀。

2015年6月,美联社报道,"美国联邦调查局有一支小型空军部队,驾驶数十架载有摄像机的飞机在美国各州低飞。有时候,这些飞机还配备了手机监听设备,所有飞机都隐藏在政府的空壳公司背后。"该报道还称,这些飞机通常没有获得法官的批准便出行,"最近30天,这个机构的飞机飞过了美国 11 个州的 30 多个城市。"

我读到这些报道的时候,想起了自己在与霍华德·津恩会面后许下的承诺。我承诺,要更加努力,更为密切地观察我所处的社会、所在的国家,以及世界上其他地方所发生的事情。我留意到,公众态度开始变化。2001 年 9 月 11 日,那个日子让整个国家放弃了自由,但关于窃听私人电话、攻击举报人、警察暴行,以及军事基地和中央情报局非常规引渡点内发生的虐待事件的持续报道,逐渐改变了大众意见。越来越多的媒体和博客指出,这些活动违背了旨在保护公民隐私的法律。据电子前线基金会(Electronic Frontier Foundation)报道:

> 2005 年 12 月的新闻报道,首次揭露了国家安全局一直在截取美国人的电话和网络通讯的事实。这些报道及《今日美国》(USA Today)刊登的故事和几名国会议员的声明都透露出,美国国家安全局正在大规模复制美国人的通话记录和其他通讯记录。所有这些监视活动,都违反了国会和美国宪法有关隐私保护的规定。

维基解密和爱德华·斯诺登发布的几千页声明揭露了骇人听闻的事实,让很多人感到震惊、不安和悲伤。许多美国人已经意识到:民主本该是由政府守护的,但是政府背叛了民主。林肯所主张的"民有,民治,民享的政府"已经被埋在了"零地带"的灰烬里。

我十分震惊地得知,美国国家安全局每天都会监测大约 2 亿条短信,在超过 10 万台电脑偷偷植入间谍软件,访问这些电脑的信息。我想知道,我的电脑是不是其中之一。

由于我对"豺狼"那些不道德的犯罪行为非常清楚,所以当我得知美国国家安全局监听了包括阿根廷、巴西、法国、德国、英国,以及我们的同盟在内的53个国家的领导人，我感到非常愤怒。据《卫报》报道："国家安全局鼓励其服务的部门，如白宫、国务院和五角大楼等高级官员分享他们的'通讯录'，这样，该机构就可以将重要的国外政客的电话号码录入监听系统。"

这不仅让人难以接受，同时还是极其愚蠢的外交手段。作为对这件事的回应，德国总理安吉拉·默克尔（Angela Merkel）表示了强烈抗议，巴西前总统迪尔玛·罗塞夫（Dilma Rousseff）推迟了对华盛顿的国事访问。

现代"豺狼"的另一个工具就是人格诽谤。每一个总统、政治家和政府官员都清楚地明白，任何丑闻都会把他们拉下马。克林顿总统就是前车之鉴，有人怀疑琳达·特里普（Linda Tripp）就是被雇来陷害莫妮卡·莱温斯基（Monica Lewinsky）。不管真假，克林顿确实因为这场丑闻险遭弹劾。在我们那个时代，每个人都知道肯尼迪总统有多起婚外情，但没有人会觉得这与公众有什么关系，直到一颗子弹夺取了他的性命。如今，每一个位高权重的人都清楚，现代窃听技术可以轻而易举摧毁他们，或制造出足以毁灭他们的证据。

在世界上很多地方，现代"豺狼"有越来越多的雇佣兵部队在其身后支持。这些雇佣兵部队持有枪械，而且不遵守军事人员的规范和标准。截至2012年，美国在阿富汗的军事人员有6.8万，而雇佣兵却有近11万。换一个角度来看，在越南的雇佣兵是7万名，而军事人员有35.9万。

虽然没有准确数据显示，有多少活跃的雇佣军在花美国纳税人的钱，但肯定以百万美元计数。2014年，一项调查对30家世界的大型私营安保公司进行了排名，其中排第一名的士瑞克保全公司（G4S Secure Solutions, G4S）雇用了62万余人，2012年的收入超过了120亿美元。除了供应雇佣兵外，士瑞克还向政府和公司销售最先进的间谍设备和监控设备。有趣的是，因涉嫌参与杀害伊拉克平民而闻名的黑水安保公司（原名Blackwater，后更名为Academi）排在第30名。

有了雇佣兵的华盛顿宣称，军队正在逐步放松，美军的死亡人数在下降，而政府不对酷刑和其他战争罪行负责。雇佣兵部队的存在还让政府不用提出不得人心的议案，如越南战争期间刺激反战运动的提案。他们支持"豺狼"的非法活动，不需要向五角大楼、总统或国会汇报。他们不需要对任何人负责。

公司王国有能力，也有意愿时刻监视我们，这样可以在有人威胁到他们的权力时采取任何行动，包括没有人身保护令的监禁或暗杀。而且这种能力和意愿都不受限制，完全没有民主可言。他们的说客操控了选举出来的官员，还有特别的行动小组来实施暗杀。低空飞行的飞行员和"机器豺狼"（Robot Jackals）监控我们的电话和网络通讯。公司王国已经下定决心，不惜采取任何行动来获取权力，上述的一切只是其中的一部分。

然而，最近这些公司王国的行动已经上升到了近似恐慌的级别。很大程度上，是因为他们在面对一个新大国——中国时感到恐惧。

第44章 埋葬"死亡经济"

约翰·列侬(John Lennon)说过:"你需要的是爱。"这句话是萨曼莎·托马斯(Samantha Thomas)告诉我的,她说:"除了和平奖,我们还有其他更好的方式来赞颂他的理念吗?"

小野洋子(Yoko Ono)[①]曾授予我列侬洋子和平奖章(Lennon Ono Grant For Peace),还捐了一大笔钱给"梦想改变联盟"。这个组织已经沉寂多年了,但现在萨曼莎这个20岁出头、聪慧、坚定并且充满活力的年轻人加入了董事会,成为执行董事。她在2015年召开一次会议,鼓励更富同情心的商业活动。她和我说服了丹·威登(Dan Wieden),与我共同主持会议。丹·威登是最成功,也最受人尊敬的广告公司之一——威登+肯尼迪(Wieden+Kennedy)的董事长兼联合创始人。刚开始的时候,萨曼莎将这次会议称为"爱之峰会"(Love Summit)。起初,丹和我都表示反对。我们觉得"爱"不适合做商务会议的主题。不过,我们的态度很快就转变了。

参加会议的都是成功的企业家和企业高管,他们和我们一样,都意识到当我们学会爱自己、爱彼此、爱地球时,一切才会变得更好。

---

①小野洋子(Yoko Ono):日裔美籍音乐家、先锋艺术家,约翰·列侬的妻子。——译者注

几位发言人指出，营销的目的是说服消费者爱上一个公司及其产品。要想改变世界，我们就需要鼓励消费者爱那些真正能改善生活的公司和产品；还要说服商界人士相信，如果他们希望自己的公司和产品被爱，他们也必须承诺做到这一点。

在我听着这些发言人讲述企业转换思维的重要性时，我不禁想起了通杜姆，那个改变了我的思维方式并因此挽救了我生命的舒尔萨满。世界就是我们梦想的样子，而我们将过多的物质主义、"分而治之""非友即敌"的想法混进了我们的梦想中。我们一直告诉自己："如果我想得到更多资源，就必须从'他们'手里拿走一些。"

是时候改变这种思维，拿出实际行动，支撑一个新梦想了。

萨曼莎在峰会闭幕时说："事实证明，爱就是你所需要的。"我意识到，她表达的理念就是新梦想的基础。这是一个关于如何用"生命经济"替代"死亡经济"的梦想；这也是土著人和精神导师的梦想，从特蕾莎修女到释迦牟尼，再到教皇弗朗西斯，无不如此；这还是一个充满爱的梦想，为我们自己，为每一个人，为自然，也为地球。

这是一个经济新梦想：治理被污染的水、土壤和空气；让饱受饥饿之苦的人养活自己；开发不会耗尽地球资源的运输、通信、制造和能源系统；鼓励人们回收和使用太阳能；建立以社会需求为导向的市场、银行业和交易系统，而不再以债务或战争为基础。本质上说，这个新梦想是建立在勇气和爱的基础上，而不是基于恐惧和仇恨。

2004年，《一个经济杀手的自白》出版后，我在企业高管会议、摇滚音乐会和消费者峰会上都发表过演讲。我见过政府领导人，在许多国家的大学里讲课。我得到的信息也越发让我感动。企业家、律师、管理员、农民和家庭主妇，各行各业的人都慢慢改变了他们的梦想，不再是财富和权力，而是趋于大同，希望生活在一个可持续、可再生、社会公正、个人幸福的世界。

世界每一个角落的人都明白，这场变革非常必要。我们很清楚，我们必须竭尽全力创造一个"生命经济"。我们也明白，每一个人都必须做自己热爱的事。我们都是这场革命的发起者。为了做到这一点，我们必须爱自己，爱自己所做的事情。

这本书展示了跨国企业经营失败的地缘政治和经济系统。为了改变这个系统，我们必须改变企业梦想。

有些人认为，我们应该扫除地球上的所有企业。我想，在我有生之年，这都不太可能发生。相反，我认为，我们应该效仿萨满的做法，转变那些经营和管理企业之人的态度和目标。

企业在将创意转换成行动的效率非常高，但他们在追求利润最大化时，不考虑为此付出的环境成本和社会成本；他们奉行掠夺资源、推行债务和物质主义的理念，会带来极大危机。所以，是时候开始一个以服务地球、公众和子孙后代为核心的新梦想了，不只是为了人类，更是为了地球上所有生命。

在过去一段时间里，通过抵制那些支持种族隔离、污染河流、拒绝雇用女性或少数民族、反对同性婚姻、拒绝有机生产、反对食品标签的企业，我们慢慢开始改变这些企业的很多做法了。

许多企业高管和商业领导人像其他人一样关心这些问题，这让我们备受鼓舞。不管《财富》500强企业的员工，还是家庭小店的个体户，都不是公司王国成员，他们和我们一样都是被剥削的对象。即使所谓的"1%"（其实应该是0.1%）感到了威胁。毕竟，每个人都清楚，如果空间站撞毁了，所有人都将随之毁灭。

我第一次受邀在公司会议和MBA课程上发表演讲，我问组织者，为什么他们想听写出了那样一本书的我说话。他们回答我，他们的人都很聪明，早已意识到现在的系统濒于崩溃。到目前为止，商界人士还没有思考"死亡经济"和"生命经济"，但他们明白，要想成功，就必须采用新模式。他们正在寻找创新方法和路径，实现这一目标。

那些希望改变公司策略的 CEO 告诉我，他们担心一旦做出改变，就会被那些只关心短期市场份额或利润的人取代。他们感觉自己被陈腐的结构困住了，渴望出现一场运动，消费者能拿成千上万封信件和邮件砸向他们，告诉他们"我爱死你们的产品了，但我不会买，除非你们给员工一份体面的工资"。然后，他们就可以拿着这些东西汇报给执行委员会、大股东、创始人或任何一个有权解雇他们的人。

听到这些话，无疑是一件鼓舞人心的事，这证明了我们才是真正掌握了权力的人。他告诉我们，市场是民主的，买东西时，我们应该带上投票时的态度。这番话还为企业提供了一种支持公司内部人员的方法。变革的发起需要内部人员的帮助，他们可以在创造新经济的过程中发挥关键作用。

我们所有人都置身其中。我们必须做一切可能的事情，创造"生命经济"。不能再拖延了，是时候承认自己不是在与恐怖分子、企业或任何"他们"战斗了。我们都需要行动起来，终结经济杀手系统。我们都是让我们失望的进程中的一部分，是我们创造了这个系统，支持了它，美化了它。现在，我们必须改变它。

就像第 1 章讨论的安第斯山制砖工人一样，我们也必须面对自己的恐惧，采取行动反抗遭受到的所有不平等，不再期待别人来纠正这些错误。我们必须自愿付出一切，确保我们孩子的未来。

当我在新罕布什尔州长大时，一度希望自己生于 18 世纪，这样我就能参加独立战争了。但是独立战争未竟全功。英国人虽然被打败了，但是不公正还在很多地方继续发生，影响着妇女、少数民族、中产阶级和贫困人民。现在，这些不公正影响我们所有人，甚至威胁到了地球上所有生命。

如今的革命比独立战争的规模大得多，甚至大过了农业革命和工业革命。这是一场意识革命,一场从等级观念森严的男性思维向一个更加灵活、平等的女性思维的转变。我们必须认识到,保卫我们的家,意味着要精心培育它;我们必须意识到,我们的家是整个地球。

这本书介绍了现代帝国的四大支柱:恐惧、债务、稀缺(引诱人们消费更多)和"分而治之"的思维模式。只要我们还受困于这四根支柱所构建的腐朽的系统里,那么政变、暗杀、无人机袭击、国家安全局窃听等一切举动都会被认为是合理的。

不能再让这个系统继续下去了。

我们必须竭尽全力,改变原来那看似合理的假象,以慷慨代替债务,将恐惧转化成创造一个更好的世界的勇气,用生命经济将会创造的可持续富足取代因资源匮乏而导致的焦虑。我们必须将男性的侵略转变成女性的哺育,用恻隐之心取代分而治之的思维模式,致力恢复被破坏的环境。我们必须团结起来,将这个空间站驶向真正繁荣的未来。

我在旅行中,听到人们这样说,《一个经济杀手的自白》将很多事情都"串联"起来了。在2004年,这些事情联系在一起后,得出一个结论,在美国及其企业如何欺诈、滥用和剥削发展中国家的问题上,人们被严重误导了。2004年之后,事情的发展更是超乎人们的想象。我们开始明白,美国和所谓的发达国家也一样遭到了入侵。那些曾经被用于非洲、亚洲、中东和拉丁美洲等地的经济杀手工具,也同样作用在他们身上。

仔细思考2004年之后发生的点点滴滴,我们就会明白,现在必须行动起来,全力以赴,做出改变。

我们可以看到,命运、机遇、偶然、时机总是时好时坏,关键在于这些情况发生时,我们该如何应对。事实上,当我们意识到生活中还有许多选择时,就是行动的开端。

有人曾经给过我一笔钱,让我不要写书。最终,我选择用这些钱

第五部分
新一轮"死亡经济"风暴（2004年至今）

帮助曾被我剥削的国家。此外，我还与亚马孙地区的人重新建立联系，建立了几家非营利机构，并把作家和公共演讲者当成自己的新职业。

我们有机会编织一个新梦想，探索令人兴奋的生活方式，不为别的，就为了转败为胜，建立一个新系统。在那里，地球是有生命，有活力的。

人的天赋包括激情和技能。不管是木匠、牙医、作家，还是家长、学生，任何一个人都有这些天赋。满怀激情，善用技能，加入能让世界变得更好的团体，真正的成功就会随之而来。

你可以从小事开始，如回收废品、减少驾车出行、人走灯关、在本地购物和办理银行业务等，但是千万别认为做这些事情就够了，还有十几亿人处于饥饿边缘。对他们来说，减少驾车出行根本算不上一个选择。积极思维方式也不会把食物送到他们肚子里。

当人们汇聚在一起采取行动，革命便发生了。虽然会有关键人物鼓励和领导其他人，但革命能成功在于集体的努力。作为银行的总裁，我的叔叔欧内斯也清楚地了解，佛蒙特州沃特伯里当地民众的支持对他来说有多重要。

近年来，建设当地社区的趋势越来越强大。农贸市场的兴起、强调本土购买、社区银行的复兴，甚至有大型杂货连锁店从邻里种植者手里购买农产品，这些举动都是这一重要趋势的一部分。与此同时，全球社区正在朝一个全新的方向发展。

在上本书出版几个月前我去了喜马拉雅山，还在海拔约4 267米之上的帐篷里跟一位部落长老交谈。他哀叹，他的子民估计一辈子都用不上电话。"这么高的地方没法铺线路。"他通过翻译告诉我。我在亚马孙雨林的阿丘雅部落里，听到里面的首领也说过类似的话。但是现在，当我在写这本新书的时候，两个地方都装上了卫星电话。

史上第一次，我们能够跨越地球的距离实现瞬间交流。因此，我们得出结论：世界上每一种生物都同样面临了海平面上升、压倒性污染、冰川融化、物种灭绝、人口过剩和自然资源破坏带来的危机。我们都清楚，必须做些事情改变这个现状，将"生命经济"变成现实。

有一些读者问我，他们具体能做些什么呢？我回答："首先，你必须遵从你的激情，用最有效、最愉快和最让人满足的方式运用你的天赋。"接着我又提了一些我们日常生活中可以采取的一些行动。

我们可以加入非营利组织或其他非政府组织，以及旨在抵制某些特定企业的消费者运动。我们可以支持以对企业征税、监管银行、抗议选举获利和截断气候变化成因等为主题的改革运动。我们可以参加示威游行；写博客、书籍或文章；制作视频或电影。我们可以参选公职或竞选活动，为公共服务献力。我们可以传播有关"生命经济"的好消息。我们可以买那些以表达新梦想的男性和女性为主体的杂志，看他们的电视节目。选择的可能性不受限。

我们每个人都能以自己的方式传播这一新消息。木匠在建造房屋的时候可以采用当地的可持续复合材料，运用太阳能电池板和其他节能技术，而不是在那里自我吹嘘。牙医可以在给病人补牙的时候聊一聊"生命经济"。母亲可以教育孩子购买当地产品，在社区银行存钱。

每个人都可以选择不同方式，只要我们的目的地一致，都是为了创造适用于每个人的"生命经济"。美国历史为我们提供了惨痛的教训。汤姆·潘恩没有试着去领导军队；乔治·华盛顿没有写宣传小册；而玛莎·华盛顿（Martha Washington，美国第一任总统华盛顿的夫人。）既没有领导军队，也没有写宣传小册。汤姆·潘恩带着满腔热情写作；乔治·华盛顿热爱领导人民；玛莎·华盛顿则热衷于组织妇女为士兵们做衣服。他们都选择了各自方式，达到同一个目标，那就是从英国暴政的桎梏解脱出来。

你必须采取对你来说最有效、能给你带来最大欢乐的方式。

在终结越南战争的游行示威期间，我们体会了"幸福因素"。教学、爱情、音乐、舞蹈和庆典在全国各地遍地开花。最成功的是赞成和平，而不是反对战争。人们把鲜花插进士兵的步枪枪口。民间歌手写歌赞颂示威者，赞美和平。这种运动之所以成功，是因为参与者聚集在一起的时候都在享受这个过程，也因为我们都怀着同样目标。

我目睹过许多半途而废的社会、环境运动，因为一时激情所引发的冲动远远比不上在其中获得乐趣。梦想不只关乎目的地，还包括旅途的每一步。在路上可能遇到的每一个阻碍，都可以被看做学习和获得力量的重大良机。

我会在第45章里提供一些具体行动，你可以以此为依据采取行动。但是这些只是建议，而且并非完整的行动建议。刚开始，我很不愿意提供这方面的建议。我觉得这些建议可能会把改变梦想的过程变得非常琐碎。不过后来我意识到，只要它们能成为过程的一部分，不管是作为起点还是灵感，都服务于一个目的。

我的一位朋友特蕾西·阿普尔（Tracy Apple）告诉我，在她停止使用塑料袋之后，她感觉自己与地球的联系更加深刻了。这就使得她采取了更多行动，其中包括成为帕恰玛玛联盟的"造梦者"项目的关键开发人员，让该项目在全球82个国家和地区得以展开。她说："我明白，当我承诺要采取行动时，我就已经做了比其他人更多的贡献。"

第45章的内容主要分为六大类：

1. 我们可以做的事情。

2. 学生可以做的事情。

3. 退休人员可以做的事情。

4. 介于学生和退休人员之间的人可以做的事情。

5. 公司可以做的（和客户要求公司做的）事情。

6. 企业家可以做的事情。

这些建议是鼓励你跟从自己内心的激情，创造一个更好的世界。在阅读那份清单的时候，请记住其中最重要的建议就是享受过程，追随天赐之福。

让它成为一件有趣的事。不要耗尽精力，失去热情。每当你遇到阻碍，把它当成一次机会，激发你的创造力，体验寻找解决方案的喜悦。每当有人批评你，或告诉你"生命经济"不现实，或遇到阻挠，如警察阻止你游行，你就将其视为陈腐的故事。像一名优秀的武术家一样，从这些行动中汲取力量，让这些力量给你活力和激情。

是时候了，让我们共同行动，埋葬"死亡经济"，创造"生命经济"。

第 45 章 如何创造"生命经济"

下面的列表旨在激励你制定自己的行动计划,而不是详细的行动指南。它们也不是特定人群才能采用的方案。举例来说,如果你是学生,可以参照退休人员行动计划。

你一定要选择适合你的项目,从而为你的生活带来欢乐。创造"生命经济"意味着要做有趣的事。当然,你可能会遇到障碍和挫折,请把它们当做挑战思维、激发创造力的机会,体验到找出解决方案之后的喜悦。

请务必明白,爱是我们真正需要的东西。只有当我们爱自己、爱地球、爱他人,并鼓励别人也做同样的事情时,才会真正得到爱。

所有人都能做的 11 件事

1. 讲述新的故事。描绘一个环境可持续、资源可再生、社会平等的世界,一个部分群体不让其他群体感到绝望的世界。在这个故事里,人们清理污染,将地球视为有机体;帮助其他人更有效地种植、储存和运输食物;减少物质生活,丰富精神生活;为新能源、交通、通信、银行、批发和零售贸易等行业开发技术;团结各个社区,让他们在地球这个没有逃生舱的脆弱空间站里相互扶持。换句话说，我们要讲一个将"死亡经济"转变为"生命经济"的故事。尽一切可能传播这个故事，演讲、写作、制作视频，让尽可能多的人参与其中。

2. **有选择地消费和投资**。用那些对你和你爱的人有真正意义的活动，取代盲目的、以消遣为目的的消费。当你一定要消费时，就到当地的寄售店或折扣店购买。坚持这样做，购买（或投资）承诺创造更美好世界的企业所生产的产品或提供的服务。世上无完人，所以尽量寻找在这个领域里做得最好的。给这些企业发邮件，告诉它们你觉得它们做得好的东西，鼓励它们继续努力。也别忘了发邮件告诉那些你觉得做得不好的企业，写出你讨厌它们的原因。

3. **清醒地生活**。专注于那些能够强化你与其他人、社区和周边世界关系的事情；丢弃物质主义的旧习惯模式；减小住房面积、减少车辆和衣柜；尽可能骑自行车或搭乘公共交通工具；避免使用化石燃料；在当地学校、图书馆和其他论坛上发表演讲。

4. **找一个目标，激发你最深处的激情，并定期为之努力**。可能是改变一个企业，如孟山都、雪佛龙或沃尔玛；可能是展开一项运动，推广博客、非营利组织或非政府机构等。你需要每天为之努力，不管是投入精力、金钱或是时间（哪怕只是几分钟）。用社交媒体把你正在做的事情告诉你的朋友，请他们帮忙把这些分享给他们的朋友等。

5. **成为本地社区的一分子**。使用本地的银行、餐馆，投资本地的项目；尽可能购买本地有机种植的食物；使用本土的环保材料和产品；建造社区花园和城市绿地；鼓励你身边每一个人做这些事；为那些开明的学校和当地领导者投票；加入或组织一些致力于让世界更好的创意团体；喝自来水或过滤水，拒绝瓶装水。

6. 向媒体、企业高管和政府官员传播有关从"死亡经济"转向"生命经济"的理念。在本地、国家或国际范围内传播。

7．**支持最吸引你的改革运动。**可以是国家或社区涉及政治、社会的改革活动，要求其提供能保证生活的工资或工作、健康保险、医疗保险和退休金等。

8．**鼓励建设国家公园、野生动物保护区或其他类似区域。**如果你住在城市的偏僻区域，就组织人们把空地变成公园和游乐场。在这些地方度过宝贵的时光，并鼓励认识的人做同样的事。

9．**加入一些进步组织。**加入如修正行动（Move to Amend）、公众环境法律防卫基金会(Community Environmental Legal Defense Fund)、帕恰玛玛联盟或其他吸引你的非营利性组织。

10．**避免债务。**积极支付信用卡费用和其他债务，不让其产生利息；尽可能使用现金。

11．**尊敬那些致力于让世界更美好的人。**尊重遵循第1~9条的机构，以及运动创始人及管理者；尊敬那些推行更好的商业和生活模式的人；尊敬那些努力创建环境可持续、资源可再生、社会公正的世界的人，而不是尊崇那些不负责任的企业CEO、高收入的运动员或名人。

学生可以做的9件事

1．**尽力去了解世界上真正在发生的事情。**一定要了解，我们被告知和彼此讲述的故事里所蕴含的思维模式；明白扭曲的人类历史对孩子的负面影响；寻找独立媒体来了解故事背后的真相。

2．**质疑权威。**一定要明白，有很多阴谋正在试图蒙蔽你的双眼。只要有机会，一定要站出来质疑。如此，你就能改变思维方式，演变出新故事。

3．**了解你的激情所在。**你在生活中最喜欢的事情是什么？以激情来指引生活，专注于给你带来快乐的活动，深入了解和探索那些最吸引你的主题。一定要认识到，人最重要的义务是过上幸福的生活。

4．**寻找正在改变世界的人**。加入或建立能促进共同进步的团体，加强自己与地球和其他人的联系。

5．**大胆开口**。帮助不符合以上4条的人理解我们所遭受的欺骗。教导你的同龄人，并让长辈明白，你们这一代人不那么容易被蒙蔽。

6．**拒绝债务**。不要接受难以承担的学生贷款、信用卡或任何其他债务。加入相关组织，帮助其他学生避免债务或摆脱债务。

7．**为你的激情工作**。找一家符合你理念的组织或企业工作。如果你找不到这样的工作，那就自己创造。做一个主动积极的人或企业家，拒绝将自己困在某些工作模式里，耗尽精力和创造力。

8．**加入组织**。参加非营利组织和其他非政府组织、团体或运动，支持你最感兴趣的事，如"唤醒一代人"（Generation Waking Up）、修正行动、公众环境法律防卫基金会、帕恰玛玛联盟、"梦想改变联盟"以及其他类似的组织。参与其中，成为这些组织的一分子，为他们贡献你的创造力、天赋或金钱，来支持积极的改变。

9．**制作视频或音频**。以埋葬"死亡经济"、建立"生命经济"为主旨制作视频或音频。你可以将焦点集中在最吸引你的话题上，如人类、植物或动物，消费者或社会运动，经济、政治或历史，有关未来的科幻小说，或无数其他主题。

退休人员可以做的6件事

1．**没人可以再解雇你了，尽情地说吧**。参加那些以前因恐惧而避开的活动。别害怕表达自己，变得"蛮横"也无所谓。

2．**立即行动**。随心所欲，参与能够吸引你的事情。避免诱惑，不要认为你的鼎盛时期已经过去了，也不要妄自菲薄地认为你不能再为这个世界做有意义的事情了，更不要分散自己的注意力去做一些只对自己有利的事。你可以尽情地享受高尔夫、卡牌游戏、网球、帆船等休闲活动，但是也请明白：如果你用自己一生所学，努力为子孙后代创造一个更美好的世界，你将收获更多乐趣。

3．**教导年轻人**。你可以提供很多东西。不管你是木匠、教师，还是环卫工人、园丁，或者商务管理人员，请一定要认识到：你的经验十分宝贵，可以帮助那些年轻继任者。土著部落里，长者总是凭借其积累的智慧而备受尊崇。所以，请以自己是长者为荣，教导年轻人努力工作，做好每一件事，教他们丰富生活、创造"生命经济"。

4．**负责任地投资**。坚持要求你的养老基金、共同基金和其他投资基金将资金投入到公众利益服务，创造环境可持续、资源可再生和社会公正的世界。让你所持股的基金会和企业知道，你希望他们能成功，希望他们能加入创造"生命经济"的行列。

5．**参加或发起对政府和企业政策有影响的活动**。竞选公职或支持其他相似的人竞选公职，参与消费者运动，或者任何能让你充分参与民主进程的行动。请务必明白：这不仅是为了成为真正民主的一部分，其本身也是一件非常有趣、有意义的事。

6．**分享你的故事**。告诉其他人，尤其是年轻人，你的人生和你所成长的世界是如何运转，又为何会失败，以及现在该做什么，才能创造一个尊重所有生命的世界。你可以在小家庭或社区聚会里分享这些故事，也可以到服务俱乐部这种更大的团体里分享，或者通过写作、电影、艺术、音乐或其他任何适合你的方式来分享。你只需要运用你独特的天赋和才能即可。

介于学生和退休人员之间的人可以做的9件事

1．**留意你所在的社区和世界所发生的事**。从表象看到真相，别被媒体、政治家、企业家或政府蒙骗。

2．**培养沟通技巧**，转变身边人的认识，让他们明白发生了什么。

一定要留意，教条或评判往往不会起任何作用。"你知道吗？"比"你不知道……"更有效。另外，请记住在提问题的时候一定要激起人们的好奇心和创造力，这可比你强制向他们灌输自己的想法和信息有效得多。你可以采用任何适合你的方式，包括谈话、写作、电子邮件、手机短信、海报或在 Twitter 和 Facebook 上发文……方式有很多种，不局限于这些。

3. 提出经济和税收改革要求。如要求公告内部成本的会计实务，严格监督华尔街、大银行和税务法，要求富人和企业家缴纳应付的税款，鼓励对社会和环境有利的技术发展等。只为支持此类改革的候选人投票，只从符合并促进此类改革的企业那里购买商品或服务，并且让候选人和企业知道这一点。写信给报社或出版社编辑，写博文，在 Facebook 或 Twitter 上发文等。

4. 组织或加入主要为公共利益服务的消费者运动、非营利组织和非政府组织。致电或发送邮件给你本地或全国的代表，敦促他们支持这些运动，并投票支持这些改革。

5. 支持基于社区团体的企业。如消费者合作社、社区企业、B 型认证企业、地方公共银行和职工持股企业等。

6. 提高自己对种族、宗教、财政状况、移民、性别或其他偏见的认识，并努力克服这些偏见。

7. 教导年轻人成为有灵魂的活动家。让他们明白，只有在理解世界正发生什么，并采取了实际行动的基础上，才能谈民主。

8. 如果你为一个企业工作或持有它们的股份，请大胆开口。让他们知道，你希望你工作的公司是成功的；让他们知道，那些能尊重自然、为雇员带来快乐、为其所服务社区而努力的企业才能在未来成功。具体的可以参考下一部分"公司可以做的 11 件事"。

公司可以做（以及客户要求公司做）的 11 件事

1．**将公众服务、自然环境、社会和谐以及公正纳入企业目标和使命中**。当然，这必须与企业具体的产品和服务联系在一起。这些应该是所有活动背后的驱动力，是所有营销计划的整合和强大的一面。让所有人知道，这家企业寻找的不只是现在，还有未来，也在为支持它的消费者和投资者建造一个更美好的世界。

2．**说服所有者（股东）、高管、员工和其他利益相关者相信，第 1 条所述的任务有利于企业的长期利益**。让所有利益相关者了解，我们进入了一个人类进化的新纪元，那些向"生命经济"过渡的企业才能获得成功。

3．**启动计划，确保所有产品和服务都能可持续生产**。使用回收的原材料和物料，或让这些材料再生，不侵犯动物或自然的生存权利。企业的每个人都应当清楚材料的来源、如何补充材料，以及企业如何尊重地球。

4．**执行公正政策，确保所有雇员的绩效公平，保证其生活**。制定工资、奖金和其他奖励标准，最大限度缩小最低工资与最高工资之间的差距（例如，最高工资雇员的工资不得超过最低工资雇员的 3 倍）。确保给合作伙伴、承包商、分包商和供应商公司，以及离岸工厂的员工提供公平、公正的生活工资，保证他们的工作条件符合最高标准。

5．**请注意：要想雇用和留住最优秀、最聪明的员工，企业必须致力于"生命经济"**。越来越多雇员希望为杰出企业工作。研究表明，X 一代（20 世纪 60 年代中期至 70 年代末出生）和 Y 一代（1983 年到 2000 年间出生）人更希望参与创造。企业需雇用和培养那些渴望创新，愿意承担社会和环境责任的人。

6．**创建一个鼓励创造力、快乐和社区意识的管理系统**。从命令和控制的管理模式转换到协作决策的模式，模糊管理系统的等级，已经证明了这一点对个人和组织都非常有益。虽然每个企业都必须量身定制管理系统,但是重要的是认识到:在"死亡经济"转向"生命经济"的过程中,传统线性管理结构起不到任何作用。只有在具备多样性和合作精神的团体中,生活才会蓬勃向上。

7. **理智投资,投给充分就业和在本地社区里的企业,而不是投入股票回购,或者其他只会帮助华尔街的企业。**投资内部业务,如更新数据安全系统,以保护员工和专有产品信息的机密性;投资那些对你所在企业的供应或营销链有帮助的金融公司;支持娱乐设施、公园和其他有利于社区的项目等。

8. **认真对待正当合理的评判。**尊重媒体、股东和其他人针对环境和社会责任提出的建议和批评,并承诺采取行动,不断改进。鼓励员工深入评估所有活动,认识到合情合理的批评让企业和员工都受益。

9. **在企业里尊重多样化,提倡包容性。**允许员工、董事会和管理团队成员的多元化;注重产品和服务多样化;接受利益相关者团体的差异性;并引导所有合作伙伴和供应商也这么做。一定要认识到:单一化很容易让企业的路越走越窄,多样性和包容性才能让企业在未来取得成功。

10. **支持道德行为与问责制。**鼓励透明制和举报,而不是盲目顺从和沉默。

11. **以服务于公共利益为己命,致力于创造"生命经济",将你所有的信息都融进企业的承诺中。**这将成为强有力的宣传工具。除了能提高企业自身的利益,还能激励并说服其他人做同样的事。

企业家可以做的 5 件事

1. **追随自己的内心。**选择一项能够释放最强烈激情、用上最优势技能的事业。不要被"专家"、父母、老师或其他人的意见左右。也许,他们从未试着去做真正想做的事。不要害怕自己提出的东西与身边的人完全不一样，尤其是当它可能会优化当前产品或服务的时候。勇于伟大，相信这种伟大会为你打通通道。

2．**采取行动，越早越好**。一定要记得：失败与成功之间，也许只差最后一次尝试；不要担心犯错，经验教训和机会能让你得到改进；目标清晰，灵感也能因此而深化。

3．**建立支持你的团队和人际关系网，树立更全面的世界观**。如B型认证企业、公益公司 (Benefit Corporation)、社会企业网络 (Social Venture Networks)、营利性或非营利性合作关系等。用这些来激励你，给你灵感，帮助你改善供应链、招聘活动和市场营销。

4．**建立一个为未来设想的公司**。你可以根据自己的梦想，建立理想的企业，打造可持续发展的业务让别人能够以你为榜样。要达成这一目标，你就得在雇用员工和留住员工方面做好，提供优秀的产品和服务。你使用的资源和支持的活动，必须有利于枯竭资源和荒芜环境的再生，并且致力于社区贡献。

5．**一旦着手建立自己的公司，请务必把"公司可以做的11件事"当成行为准则**。

约翰·珀金斯年鉴

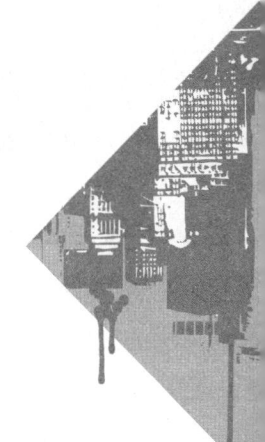

1963 年	预科学校毕业,到米德尔布里学院进修。
1964 年	结识伊朗将军的儿子法哈德,从米德尔布里辍学。
1965 年	就职于波士顿的赫斯特报社。
1966 年	到波士顿大学商业管理学院进修。
1967 年	与前米德尔布里的同学结婚,其"弗兰克叔叔"是美国国家安全局的高层执行人员。
1968 年	被美国国家安全局认定为经济杀手的理想人选。托"弗兰克叔叔"的福,加入美国和平队,被派遣到厄瓜多尔亚马孙流域。当时,那里的土著人正与美国石油公司展开斗争。
1969 年	在热带雨林的安第斯山脉生活。受雇于石油公司和政府机构,认识到现代文明对当地文明和环境造成的消极影响。
1970 年	在厄瓜多尔,与国际咨询公司美因公司的副总裁见面,他也是一名 NSA 的联络官。
1971 年	加入美因公司,在波士顿接受克罗汀的经济杀手训练,随一个 11 人的小组被派到印度尼西亚爪哇。
1972 年	由于"合作"态度好,被提升为首席经济师,视为"专家"。与重要的领导人会面,包括世界银行总裁罗伯特·麦克纳马拉。被派往巴拿马执行特别任务。与巴拿马极具领袖魅

	力的奥马尔·托里霍斯会面,托里霍斯告诉他,一定要将运河的所有权从美国人手中夺回来。
1973 年	如日中天。在美因公司内部建立起自己的王国,继续在巴拿马工作,周游列国,在亚洲、拉丁美洲和中东作研究。
1974 年	经济杀手在沙特阿拉伯又一次成功了。沙特阿拉伯王室家族投资数十亿美元的石油资金购买美国的债券,同时聘请美国公司帮助沙特阿拉伯建设电力和水力系统、高速公路、港口以及兴建城市。交换条件是,美国保证沙特阿拉伯王室继续执掌政权。这将成为经济杀手未来行动的榜样,包括在伊拉克最终以失败告终的行动。
1975 年	再次得到升迁,成为美因公司百年以来最年轻的一位合伙人,并被任命为经济与区域规划经理。发表一系列有重大影响的论文,同时在哈佛及其他机构讲学。
1976 年	在非洲、亚洲、拉美、北美负责项目管理。从伊朗国王的革命中悟出一条建立经济杀手王国的道路。
1977 年	在哥伦比亚,看到被诬蔑为恐怖分子的农民和游击队,而这些人所做的一切只不过是为了保护自己家园。
1978 年	与法哈德一起匆忙离开伊朗,飞往法哈德父亲——一位伊朗将军在罗马的家中,法哈德的父亲预言伊朗国王即将下台,并谴责美国政策、腐败的领导人和专制的政府。他警告说,如果美国不停止他们的脚步,情况将变得更加糟糕。
1979 年	伊朗国王逃离伊朗,伊朗人围攻美国领事馆,挟持52名美国人质。认识到美国只不过是总在掩饰其帝国主义本质的国家。在压力和频繁矛盾中,他与第一位妻子离婚。
1980 年	他感到非常沮丧和失落,意识到以前在美因的那些金钱欲和权力欲只是过眼云烟,随后,他离开了美因公司。
1981 年	厄瓜多尔总统杰姆·罗尔多斯和巴拿马总统奥马尔·托里霍斯因飞机失事丧生,他为此深感不安,因为这明显是中央情报局采取的行动。这一年,他开始第二次婚姻,与贝

	泰公司首席建筑师的女儿结婚，该建筑师负责设计和建造沙特阿拉伯城市工程——1974年经济杀手接过的工程。
1982年	创建独立电力系统公司（IPS），一个致力于生产环保电力的公司。这一年，他的女儿杰西卡出生。
1983—1989年	引人注目地成为IPS的首席执行官，得到很多"偶然"的帮助——身处高位的人、税务的减免等等。作为一位父亲，被世界危机以及前经济杀手的经历困扰。开始写一本道出真相的书，接到一笔诱人的咨询费，条件是停止写书。
1990—1991年	在美国入侵巴拿马以及诺列加被监禁后，出售IPS公司，于45岁时退休。开始考虑写一本经济杀手故事的书，但却再次被说服将精力转到建立非营利组织上去，他的那些非营利组织的搭档告诉他，一旦他写下这样一本书，将影响非营利组织的正常活动。
1992—2000年	眼看经济杀手落败伊拉克而导致海湾战争爆发。第三次提笔继续写经济杀手之书，却在威胁和贿赂面前屈服了。为了让良心得到抚慰，写下有关原住部族的书籍，并继续支持慈善组织，在新世纪论坛讲学，深入亚马孙地区和喜马拉雅山脉。
2001—2002年	带领一队北美人深入亚马孙丛林，在那里与原住部落度过了2001年9月11日。在"零地带"附近游荡一天，决心写一本能够消除自己痛苦并揭露经济杀手背后真相的书。
2003—2004年	回到厄瓜多尔的亚马孙流域，与当地原住部族人会面，这些土著部族当时威胁与石油公司展开殊死斗争；写下《一个经济杀手的自白》一书。
2005—2016年	出版国际畅销书《一个经济杀手的自白》后，开启了面向企业峰会、各行业CEO和其他商业领导者、消费者会议、音乐节以及50多所高校的全球巡演，呼吁人们用"生命经济"替代现有的"死亡经济"。

"iHappy书友会"会员申请表

姓　名（以身份证为准）：_____　　性　别：_____
年　龄：_____　　　　　　　　　　职　业：_____
手机号码：_____　　　　　　　　　E-mail：_____
邮寄地址：_____　　　　　　　　　邮政编码：_____
微信账号：_____　　（选填）

请严格按上述格式将相关信息发邮件至中资海派"iHappy书友会"会员服务部。
　　　邮　箱：zzhp_marketing6@126.com
　　微信联系方式：请扫描二维码或查找zzhpszpublishing关注"中资海派图书"

优惠订购	订阅人		部　门		单位名称	
	地　址					
	电　话				传　真	
	电子邮箱			公司网址		邮　编
	订购书目					
	付款方式	邮局汇款	深圳市中资海派文化传播有限公司 中国深圳银湖路中国脑库A栋四楼　　邮编：518029			
		银行电汇或转账	户　名：深圳市中资海派文化传播有限公司 开户行：工商银行深圳八卦岭支行 账　号：4000 0273 1920 0685 669 交通银行卡户名：桂林　　卡　号：622260 1310006 765820			
	附注	1. 请将订阅单连同汇款单影印件传真或邮寄，以凭办理。 2. 订阅单请用正楷填写清楚，以便以最快方式送达。 3. 咨询热线：0755-25970306 转 158、168　　传　真：0755-25970309 转 825 E-mail：szmiss@126.com				

→利用本订购单订购一律享受九折特价优惠。
→团购30本以上八五折优惠。